U0492967

HIGHER EDUCATION AND STUDENT MIGRATION

高等教育与学生迁移

潘昆峰　崔盛　刘昊　著

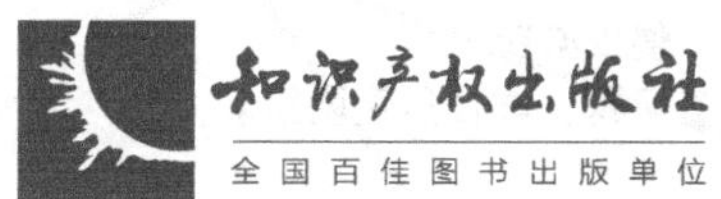

图书在版编目（CIP）数据

高等教育与学生迁移/潘昆峰，崔盛，刘昊著. — 北京：知识产权出版社，2017.5

ISBN 978-7-5130-4950-4

Ⅰ. ①高… Ⅱ. ①潘… ②崔… ③刘… Ⅲ. ①大学生—人口迁移—研究—中国 Ⅳ. ① G645.5 ② C922.2

中国版本图书馆 CIP 数据核字 (2017) 第 131084 号

内容提要

自改革开放以来，中国展开了前所未有的城镇化进程和人口迁移进程。大学生因上大学而发生地理迁移，因就业而发生迁移是其中两个基本问题。本书中我们将从理论和实际两个层面讨论我国因上大学而发生的人口迁移规模和结构、中国大学生出国留学情况、出国留学对个人的影响、大学生就业区域迁移的规模和结构、就业迁移的影响因素等问题。

责任编辑：李　婧　　　　**责任出版**：孙婷婷

高等教育与学生迁移

GAODENG JIAOYU YU XUESHENG QIANYI

潘昆峰　崔盛　刘昊　著

出版发行：	知识产权出版社有限责任公司	网　　址：	http://www.ipph.cn
电　　话：	010-82004826		http://www.laichushu.com
社　　址：	北京市海淀区西外太平庄55号	邮　　编：	100081
责编电话：	010-82000860转8594	责编邮箱：	549299101@qq.com
发行电话：	010-82000860转8101	发行传真：	010-82000893
印　　刷：	北京中献拓方科技发展有限公司	经　　销：	各大网上书店、新华书店及相关书店
开　　本：	720mm×1000mm　1/16	印　　张：	16.75
版　　次：	2017年5月第1版	印　　次：	2017年5月第1次印刷
字　　数：	200千字	定　　价：	42.00元

ISBN 978-7-5130-4950-4

本书受到国家社会科学基金教育学青年课题“招生计划宏观调控对我国青年人口迁移的影响及作用机制研究”（课题批准号 CFA120122）资助，特此感谢。

前　言

人口迁移带来的不仅是人口空间分布的变化，更是人力资本分布的变化。目前，市场在我国资源配置中的基础性作用进一步得到发挥，新型城镇化进程加速，地区之间存在广泛的竞争与合作，人口跨区域迁移速度明显加快。在人口集聚、要素流动的大背景下，高等教育作为人口迁移的重要原因和推动力，成为人力资本流动的重要途径，对流入地与流出地的经济、社会产生了重要影响。随着我国高等教育大众化步伐的推进，高等教育与人口迁移问题的关联，特别是与高知识人群迁移的关联性越来越凸显。

高等教育与人口迁移的关联性主要是通过大学生就学迁移与大学毕业生就业迁移来实现的。这两类迁移客观上成为教育系统与经济、社会发生联系的重要载体，实现教育对经济社会的影响功能。讨论高等教育与人口迁移，就是在讨论教育的功能以及教育功能发挥的因素与条件。

100 多年来，国内外理论界对人口迁移的普遍规律有了较为深入的阐述，但对于高知识技能人群的区域迁移问题直到近年才开始关注。近年的研究大多集中在高知识技能人群迁移规律与一般人口迁移规律的差异性这一领域。中国是全球高等教育第一大国，因高等教育发展而直接关联的人口迁移数量大，影响广，值得深入地研究与探索。特别在倡导高校招生自主权、学生自主择业的大背景下，对中国高等教育与人口迁移的研究恰是对市场经济条件下教育内在规律的研究，具有重要的科学价值。

本书探讨中国高等教育发展背景下人口迁移问题，梳理了人口迁移理论的概念，并从多个维度实证讨论了以下三大主题：第一，大学生国内就学迁移问题。本书通过考察中国大学招生的区域分配制度，中国大学跨区域招生所实现的人口迁移模式、大学跨区域招生带来的财政补贴效果、高校跨省招生的内在机制等问题的分析，从多个侧面探讨就学迁移。第二，中国学生出国留学问题。我国学生出国接受高等教育是就学迁移的一部分，也是较为独特的部分。针对这一问题，本书展示了中国学生出国留学的模式与趋势，从学生个体层面探讨了影响中国大学生出国留学选择的因素以及出国就读对个人在国内劳动力市场薪酬的影响。第三，中国高校毕业生跨区域就业迁移问题。通过分析就业迁移的模式、迁移网络特征、迁移流的预测模型讨论了地区之间大学生迁移量以及与迁移量有关的问题。对学生个体在就业地选择中的决策因素，以及就业地决策对自身带来的工资效应进行了分析。

以上三大问题的探讨构成相应的“国内就学迁移篇”“跨国就学迁移篇”“国内就业迁移篇”，每篇内部分为若干章节，每章之间相互独立而又有机联系。本书的特色在于理论指导下的数据分析和实证研究。本书所采用的数据以年度行政统计数据和微观抽样调查数据为主。考虑到数据的可获得性以及跨年度数据的相对稳定性，本书主要使用年度截面数据来探讨相关主题。本书对高等教育人口迁移的描述，对导致其产生迁移行为的地区因素和个人因素的解释，对迁移带来的工资效应的揭示以及对迁移流向的预测，将有助于学生个人和家庭更为理性地选择大学就学地与毕业后就业地，同时对人口政策、教育政策、经济政策的研究者和政策制定者起到重要参考作用。

目　录

绪 论

自改革开放以来,中国展开了前所未有的城镇化进程和人口迁移进程。人口迁移实现了人力资本的重构,极大地影响了中国人口集聚、经济集聚,对经济增长和社会发展带来了深远影响。高等教育对青年人口特别是高知识人群的迁移起到了重要作用。

在人口集聚、要素流动、高等教育大众化的大背景下,探讨受高等教育人群的地理迁移问题,特别是讨论其迁移模式影响机制,以及个体、地区经济社会发展的影响问题,对个体家庭、学者、政府政策制定者等均有重要意义。

本书首次全方位地讨论受高等教育人群的地理迁移问题。大学生因为上大学而发生迁移和因就业而发生的迁移是其中两个基本问题。本书中,我们将从理论和实际两个层面讨论如下问题:我国因上大学而发生的人口迁移规模和结构怎样?受什么因素影响?中国大学生出国留学情况怎样?出国留学对个人有什么影响?大学生就业区域迁移的规模和结构如何?就业迁移的影响因素是什么,对个体有何作用?大学在影响学生就业迁移决策中起到什么作用?

本书以严谨的学术研究为支撑,以翔实的数据为基础,对以上问题进行解答。本章中,我们对高等教育与人口迁移的概念、背景、理论以及本书的出发点、研究思路做系统介绍。

第一节　迁移的概念界定及现有研究

一、迁移的概念

大学生迁移是指大学生入校时由生源地到院校地以及毕业时由院校地到就业地所发生的跨地区的地理位置的变化，前者以就学为目的，可称为就学迁移；后者以就业为目的，可称为就业迁移。大学生的迁移代表了人力资源的初次配置，会产生人力资本的初期回报，还能够在劳动力市场上创造巨大的外部收益，如为地方贡献更多的税收、创造更多的就业机会和劳动力需求等。

人口迁移中，就业与学习培训是我国省际迁移的主要原因。根据我国“第五次人口普查”数据，就业迁移和学习培训迁移分别占省际迁移总量的69.0%和6.3%[1]。本书中，青年人口迁移特指大学生群体的跨地区迁移，包含两类：就学迁移（特指本科、专科就学）和就业迁移（包括升学）。两种迁移均是相对于生源地而言的。就学迁移是通过高校生源计划的分配，由统一的高考录取实现；跨国就学迁移是就学迁移的一种特殊形式，受到全球化背景下经济、教育等多重因素的影响，由学生自主选择；就业迁移是由学生自主择业实现的。

二、关于就学迁移的研究

国外关于大学生就学迁移的研究主要分为3类。

第一类是个体层次，以学生个体或家庭的微观调查数据作为研究对象，重点关注影响学生个体就学迁移的影响因素[2;3]，在方法上，常常采用二元逻辑斯蒂回归，即以是否发生就学迁移的二元变量作为因变量，以学生的个体特征、院校特征和所在地区的特征作为自变量进行回归。个体层次的研究是整个迁移研究的微观基础。

第二类是学校层次，以大学录取学生的集合数据作为研究对象，分析各类大学外地生源学生的规模和比例,并在此基础上研究大学地理位置、学费水平、学校声誉等特征与所吸纳外地学生比例之间的关系[4-6]。在方法上,以采用多元回归为主。

第三类是地区层次,以地区之间的人口迁移数量作为研究对象,分析各地学生的净流入、净流出以及流动数量特征,并结合地区特征变量研究就学流动的驱动因素[7;8]。地区层次的研究能够更好地反映出人口迁移的宏观模式和特征,更好地揭示地区差异,因而得到了较大关注。

对于我国而言,高校招生计划的分配是影响大学生就学迁移的重要因素。高校招生计划包括招生规模与招生结构两部分,招生结构主要分为分省生源结构(或称生源计划)和分专业结构。当前我国各地区、各直属高校的高等教育招生总规模(包括本专科、研究生)均由中央政府统筹设定,对招生规模的控制是国家宏观调控的重要手段。分专业和分省招生计划通常是由高校根据不完全信息,考虑学校自身利益和特点上报汇总而成,学校拥有较为充分的自主权,国家干预相对有限。关于高校招生计划对人口迁移的影响的实证研究主要有三类。一是高校生源计划分配现状的实证研究。研究重点关注我国高水平大学招生分省配额的分配现状,主要通过各高校网站上公布的招生计划分配情况来进行分析,并对各地区学生的入学机会差异进行探讨[9;10]。二是高校生源计划分配的原则与规律探讨。大学招生往往注重生源优异。但是,过度注重招生的精英化,则会在学校生源地区的多样化方面有所损失。若考虑学校之间的博弈,学校在招生时会依据不同地区学生的迁移成本、生源地学生质量等因素设定不同招生标准[11]。高校招生的过度属地化是阻碍就学迁移的重要因素,被称作“地方保护主义”。高校对外省的招生计划分配直接影响就学迁移。潘昆峰等[12]通过数据分析发现,央属高校在生源计划分配中遵循“引力规律”,对距离高校较近省份、人口较多省份的分配量相对较大。三是招生计划对人力资源分布的影响。招生计划调控对学生的就业迁移和人力资源分布有密切影响。已有研究表明就学迁移与最终的就业迁移有密切关联,在某地就学的大学生在就业时对该地存在很强的"黏性"[13]。不仅仅是跨省就学的大学生可能留在就学地形成永久迁移,而且这股迁移流还会影响生源地的其他人才向就学地迁移。已经发现两个城市间的就学迁移量对两个城市间就业迁移量有很强的预测作用[14]。这一作用机制,可通过引力模型进行揭示。

对学生跨国就学迁移的研究较为丰富,具体内容在本书第八章和第九章进行介绍。

三、关于就业迁移的研究

美国学者 Greenwood 在 1973 年对大学业生就业流动的研究奠定了此类研究的基础。他选取了美国 100 个大城市,计算各地区大学毕业生的就业流动效率,并分析家庭平均收入、地区失业率等因素对各地区毕业生流入、流出情况的影响[15]。此后,很多学者都以 Greenwood 的模型为基础研究大学生的流动特点、趋势及其与地方高等教育、经济发展水平之间的关系[16; 17]。随着研究的不断深入,一些学者开始考虑个体的异质性,并把毕业生个体作为研究对象,分析学生个体的流动模式、影响因素以及流动的收益[18]。

英国学者 Faggian、McCann 和 Sheppard[19] 则将就学迁移与就业迁移视为一个连续的过程,并按照迁移行为的不同把大学生分为五类:不断迁移者、返回迁移者、前期迁移者、后期迁移者以及不动者。这一分类方法不是把就学或就业迁移看作孤立的行为,而是将二者结合起来作为一个连续的过程来分析,更加充分地考虑了前期迁移对后期迁移的影响,也更为真实地还原了大学生的迁移形态。(1)不断迁移,指学生为就读大学从生源地迁移到院校所在地,毕业后又从院校所在地迁移到生源地和院校地以外的地方就业,共发生了两次迁移行为;(2)返回迁移,指学生为就读大学而发生了由生源地到院校所在地的迁移,毕业后又从院校所在地返回生源地就业;(3)前期迁移,指学生由生源地迁移到院校所在地就学,毕业后就留在院校所在地就业;(4)后期迁移,是指学生留在生源地接受高等教育,而毕业后迁移到其他地方就业;(5)不动者,指学生在生源所在地就学,毕业后也留在生源地就业,未发生任何迁移。这一分类很好地揭示了大学生就业迁移的特点,成为后续研究广泛采用的迁移分类。

当前关于就业迁移的研究特点与结论可从以下 3 个方面总结。

第一,大学生就业迁移与人力资本迁移的关系。

人口数量的迁移在某种程度上掩盖了人力资本的迁移,也就是说,人口数量从一个地方流入另一个地方,但人力资本的流向却可能朝相反的方向[20]。很多学者分别利用宏观数据和累积数据分析迁移人群的受教育特征,并阐述了迁移对社会和经济发展的重要作用。学者们利用微观数据证实了人口迁移与人力资本迁移之间差异的存在,而导致差异的关键就在于较高受教育群体的迁移方向[21]。某地大学毕业生的净流入或净流出,在某种程度上可以说明当地获得或流失的人力资本的净值。因而,为了研究地区间人力资本的迁移规律,大学毕业生的迁移方向就成为研究的焦点。

第二,影响大学生就业迁移的地区和个体因素。

对地区因素的研究表明,地区经济水平特别是地区之间的收入差距是驱动就业迁移的重要因素。距离也是相当重要的解释变量,距离增加,迁移成本也随之增加,迁移率随之降低。运用我国数据的研究也得到了类似结论[22]。随着对地区因素研究的不断深入,一些学者开始考虑个体的异质性,并把毕业生个体作为研究对象,分析学生个体的迁移模式、影响因素以及迁移的收益[23]。研究发现,个体特征如性别、婚姻状况、种族、年龄、受教育程度、前期迁移行为等都会影响人们的迁移行为。其中,受教育程度越高,越容易发生迁移[24]。

第三,就业迁移的理论解释模型。

就业迁移是人口迁移的主要类型。对人口迁移的理论模型解释最早起源于 Ravenstein[25]的研究。长期以来,关于就业迁移的主要解释模型是所谓的“引力模型”(Gravity model)。该模型通过类比牛顿万有引力定律,识别出影响就业迁移地区因素、“拉力”与“推力”,强调了地理距离在影响就业迁移中的重要作用[26;27]。该模型预言:两地之间的人口迁移,与两地的人口成正比,与两地距离成反比。这一模型简单清晰,解释力强,通过模型、变形和扩展,很容易成为计量模型,从而经受实证数据的验证。然而,该模型的微观选择基础很难建立,这成为该模型的主要局限。目前,为了改善引力模型,基于复杂网络研究、人类行为动力学等交叉学科研究的新模型不断提出,最有代表性的是 2012 年发表在《自然》上的一篇文章提出的就业迁移与迁移选择的"辐射模型"(Radiation model)[28]。该模型类比物理学中的"辐射模型",运用随机过程和统计力学的方法,模拟了微观个体在选择就业地时基于最大化个体收益的选择行为,定量化地给出了宏观上两地间就业迁移数量与流入地、流出地以及这两地间的各地人口分布的关系。该模型运用美国数据进行验证,得到了非常好的预测效果。

四、现有研究的不足

对我国就学迁移的研究,仍有一些不足之处。第一,对大学生就学迁移现状有待进一步精确描述。由于招生数据的不易获得性,对于大学生就学迁移问题,当前缺乏利用覆盖全国高校的权威招生数据进行的研究。对于大学生就业迁移,现有研究较少有覆盖全国范围的实证研究,较少从地市层级进行深入分析,更少见到将就学迁移与就业迁移联合起来的分析描述。第二,对大学生就学、就业迁移的内在动力机制有待进一步揭示。现有实证研究大多是事实呈现辅以简单的计量分析,少有理论、规律的探寻,更难见到从个体理性的角度分析而得出的经济学理论模型。就学迁移是由高校生源计划的分配行为导致的。高校微观决策遵循何种规律,宏观上如何与就学流场的特征有效联系?毕业生个体如何在选择就业地时实现个人收益最大化,能否建立统一的理论模型来刻画?这些内在动力机制都需深入分析。

针对我国高校毕业生就业迁移的研究主题,当前的研究仍有值得拓展之处。

第一,缺少基于全国高校毕业生数据的就业迁移研究。对于我国大学生就业迁移的研究,其实质是对大学生就业地区分布的研究,并未将生源地考虑进去。少数的涉及迁移特征的研究有着代表性不强、没有区分学历和院校类型、缺少时间趋势的分析等不足。第二,缺少对于我国大学生就业迁移内在动力机制的深入揭示。在地区与个人层面上对影响迁移因素的研究,尚有待加强。第三,缺乏基于理论模型的实证研究。对引力模型、辐射模型等理论模型进行深入分析,通过中国数据进行实证检验并对模型进行修正,这样的研究路径有待尝试。

第二节 本书的研究价值与实践意义

当前我国城镇化进程加速,区域不平衡凸显,人口跨区域迁移速度明显加快。在此背景下研究青年人口迁移具有重大现实意义。青年大学生的就学迁移与就业迁移,联系着大学招生制度和劳动力市场。大学招生制度关系到教育资源的公平、有效配置;人力资本的区域迁移关系人力资源的区域合理配置。在倡导高校招生自主权、学生自主择业的大背景下,对青年人口迁移的特征与规律研究恰是对市场经济条件下的教育的内在规律研究,具有重要科学价值。

从就学迁移而言,招生计划调控是我国实现经济社会管理的重要手段。由于市场经济主体的自主性和信息不对称等问题,通过计划调控手段实现人才资源配置效果的难度逐步增大。大学生迁移的内在规律制约着调控政策的作用范围和强度。本书的研究内容可对招生调控的顶层设计产生启示,具有重要政策价值。

从跨国就学迁移而言,影响我国学生出国留学的因素有哪些,这些因素对中国高等教育的发展有何启示,这些问题需要进一步厘清。

从就业迁移而言,随着全国统一的劳动力市场逐步形成,越来越多的大学毕业生远离家乡到异地就业。大学毕业生的跨区域就业迁移实现了人力资本的初次配置,产生人力资本的初期回报,并能够在劳动力市场上创造巨大的外部收益,助推当地经济发展。与此同时,大学生跨地区就业迁移也会带来一系列资源和社会问题。就业迁移受哪些因素影响,对流入地和流出地及个体的影响是什么,这些问题一直是教育学、人口学、劳动经济学等多学科关注的热点理论问题。

目前,我国城镇化进程速度加快,区域不平衡凸显,人口的集聚与跨区域迁移速度明显加快。在我国实现区域协调发展战略的同时,人力资本迁移的特点与规律需要格外重视。同时,每年我国700万左右的大学毕业生进入劳动力市场,就业压力巨大。目前,我国高校毕业生就业地区高度集中在部分经济发达地区和城市。毕业生就业地区的过度集中,不仅会造成人才的局部过剩与局部短缺并存的失衡状况,从而降低经济效益,还会使经济欠发达地区在高等教育方面遭受多重打击,如投资高等教育的收益被经济发达地区占有或分享,这些现象反过来又抑制了高等教育对当地经济社会发展的积极影响,陷入恶性循环。如何掌握高校毕业生学生跨地区就业的规律,加以合理引导,这成为我国政府面临的重大问题。目前,我国各省、各城市大都出台了吸引优秀高校毕业生落户的政策,以促进本地区经济社会发展。到底哪些因素影响到毕业生的就业选择,成为政策设计者需要考虑的因素。深入研究大学毕业生迁移行为的过程和原因,可为解决大学生就业难的问题提供新的视角和思路。基于此,对我国当前高校毕业生跨地区就业迁移特点及影响因素的研究,具有理论与实践双重价值。本书将通过对我国高校就业数据的分析,描述我国高校毕业生跨区域(省、市)就业迁移特征,解释导致其产生迁移行为的地区因素和个人因素,构建预测模型,合理预测未来的就业流向,对人口政策、教育政策、经济政策的制定提出改进建议。

第三节　本书的思路及内容构成

一、研究思路

本书的研究思路是对高等教育中的就学迁移与就业迁移进行全方位描述。将就学迁移划分为国内迁移与留学两部分,对就业迁移主要讨论跨地区(省份、城市)的迁移特点。通过对高校就学者、毕业生就业数据的宏观分析,描述我国大学生跨区域就学、就业迁移特征和变化趋势;通过文献梳理,构建我国大学毕业生就学、就业迁移的可能解释模型和框架;通过计量模型,揭示影响就学、就业迁移的因素及作用机制;根据实证结果,修正理论模型并推导计算出符合我国实际的新解释模型;最后探讨就学、就业迁移对个体、社会带来的影响,探讨政府政策与就学、就业迁移的关联性,提出政策改进方案。具体研究思路如图 0－1 所示。

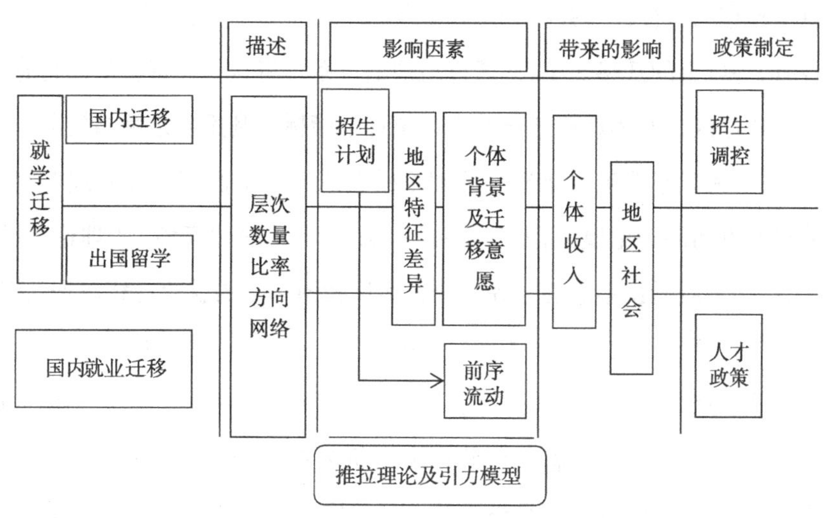

图 0－1　本书研究思路

二、研究内容

本书分 3 个篇目讨论就学国内迁移、出国留学、国内就业迁移问题。

在国内迁移部分,本书聚焦于以下内容。

第一,高等教育就学迁移的宏观流场特征及趋势。研究全国各省、各城市大学生的就学迁移特征及变化趋势。对某一地区而言,计算指标包括:该地区学生到全国各地区的迁移量、迁移率,该地区净迁入(出)人数,迁入(出)地区数目等。第二,就学迁移的内在制约因素:高校生源计划分配的理论与实证研究。高校生源计划分配直接影响大学生就学迁移。高校生源计划分配的历史特征是什么,现状怎样,由什么因素制约,我们会由历史文献出发,讨论中国高校的招生名额分配模式，同时，利用实际招生数据，讨论高校对外地招生名额的投放规律。

在留学部分，本书聚焦于留学的规模、趋势，留学意愿的影响因素，留学带来的个体效果 3 个部分。

在国内就业迁移部分，主要涵盖以下研究议题：第一，高校毕业生迁移特征及趋势研究利用全国高校上报教育部的就业数据，系统分析我国高校毕业生就学及就业迁移的特征。研究将根据高校毕业生的迁移特点对其进行分类，计算全国各省、各城市的迁移比率，并通过地理信息系统将这种迁移特征进行直观展示。计算各地区之间的就业迁移的人口统计学指标。利用复杂网络的分析方法展示。第二，大学毕业生就业迁移的理论模型研究。全面梳理和阐述解释人口迁移数量和方向的理论模型，尤其是对“引力模型”“辐射模型”的理论来源、适用范围、最新进展做出系统性述评。研究运用我国实际的就业迁移数据，将基于经典模型的计算预测结果与我国实际数据相对比，找出不同模型解释力的差异，通过理论假设和数学推导，构建更为适合中国实际的理论模型，提升本研究的科学性。第三，大学生就业迁移的影响因素分析为本部分研究的核心部分。本书的研究特别关注个体层次，以个体的就业迁移作为因变量，运用中国教育追踪调查（CEPS）数据和其他微观调查数据，在控制各类地区特征的情况下，分析个体与个体迁移决策之间的关系。

第四节　本书的创新与特色

本书以理论创新为目标。本书对人口迁移理论模型进行评价和拓展，通过建模方法，建立起适合解释我国大学生就学迁移和就业迁移的理论模型。

本书以数据分析创新为基础。教育行政部门权威数据和权威第三方调查数据（麦可思调查、中国教育追踪调查 CEPS 等）、全国高校毕业生就业数据是本研究的基础。

本书以方法创新为支撑，利用统计分析、回归分析、复杂网络分析等方法对研究进行全方位拓展。

本书是集体智慧的结晶。书中的研究和撰写工作除了有3位作者之外,还有中国人民大学的一些老师、博士、硕士参与,也有北京大学的研究同行参与其中。合作的研究保证了本书内容具有广泛性和视角的多样性。这本书的内容,更多是我们高等教育与学生迁移研究团队最近几年研究的总结。我们希望,这本书的内容能够起到抛砖引玉的效果,促进中国高等教育与人口迁移问题的研究的大发展,从而加速我国教育研究的定量化、规范化与国际化进程。

参考文献

[1] 丁金宏,刘振宇,程丹明,等. 中国人口迁移的区域差异与流场特征[J]. 地理学报,2005(1):106 - 114.

[2] Gibbons, S., Vignoles, A. Geography, choice and participation in higher education in England[J]. *Regional Science and Urban Economics*, 2012, 42(1): 98 - 113.

[3] Kyung, W. In-migration of college students to the state of New York[J]. *The Journal of Higher Education*, 1996, 67(3): 349 - 358.

[4] Baryla Jr, E. A., Dotterweich, D. Student migration: Do significant factors vary by region? [J]. *Education Economics*, 2001, 9(3): 269 - 280.

[5] Dotterweich, D., Baryla Jr, E. A. Non - resident tuition and enrollment in higher education: implications for tuition pricing[J]. *Education Economics*, 2005, 13(4): 375 - 385.

[6] Mixon, F. G., Hsing, Y. The determinants of out - of - state enrollments in higher education: A tobit analysis[J]. *Economics of Education Review*, 1994, 13(4): 329 - 335.

[7] Ali, M. K. Analysis of enrollment: A spatial - interaction model[J]. *The Journal of Economics*, 2003, 29(2): 67 - 86.

[8] Cooke, T. J. , Boyle, P. The migration of high school graduates to college[J]. *Educational Evaluation and Policy Analysis*, 2011, 33(2): 202 – 213.

[9] 潘昆峰,许申,陈彦,康乐,兰雅慧. 央属高校招生名额分配的原则和方案设计[J]. 北京大学教育评论,2010(2):43 – 55、188.

[10] 乔锦忠. 优质高等教育入学机会分布的区域差异[J]. 北京师范大学学报(社会科学版),2007(1):23 – 28.

[11] De Fraja, G. , Iossa, E. Competition among universities and the emergence of the elite institution[J]. *Bulletin of economic Research*, 2002, 54(3): 275 – 293.

[12] 潘昆峰,马莉萍. 央属高校跨省招生名额分配行为研究——引力模型假设及其验证[J]. 高等工程教育研究,2013(6):114 – 121.

[13] 马莉萍,潘昆峰. 留还是流? ——高校毕业生就业地选择与生源地、院校地关系的实证研究[J]. 清华大学教育研究,2013(5):118 – 124.

[14] Sun, Y. , Pan, K. Prediction of the intercity migration of Chinese graduates[J]. *Journal of Statistical Mechanics: Theory and Experiment*, 2014(12): 12022.

[15] Greenwood, M. J. he geographic mobility of college graduates[J]. *The Journal of Human Resources*, 1973, 8(4): 506 – 515.

[16] Faggian, A. McCann, P. Human capital flows and regional knowledge assets: a simultaneous equation approach[J]. *Oxford Economic Papers*, 2006, 58(3): 475 – 500.

[17] Kodrzycki, Y. K. Geographic shifts in higher education[C]. *New England Economic Review*, 1999: 27.

[18] Groen, J. A. , White, M. J. In – state versus out – of – state students: The divergence of interest between public universities and state governments[J]. *Journal of Public Economics*, 2004, 88(9): 1793 – 1814.

[19] Faggian, A. , McCann, P. Sheppard, S. . An analysis of ethnic differences in UK graduate migration behaviour[J]. *The Annals of Regional Science*, 2006, 40

(2):461 -471.

[20] Sjaastad, L. A.. The costs and returns of human migration[J]. *Journal of political Economy*, 1962, 70(5):80 -93.

[21] Krieg, R. G. Human - Capital Selectivity in Interstate Migration[J]. *Growth and change*, 1991, 22(1):68 -76.

[22] 蔡昉,王德文. 作为市场化的人口流动——第五次全国人口普查数据分析[J]. 中国人口科学,2003(5):15 -23.

[23] Gottlieb, P. D., Joseph, G. College - to - Work Migration of Technology Graduates and Holders of Doctorates within the United States[J]. *Journal of Regional Science*, 2006, 46(4):627 -659.

[24] Faggian, A., McCann, P., Sheppard, S. Some evidence that women are more mobile than men: Gender differences in UK graduate migration behavior[J]. *Journal of Regional Science*, 2007, 47(3):517 -539.

[25] Ravenstein, E. G. The laws of migration[J]. *Journal of the Statistical Society of London*, 1885, 48(2):167 -235.

[26] Lee, E. S. A theory of migration[J]. *Demography*, 1966, 3(1):47 -57.

[27] Zipf, G. K. The P 1 P 2/D hypothesis: on the intercity movement of persons [J]. *American sociological review*, 1946, 11(6):677 -686.

[28] Simini, F., González, M. C., Maritan, A., Barabási, A. - L. A universal model for mobility and migration patterns[J]. *Nature*, 2012, 484(7392):96 -100.

理论篇

第一章 人口迁移理论概述

本章对人口迁移理论做背景介绍。出生、死亡和迁移是影响人口规模的三大过程。出生和死亡只对所在区域的人口规模有影响,而迁移对人口规模的影响却是改变了两个区域之间的人口分布。迁移人口的结构,如年龄、性别、受教育程度等人口结构,还会对迁入(出)地的人口结构产生影响,进而影响区域间劳动力的分布和人力资源的分布,对城市化和区域发展产生影响。人口迁移的原因很多,包括学习培训、务工经商、婚姻嫁娶、随迁家属等,本书所讨论的因为接受高等教育为起点的迁移,是事件驱动型的迁移,可能成为高等教育人口生命历程中迁移的一个重要开端,未来可能会带动就业型的迁移,甚至会通过婚姻、父母或子女随迁等多种途径撬动更多的人口迁移。不同类型的迁移可能有各自的特点,但多遵从一般性的研究方法和规律,本篇将从人口迁移的定义、分析方法、经典理论等角度对人口迁移理论进行阐述。

第一节 人口迁移的定义

人口在一个区域和另一个区域之间进行的地区移动或空间移动,通常包括从原住地或迁出地迁到目的地或迁入地的长久性住地变动,是国际上通用的人口迁移(migration)的定义,由国际人口科学联盟写入《多种语言人口学辞典》。

在我国计划经济体制下，人口跨区迁移需要行政和计划部门的审批，一般以户籍变更登记为依据；改革开放以后，人口跨区迁移的规模和范围都增大了，只有一部分人口的迁移能反映在户籍登记上[1]。对于无法在户籍登记上反映的迁移被称为人口流动，即“人们超过一定时间长度、跨越一定空间范围的、没有相应户口变动的空间位移过程”，发生这种人口流动过程的人口为流动人口[2]。

人口迁移与流动的原因有很多，包括就学、就业、经商、婚姻等。在本书中，聚焦于因接受高等教育而引起的国内跨省或跨国迁移与流动，以及高等教育人口就业引起的迁移与流动。国内跨省的就学迁移允许户籍在就学期间随迁，但随迁户口并非常住户口，毕业后需迁回原籍或迁至就业地；跨国留学学生的户籍则迁回原籍或托管在留学前所在地。因此，难以区分本书所关注的是属于人口迁移还是人口流动，考虑到本书主要关注高等教育与人口迁移流动的关系，不区分户籍的差异，所以，本书统一称为人口迁移。

第二节　人口迁移的分析方法

人口迁移流动分析强调两个因素:时间和空间，用以判别人口的空间移动属于哪种迁移。一般来说，出生地、前居住地、普查或调查前某时刻居住地，常常被用来表征迁出地，现居住地则用来表征迁入地。以第六次人口普查为例，问卷中询问了普查时点居住地和2005年11月1日常住地，收集到的数据形成《全国按现住地和五年前常住地分的人口》省际汇总迁移矩阵，是研究我国省际人口迁移的重要数据来源。在研究人口迁移流动时，除了普查数据、户籍数据等行政类登记数据、大型调查数据以及越来越引起关注的人口运动轨迹记录信息（即俗称“大数据”）等都是关键数据来源。

研究人口迁移流动需要选择合适的指标，常用的指标包括迁移流、迁移率、迁移生命表等。一个时期内，从迁出地迁移到迁入地的人次记为迁移流，能够反映迁移的规模。对于某个地区，人口迁入和迁出对当地的生产、生活、文化、教育、住房等都有影响，因此，我们称一定时期内跨越该地区地理边界改变居住地的迁出的人口为迁出者，迁入的人口则称为迁入者，统称迁移者。对于一个地区，迁出者人数和迁入者人数之和称为总迁移人数，迁入者人数与迁出者人数之差称为净迁移人数。对于一个国家来说，一般需要同时研究该国各地区之间的迁移流，因而需要采用迁移矩阵的形式，国内各地区间的净迁移人数之和理论上应为0。

迁移率是人口迁移流动的重要指标，是强度指标，主要的类型包括以下几种：一类是某地区的迁移率，包括迁入率、迁出率、净迁移率、总迁移率等。以地区 i 为例，迁入率［如式(1－1)］是指某一时期内迁入地区 i 的人数占时期末总人数的比重；迁出率［如式(1－2)］是指某一时期内迁出地区 i 的人数占时期初总人数的比重；净迁移率［如式(1－3)］是指某一时期内迁入人数与迁出人数的差值占时期末总人数的比重，可度量人口迁移方向；总迁移率［如式(1－4)］是指某一时期内迁入人数与迁出人数的和占时期末总人数的比重，用来度量迁移的普遍程度。

$$迁入率=\frac{时期内迁入人数}{期末总人数} \qquad 式(1-1)$$

$$迁出率=\frac{时期内迁出人数}{期末总人数} \qquad 式(1-2)$$

$$净迁移率=\frac{时期内迁入人数-时期内迁出人数}{期末总人数} \qquad 式(1-1)$$

$$总迁移率=\frac{时期内迁入人数+时期内迁出人数}{期末总人数} \qquad 式(1-4)$$

还有一类是带流向的迁移率，如偏迁出率［如式(1－5)］是一个时期内 i 地区迁出到 j 地区的人数占 i 地区期末人数的比重；偏迁入率［如式(1－6)］则是一个时期内从 j 地区迁入 i 地区的人数占 i 地区期末人数的比重；总人口互换率则是两个地区之间相互迁移来往的频繁程度，即时期内两地区相互迁移人数总和占期末两地区总人数的比重；净人口互换率则是时期内两地区间净迁移人数占期末两地区总人数的比重;迁移效率则是指两地区净迁移人数占两地区相互迁移人数总和的比重。

$$偏迁出率 = \frac{M_{ij}}{P_i} \qquad 式(1-5)$$

$$偏迁入率 = \frac{M_{ji}}{P_i} \qquad 式(1-6)$$

其中,M_{ij}为一个时期内 i 地区迁出到 j 地区的人数;M_{ji}为一个时期内从 j 地区迁入 i 地区的人数;P_i 为 i 地区期末人数。

为表征区域间迁移的流向[偏迁出率如式(1-7)]和迁移流的分布[偏迁入率如式(1-8)]以及两个区域间人口迁移的关系强度,可以采用迁入(出)影响力指标。设地区 i 向地区 j 迁移的人数为 M_{ij},占地区 i 向外迁出人总数的比例为称为地区 j 对地区 i 的“迁出影响力”,该影响力越大,则说明地区 j 对地区 i 人口迁出的影响力越强。M_{ij}占地区 j 迁入人总数的比例为地区 i 对地区 j 的“迁入影响力”,该影响力越大,则说明地区 i 对地区 j 人口迁入的影响力越强。

$$偏迁出率 = \frac{M_{ij}}{I_i} \qquad 式(1-7)$$

$$偏迁入率 = \frac{M_{ij}}{I_j} \qquad 式(1-8)$$

其中,M_{ij}为地区 i 向地区 j 迁移的人数;为地区 i 向外迁出人总数;地区 j 迁入人总数。

上述的指标是从迁移人口量的角度进行分析,也被称为粗迁移指标。然而,相同数量的人口如果在年龄、性别、教育程度等方面存在结构性的差异,对迁入地或迁出地的影响也会存在很大的差异,因此,需要通过分性别、分年龄迁移率来指征,即分性别组和年龄组考察在一个时期内的迁移率。如果,对某一个地区考察人口的变化,还可以将年龄别迁移率和死亡率同时纳入生命表进行分析,通过构造迁移生命表来进行分析。本书的研究对象为高中毕业进入大学以及大学生毕业后出国留学或进入工作过程的迁移,人口年龄段非常集中,主要在18~

24 岁，基本可以归为一个年龄组或出生同批人，所以对于年龄迁移流动分析在此不再赘述。

第三节　人口迁移的经典理论及模型

农业社会时期，人的空间移动主要依靠步行、骑马或马车等，成本高、效率低，迁移流动相对比较困难。工业革命以后，火车和其他交通工具的发展以及道路的不断完善，使得人口迁移越来越便利，于是人口迁移规模和频率也越来越高，因而受到人口学、经济学、统计学、社会学等相关领域学者的关注，并发展出对后世影响深远的经典理论和模型。

一、人口迁移的影响因素——推拉理论和引力模型

Ravenstein[3; 4]是较早研究人口迁移规律的学者，其发表的《人口迁移法则》具有里程碑意义。1885 年，Ravenstein 通过对英国人口迁移的数据进行分析，又于 1889 年拓展到多国分析，指出人口迁移最基本的原因是工业和商业中心所在地人口无法满足其对劳动力的需求，因此从其他地区吸引劳动力进行补充。他总结了人口迁移的法则：(1)快速发展的工业和商业中心城市对劳动力的大量需求会带动周边地区人口向其迁移，首先是邻近地区，距离越近迁移越多，之后邻近地区也出现劳动力短缺会吸引更远地方的劳动力来补充，不断向外辐射。(2)城市本地人口和劳动力提供地的人口，两地间的距离都会影响两地的迁移流，而不断发展的交通会一定程度上抵消距离对迁移的阻碍。(3)如果需要克服较长距离发生迁移，人们更倾向于去大的工业或商业中心。(4)每个主要的迁移流会带来补偿的反迁移流。(5)城镇地区的居民相对农村而言，迁移的倾向或意愿更小。(6)女性比男性的迁移比例要低，女性也更倾向短距离迁移。(7)苛税、恶劣天气等都可能是迁移的原因，但最重要的还是希望通过迁移获得

更好的物质生活条件，即经济因素推动了迁移行为。

Heberle[5]在对德国研究的基础上提出了由农村向城市迁移的推拉模型，技术进步造成农村劳动力过剩即产生了迁出地的推力，而城市对劳动力的需求形成拉力。之后，其他学者也对推拉模型进行发展，影响力比较大的是 Lee[6]，他在 Ravenstein 人口迁移法则的基础上，对人口迁移理论进行了发展，也进一步完善了推拉模型。Lee 从迁出地因素、迁入地因素、迁移过程的障碍、个人因素四个方面进行讨论，指出每个地区都会有推力和拉力，两者形成的净推力或净拉力可以影响人的迁移行为。人们会根据自己的情况进行选择，和生命周期也有关系，在迁移前会试图了解迁入地的情况，迁移过程的障碍也会影响迁移行为。

推拉理论尽管能够对人口迁移流动的影响因素进行解释，但还需要量化的模型才能更好地应用。人口迁移引力模型由 G. K. Zipf 将物理学引力模型引入，认为两地之间的人口迁移总量，与两地的人口数量的乘积成正比，与两地间的距离的 a 次幂成反比。

基本引力模型的公式表示如式(1－9)：

$$M_{ij} = K\frac{P_i \times P_j}{(D_{ij})^a} \qquad \text{式(1－9)}$$

其中，M_{ij}为 i 地到 j 地迁移的人口，P_i 表示 i 地人口，P_j 表示 j 地人口，D_{ij}表示 i 地和 j 地之间的距离，K 和 a 是常数。

Lowry[7]用两地非农业劳动力人数、失业人数和制造业的工资来测度引力，并对进步引力模型进行了对数线性转换，拓展了引力模型，可以纳入更多的影响因素。该拓展模型线性化后可表示如式(1－10)

$$\ln M_{ij} = a_1 \times \ln P_i + a_2 \times \ln P_j + a_3 \times \ln U_i + a_4 \times U_j + a_5 \times W_i + a_6 \times W_j + b \times \ln D_{ij} + \ln K + \varepsilon_{ij} \qquad \text{式(1－10)}$$

其中，M_{ij}为 i 地到 j 地迁移的人口，P_i 表示 i 地人口，P_j 表示 j 地人口，D_{ij}表示 i 地和 j 地之间的距离，U_i 和 U_j 分别为两地的失业率，W_i 和 W_j 分别为两地的工资，a_1、a_2、a_3、a_4、a_5、a_6、b 为系数，ε_{ij}为误差项。

线性化的引力模型为国内外人口迁移研究者所推崇,应用广泛,人口迁移的结果与引力模型的假设符合得比较好,也有一些研究对此进行继续修正和完善[8;9]。国外学者以“引力模型”为基础对高等教育中的跨地区就学问题进行了一系列研究。研究发现,距离因素显著影响跨区域就学行为,距离越远,迁移发生频率越低[10-12]。此外,“相邻效应”(neighborhood effect)的存在,对相邻区域之间的就学迁移频率有正向影响[13],迁入地和迁出地的整体教育资源状况,特别是院校质量也成为就学迁移的拉动或推动因素[14-16]。

二、劳动力迁移理论与模型

从人口学的角度对人口迁移影响因素进行研究,是将人口迁移行为作为核心开展研究,经济因素对人口迁移行为具有关键影响。把人作为劳动力进行研究,则是从经济学的角度,以经济发展为出发点来考察人口迁移或劳动力迁移对经济发展的影响,这个影响是互动的关系,既包括经济发展和经济结构变化对劳动力迁移的影响,也包括劳动力迁移对区域经济的影响。以刘易斯(Lewis)模型、托达罗(Todaro)模型等为代表的劳动力迁移模型,在发展中国家城乡二元经济的假设下,对劳动力由农村向城市转移的过程进行研究,在我国得到广泛的关注和讨论,也有一些研究是在批判中结合我国国情进行理论发展[1;17;18]。

Lewis[19]提出发展中国家二元经济模式,即农业经济部门和现代经济部门。在技术进步和资本积累的情况下,农业劳动力会出现过剩的情况,边际劳动生产力为零,而现代经济部门随着经济发展和资本累积在不断扩大,使得农村剩余劳动力向城市迁移。不过,这个模型存在两个比较关键的缺陷,农业劳动力不会无限过剩使得边际劳动生产力始终为零,现代经济部门也不会无限吸收农村转移劳动力,城市存在失业的问题。针对这两个问题,Ranis 和 Fei(1961)和 Todaro[20]、Harris 和 Todaro[21]等分别提出模型对 Lewis 模型进行改进。前者认为农业劳动力的边际生产力不会一直为零,会出现由零变正的过程,并可能增长到与现代工业工资相同,相互争夺劳动力的情况。Todaro 提出托达罗模型,指出劳动力在由农村向城市转移的过程中，会对城市的工资和失业率同时考虑，形成收入预期，该预期并非实际工资对迁移产生影响。

我国社会结构具有城乡二元特点，在经济发展的过程中，由计划经济体制向市场经济转型的过程、城乡二元结构和户籍制度等对人口迁移产生影响，上述模型对我国经济发展和人口迁移研究具有一定的理论和实践意义，但并不能完全套用上述模型，经济学家对上述理论和模型基于我国国情也进行了较多的发展。比如，我国研究者曾考察我国农村人口向城市迁移与教育程度的影响，Zhao[22]曾发现我国农村教育程度较高的人口反而更倾向于在附近从事非农工作而非迁移到外地务工，蔡昉[18]也提出，在同一出生队列人口中，流动到外地打工的劳动力并不是同年龄中教育程度较高的，并对出现这种情况的原因进行了探讨。

这个系列讨论劳动力迁移的模型主要是从城乡二元经济发展的角度出发，关注农村剩余劳动力的转移，并未区别教育程度或人力资本的影响，也没有考虑到来自城市高等教育的吸引。我国已经由高等教育精英化阶段向大众化阶段转变，高校扩招使得越来越多的农村孩子进入大专院校，也在一定程度上影响了城乡年轻人的迁移行为，本书对此问题的深入分析，不拘泥于农村向城市的转移，而是专注讨论高等教育对人口迁移的影响，能够在一定程度上对劳动力迁移模型进行发展和补充。

三、新经济迁移理论

Stark 和 Bloom[23]提出劳动力迁移的新经济迁移理论，在这个理论中有几个比较核心的观点。第一，迁移的决策不仅仅是基于迁入地和迁出地工资的绝对差异和成本的成本收益分析，还来自“相对差异”或“相对贫困”。个人根据自己所了解到的可以作为参照的人口的工资与本人工资的差异，形成“相对贫困”的感觉，这种感觉促使人做出迁移的决定，而不是因为他不迁移的收入最低或能够从迁移中获得最大收益。蔡昉、都阳[24]在中国对相对贫困假设进行了实证分析，证实了绝对贫困和相对贫困对农村人口外出务工都有影响，并一定程度上解释了并非最穷的地方或人力资本最高的人最倾向于外出。

第二，迁移的决策并非基于个人的成本收益进行的，家庭作为一个劳动力汇聚的基本单元，会从家庭总体的角度做出成员迁移的决定。该理论认为，如果一个家庭在当地的收入不稳定、存在风险，为了降低总体风险，会考虑让部分成员外出工作以减小风险。从另一个角度来看，家庭扩展形成的社会关系网又会对迁移产生影响，部分成员如果外出工作获得了较高的收益并且对外出工作的环境更为了解，会增加其他成员外出获得高收益工作的机会并降低不确定风险，可能会带动家庭中其他人口的迁移。Mincer[25]也曾提出以家庭为单位考虑迁移行为，并认为家庭纽带可能会对男性和女性的迁移和外出工作产生不同的影响。

第四节　人口迁移对区域发展的影响

人口迁移对区域人口的规模和结构都会产生影响，改变区域劳动力和人力资源的分布，进而对城市化水平、区域发展产生一定的影响，还会对迁入地区的住房、教育、医疗及其他公共服务、公共设施等的承载力产生一定的冲击。

一、人口迁移与城市化

随着工业革命和社会发展，技术不断进步、资本持续积累，西方社会现代经济部门不断扩大，与农业经济部门之间出现工资率的差异，使农村剩余劳动力向城市迁移和聚集，即出现二元经济模式下的劳动力城乡迁移，进而推动城市化的发展[1; 19; 20]。

新中国成立以后、改革开放以前，我国人口迁移是由东南到西北，由沿海向边疆，由城市到农村，由人口稠密区到人口稀疏区，具有人口密度趋同收敛的特点，与西方社会农村向城市迁移的方向不同[1; 26]。改革开放以后，计划经济向市场经济转变，人口迁移和流动更受劳动力市场的影响，计划迁移减少，迁移流的方向开始发生逆转：由西北向东南地区迁移，由农村向城镇、向大城市迁移，由人口稀疏地区向人口稠密地区迁移，珠三角、长三角、京津冀三大城市圈出现流向极化的现象，迁移人口的规模和强度也不断增大，30 多年来仅流动人口就增加了几十倍[27-29]。

改革开放以来的人口向城镇或城市的迁移或流动推动了我国城镇化的进程，各地的发展条件、原有经济基础和城市发展基础、产业结构存在差异，因此在城市化的过程中形成了不同的类型，如北上广大都市的发展、苏南苏北等模式的发展、珠江三角洲城市群的发展、都市周边城镇的发展等[30]。在城镇化的过程中，针对应该如何进行迁移的引导，采取什么样的策略的问题，不同的学者持有不同的观点，如就地城镇化、着重打造中型城市或者发展超级大城市的方式[28]。不过，受户籍限制，存在“半城市化”的现象，即农村人口进城务工但未获得城市户籍，未在城市定居，在家乡还留有土地，在城市工作一段时间后还会回到农村。为此，国家还出台了新型城镇化规划，引导新型城镇的发展。

城市化的同时，迁入人口会参与迁入地的经济生活、使用基础设施，促进了城市各项建设事业的发展，也会增加对食品和住房、医疗、教育等的需求，考验迁入地的承载力。以住房为例，人口迁移会对当地的住房市场产生影响，陆铭[31]指出，外来人口迁入多的地区，房价也会增高；杨华磊、何凌云[32]认为，人口迁移带动城镇化过程中，房价会出现钟型发展轨迹。张传勇、刘学良[33]、张超等[34]都认为，高校扩招使得更多的大学生通过就学迁移来到大、中城市，并可能在一线城市就业，他们的工资收入较高、购买力较强，更容易获得当地户籍，对住房具有刚性需求并在毕业几年后相对集中释放，成为房价上涨的重要推力。此外，迁移人口的结构如年龄、性别、学历等也会造成留守儿童、空巢老人、夫妻分居等社会问题，需要得到关注。

二、人口迁移与区域发展

人口作为劳动力是重要的劳动生产要素之一，人口迁移也意味着劳动力的迁移。增量劳动力的迁入对迁入地的经济发展具有正向的促进作用,王桂新、黄颖珏[35]分析认为,1995—2000年由西向东的省际人口迁移,推动东部地区同期GDP的增长在10%以上。不过,经济总量的上升并不必然意味着人均产出的增加,因此,人口迁移对区域间经济发展水平具有扩大差距的影响还是收敛的效果,学界仍存在争议,各国的实证结果也表现出不同的观点。

新古典经济模型认为,对于一个封闭的经济体系,人均GDP增长率与人均收入或人均产出呈现出负相关关系,因此,经济发达即人均收入高的地区其增长率低于经济落后地区,因此,落后地区发展速度会较快,从而出现经济发展的收敛。该理论在部分国家得到实证验证,也在部分国家被实证反驳,我国也有学者采用Barro和Sala-I-Martin分析方法计算收敛情况。但是,刘强[36]指出,我国大规模的省际人口迁移和流动对经济增长的收敛产生影响,并形成东部区域内部的收敛和西部区域内部的收敛,但是东西部区域间差异并未出现收敛,反而有增大的迹象。沈坤荣、马俊[37]指出,我国经济增长出现了东中西三大“俱乐部收敛”的现象,其中比较重要的原因是发达地区注重人力资本投资带来的正反馈和落后地区投资人力资本困难带来的负反馈。尽管沈坤荣、马俊[37]并未明确指出人口迁移的影响,但是诸如就学迁移等高学历人口作为已被投资的较成熟人力资本的迁移,会对人力资本的分布产生影响,进而通过改变人力资本存量影响区域发展。段平忠[38]、刘传江[39]通过不同角度的分析和实证指出,省际人口迁移显著地扩大了东部地区的内部差距、中部地区的内部差距、三大地带间差距以及中国整体的地区差距,只有西部地区的内部差距因为受到人口迁移的影响而显著地缩小了;而且富裕地区和落后地区经济增长受人口迁移的影响具有不同程度的差异性。

第五节　小　结

本章简要介绍了人口迁移的定义、主要的分析方法和指标,并对人口迁移的影响因素和人口迁移对区域发展的影响。人口迁移受到区域差异的推力和拉力而发生,改变了不同区域的人口规模、结构以及劳动力和人力资本分布,又会对城市化和区域发展产生影响。迁移是非常重要且复杂的人口流动过程,需要对其进行系统的研究。人口迁移的一般方法和模型,是探讨高等教育体系下人口迁移的根本基础。

参考文献

[1] 蔡昉. 人口迁移和流动的成因、趋势与政策[J]. 中国人口科学,1995(6):8-16.

[2] 国家统计局人口和就业统计司和中国人民大学社会与人口学院编. 人口和就业统计分析技术[M]. 北京:中国统计出版社,2012.

[3] Ravenstein, E. G. The laws of migration[J]. *Journal of the royal statistical society*, 1889, 52(2):241-305.

[4] Ravenstein, E. G. The laws of migration[J]. *Journal of the Statistical Society of London*, 1885, 48(2):167-235.

[5] Heberle, R. The causes of rural-urban migration a survey of German theories[J]. *American Journal of Sociology*, 1938, 43(6):932-950.

[6] Lee, E. S. A theory of migration[J]. *Demography*, 1966, 3(1):47-57.

[7] Lowry, I. S. *Migration and Metropolitan Growth: Two Analytical Models*[M]. San Francisco: Chandler Publishing Company, 1966.

[8] Shen, J. Changing patterns and determinants of interprovincial migration in China 1985-2000[J]. *Population, Space and Place*, 2012, 18(3):384-402.

[9] Lewer, J. J. Van den Berg, H. A gravity model of immigration[J]. *Economics letters*, 2008, 99(1):164-167.

[10] Alm, J. Winters, J. V. Distance and intrastate college student migration[J]. *Economics of Education Review*, 2009, 28(6):728-738.

[11] Spiess, C. K, Wrohlich, K. Does distance determine who attends a university in Germany? [J]. *Economics of Education Review*, 2010, 29(3): 470 - 479.

[12] Frenette, M. Too far to go on? Distance to school and university participation [J]. *Education Economics*, 2006, 14(1): 31 - 58.

[13] Do, C. The effects of local colleges on the quality of college attended[J]. *Economics of Education Review*, 2004, 23(3): 249 - 257.

[14] Mixon Jr, F. G. Factors affecting college student migration across states[J]. *International Journal of Manpower*, 1992, 13(1): 25 - 32.

[15] Sa, C. , Florax, R. J. Rietveld, P. Determinants of the regional demand for higher education in the Netherlands: a gravity model approach[J]. *Regional Studies*, 2004, 38(4): 375 - 392.

[16] Tuckman, H. P. Determinants of college student migration[J]. *Southern Economic Journal*, 1970: 184 - 189.

[17] 周天勇．托达罗模型的缺陷及其相反的政策含义——中国剩余劳动力转移和就业容量扩张的思路[J]．经济研究, 2001(3): 75 - 82.

[18] 蔡昉．劳动力迁移的两个过程及其制度障碍[J]．社会学研究, 2001(4): 44 - 51.

[19] Lewis, W. A. Economic development with unlimited supplies of labour[J]. *The manchester school*, 1954, 22(2): 139 - 191.

[20] Todaro, M. P. A model of labor migration and urban unemployment in less developed countries[J]. *The American economic review*, 1969, 59(1): 138 - 148.

[21] Harris, J. R. Todaro, M. P. Migration, unemployment and development: a two - sector analysis[J]. *The American economic review*, 1970, 60(1): 126 - 142.

[22] Zhao, Y. Labor migration and earnings differences: the case of rural China[J]. *Economic Development and Cultural Change*, 1999, 47(4): 767 - 782.

[23] Stark, O. Bloom, D. E. The new economics of labor migration[J]. *The American*

economic review,1985,75(2):173 - 178.

[24] 蔡昉,都阳. 迁移的双重动因及其政策含义——检验相对贫困假说[J]. 中国人口科学,2002(4):3 - 9.

[25] Mincer,J. Family migration decisions[J]. *Journal of Political Economy*,1978,1986(5):749 - 773.

[26] 张善余. 我国省际人口迁移模式的重大变化[J]. 人口研究,1990(1):2 - 8.

[27] 杨云彦. 八十年代中国人口迁移的转变[J]. 人口与经济,1992(5):12 - 16.

[28] 魏星,王桂新. 中国人口迁移与城市化研究的近今发展[J]. 人口与经济,2011(5):1 - 8.

[29] 段成荣,杨舸,张斐,卢雪和. 改革开放以来我国流动人口变动的九大趋势[J]. 人口研究,2008(6):30 - 43.

[30] 李玲. 改革开放以来中国国内人口迁移及其研究[J]. 地理研究,2001(4):453 - 462.

[31] 陆铭,欧海军,陈斌开. 理性还是泡沫:对城市化、移民和房价的经验研究[J]. 世界经济,2014(1):30 - 54.

[32] 杨华磊,何凌云. 人口迁移、城镇化与住房市场[J]. 中国软科学,2016(12):91 - 104.

[33] 张传勇,刘学良. 高校扩招对房价上涨的影响研究[J]. 中国人口科学,2014(6):107 - 118、128.

[34] 张超,李超,唐鑫. 高校扩招、人口迁移与房价上涨[J]. 南方经济,2015(12):90 - 103.

[35] 王桂新,黄颖钰. 中国省际人口迁移与东部地带的经济发展:1995—2000[J]. 人口研究,2005(1):19 - 28.

[36] 刘强. 中国经济增长的收敛性分析[J]. 经济研究,2001(6):70 - 77.

[37] 沈坤荣,马俊.中国经济增长的“俱乐部收敛”特征及其成因研究[J].经济研究,2002(1):33-39、94-95.

[38] 段平忠.中国省际间人口迁移对经济增长动态收敛的影响[J].中国人口·资源与环境,2011(12):146-152.

[39] 段平忠,刘传江.中国省际人口迁移对地区差距的影响[J].中国人口·资源与环境,2012(11):60-67.

国内就学迁移篇

第二章　中国高考招生名额区域分配的历史模式及政策

高校的招生名额分配直接影响到高等教育就学迁移。直至今日，高等教育依然是一种稀缺资源。高考作为一项选拔性考试，选择究竟哪些人可以得到高等教育的机会，这是学子们寒窗苦读求得接受高等教育的必经之路，也是国家维护高等教育资源分配公平性的一把"利剑"，而高考自身的公平性又通过国家招生政策、招生机制、考试形式与内容等方式来保证，总体上确保高考是科学的、公平的、具有积极作用的。本章介绍的就是高考的"前世今生"，特别是不同阶段的招生方式及招生名额区域分配。

第一节　高考招生的"前世"

中国是考试的故乡，从公元前 178 年汉文帝刘恒第一次用考试方法选拔政府高级官员，到公元 605 年隋炀帝杨广建进士科、创科举制，中国是人类历史上最先创造了考试方法并最先建立了全国统一考试制度的国家，科举制对古代东亚世界和近代西方文官考试制度也曾产生过深刻的影响。

一、中国古代科举制的取士方式

自唐代以来，科举制就有常科与制科之分。常科是用统一的标准去衡量天下人才，合格者中举；反之落榜。统一的考试标准可以适用绝大部分人才，但选拔的人才难免千篇一律，那些“非常之才”很难脱颖而出。所以，“非常之才”通过制科来选拔，弥补常科选人的不足，故有评价“所以不得才者，谓其以有常之法律不常之人，则制举之庶乎得之者必无常法焉”[1]，就是不拘一格选人才，也是必须由皇帝亲策的原因。可见，常科与制科是两种相互补充的选拔方式，常科的标准化选拔，面向全国大部分考生，维护了科举的公平性，而制科的灵活性又为特殊人才开辟了一条途径。从常科与制科扮演的功能与相互关系来看，似乎是如今高考与自主招生的雏形。

唐代科举实际上已经开始实行各地定额报考制度，规定各州县按人口多少可以贡举解送一人至数人到中央参加考试，但由于“有其才者不限其数”，唯才取人还是属于自由竞争。到了宋代，虽然沿用了各地解送名额的办法，实行固定解额制度，并在解额分配方面给予面临敌对政权的北方地区及文化落后地区一定的照顾，而后由于当时的背景及环境，导致科举录取人数南北比例悬殊，最终引发了朝中大臣关于科举取士的南北地域之争[2]，实际上也就是取士名额分配之争。当时，司马光提出异议：“古之取士，以郡国户口多少为率。今或数路中全无一人及第，请贡院逐路取人”，由于全国各地文化水平不同，仅凭才取士容易造成举士在地域上的不平等，所以司马光主张“逐路取人”，即 10 名举人中取 1 人，实际上间接限制了南方士人的及第机会。而欧阳修提出异议，他认为国家取士之制，最号至公，唯才是择，他坚持选拔取士面前人人平等，不能为了所谓的区域公平，而让不合格的考生混进来。逐路取人是按区域分配名额，而凭才取人则不限制地域，考试面前大家公平竞争。直至明代，南北取士之争终于酿成一场大案，世人称为“南北榜惨案”，随后为了避免类似事件重演，确立了会试南北分卷而取的方针。从南北方取士比例的差异来看，国家统一考试与地域差异始终存在矛盾，特别是实施分区取人的做法后，与自由竞争下的考试公平原则的矛盾尤为尖锐，从某种意义上折射出不同时代对于录取人才的公平及效率的想法。时至今日，在高考的具体实施中，依然看得到分区取人的做法，只不过区域配额越来越细，通过分省、分卷等做法来进一步提高选人的公平，同时兼顾效率。

二、民国时期高等学校录取方式

直至新中国成立之前，我国现代学校教育制度的建立，依据的是北洋政府制定的“壬戌学制”，它把高等教育分为大学校、高等专科和大学院3级。由于全国高校的层次和规模差异很大，用统一方式招考难度很大，因此对招考方式没有多加限制，各高校实施单独招考，形式灵活多样。在单独招考过程中，名校的标准较高，招考严格，而普通高校中有不少因生源问题降低了标准。如果我们把每一个学校当成“独立体”来看，每个学校都是面向全国单独选拔，考试内容各异，实属“制科取士”类型，不存在分区录取的问题，所以说这一时期的高校属于自主招生，对某些地区是有利的，但是对于落后地区而言，则使一些学生丧失了入学机会。

民国初期，高等学校招考制度因学校层次类型而有所不同，如高等师范学校实行“划片招生”及“分省配额”的办法，在直隶区、江苏区、湖北区、广东区、四川区及东三省区内各有一所高等师范学校。1920年《沈阳高等师范学校招考预科学生办法》中规定，当年招考预科班120名，学校直接招考20名，其余由各省选送，分配方案如下：吉林10名、山东8名、江西4名、河南4名、山西4名、湖南3名、云南3名、江苏2名、广东2名、广西2名、甘肃2名、京兆2名、察哈尔2名、黑龙江10名、安徽4名、福建4名、浙江3名、陕西3名、四川3名、湖北2名、贵州2名、新疆2名、热河2名、绥远2名[3]。到1933年，南京国民政府实施高等学校招生办法，要求各高校以学院为单位按比例招生，同时限制了文科类的招生人数。1935年实施学科限额招生，1937年在某些高校试行联合招生。到1938年6月，在国统区试行统一招考，由招生区统一命题。到1949年为止，南京国民政府采取过的高校招考方式主要有单独招考、联合招考、委托培养和推荐免试等[4]。民国时期大学招生的典型问题就是区域失衡，单独招考是造成这一情况的制度性因素，区域观念也是当时高等教育办学者的主导理念，各大学不仅在招生时有客籍学生不得超过本地学生的规定，在校长遴选和教授聘任方面也多以本地人为主[5]。

第二节　新中国成立后的高考招生方式

一、新中国成立之初高校招生方式

1949 年新中国成立时，社会经济处于百废待兴阶段，人才缺口十分巨大，高等教育很不发达，当年高等学校毕业生仅 2.1 万人，中等专业学校毕业生仅 7.2 万人。到 1950 年 6 月，除港澳台地区外，全国仅有高等学校 227 所（各地人民革命大学、军政大学不算在内），学生共约 134000 人。其中，大学 56 所，占高等学校总数的 28.63%，且高等学校的分布极不均衡，华东地区有 85 所，占总数的 37.44%，仅上海就有 43 所，占总数的 18.94%[6]。自 1949 年起，高等学校招生仍然沿用旧制度，由各高等学校单独招生，暴露出诸多问题，有的学校一两次招生就可以招满，而有的学校怎么也招不满。同时，考生重复报名，学校重复录取，所以学校报到率很低，最高为 75%，而低的仅有 20%[7]，说明高校单独招生存在很大的局限性，缺少统一的、有效的管理，因而应从全局抓录取。

二、从单独招生向大区联招过渡

1950 年，教育部召开了第一次全国高等教育会议，时任教育部部长马叙伦在开幕词中就新中国高等教育的方针明确提出，“首先，我们要逐步实现统一和集中的领导”[8]，标志着政府开始宏观把握高等学校的招生行为。在 1950 年发布的《关于高等学校一九五〇年度暑期招收新生的规定》中指出：“为了贯彻第一次全国教育工作会议的精神，开始有计划、有步骤地培养新中国的各种专门人才和建设干部，逐步纠正过去高等学校在招生上的不合理状态及减少学生的投考困难”；“各大行政区教育部可在本规定的范围，根据该地区的具体情况，分别在适当地点定期实行全部或局部高等学校联合或统一招生。如统一招生有困难，各大行政区教育部得斟酌情形，在符合本规定之基本精神范围内，允许各校自行招生，惟各校仍须将招生的经过情形连通试题经由所在大行政区教育部汇报中央教育部备查。”[9]当年，东北、华北、华东三大区 73 所学校在本区范围内联合招生，大部分一次招足，平均报到率达 50%，充分显示了联合招生的积极作用。可见，联合招生是区域性统一招生，相较于高校的各自为政，联合招生的招生效率明显提高，具有非常积极的作用。但当年的招生政策并非一次性全国推广铺开，在主体是联合招生的框架下，仍有部分地区高校采取单独招生，且考试命题由学校自主开展，仅向大区教育部门报备。

1951 年，在总结前一年三大区联合招生经验的基础上，教育部继续实施 1950 年的招生政策，并对 1950 年的招生文件做了补充规定：“各大行政区教育部（文教部）可根据该地区的具体情况，分别在适当地点，争取实行全部高等学校统一或联合招生”；“高等学校至其他地区招生时，应取得该大行政区教育部（文教部）的同意，并尽量争取互相委托的办法进行招生”[10]。这也是在文件中第一次明确提出了高校跨区域招生的具体形式。事实上，对于大区内统一招生或联合招生，当时的教育部态度非常积极，结果导致各大行政区内所有高等学校都参加了大区范围内的统一招生，但是由于各大行政区内学生来源与学校招生数极不平衡，以至于西北部地区学校严重招不满人，东北地区高校又到华北地区进行补招，因而全国统一招生与各大区之间调配学生来源的问题逐渐显现，仅仅大区教育部做好本区域的招生协调工作是远远不够的，需要更高层级的教育部门进一步总领协调。

三、从大区联招全国统招过渡

1952 年是我国高等教育招生考试的一个重要节点，教育部决定全部高等学校实行全国统一招生考试，结束了自民国伊始高校单独招生的“混乱局面”。当年，教育部发布的《关于一九五二年暑期全国高等学校招生计划及其实施问题的指示》确定当年全国高等学校招生总额为 50000 名，规定“无论任何学校……其招生名额必报请各大行政区教育（文教）部，根据全国招生计划审核办理”。要求“各区教育（文教）部应切实调查统计各该区应届高中毕业学生及其他可能投考高等学校的人数；如发现可能投考人数多于发布计划中所统计的该区人数时，应将多出的人数电报我部，将视其人数多寡，再根据招生计划追加各区招生名额”[11]。1952 年 6 月 15 日，《关于全国高等学校一九五二年暑期招考新生的规定》（以下简称《规定》）正式发布，标志着中国高等学校全国统一招生考试开始实行。同时，《规定》确立了我国招生考试的管理层级，在中央层面成立全国高等学校招生委员会，各大行政区教育部成立大行政区招生委员会，由该区高等学校教务长及有关部门代表组成，招生委员会设立专门机构，负责办理本区及外区的高等学校招生工作。这就意味着国家成立专门的招生考试机构，着手宏观把控高校招生，确定招生总名额，并对各大区的招生名额分配做出细致规定，由此形成全国统招的稳定局面。

1952 年全国共有 5.9 万考生，于 8 月 15、16、17 日在主要城市及少数民族地区的 89 个考区举行全国统一考试，试题、参考答案、评分标准由全国高等学校招生委员会制定，各大行政区招生委员会组织考试、评卷，考生可以报考 3 个系科志愿，每个系科志愿可以填报 5 个学校志愿，学校分本区和外区，具体名额分配如表 2－1 所示。录取工作在北京，由全国高等学校招生委员会主持进行。最终，全国原计划录取新生 65893 人，实际录取应、往届高中毕业生或同等学力者 531620 人，录取部队、机关调干生 13491 人，总计 6653 人，超计划录取 760 人，显示了全国统一招生考试的优越性。[13]但在全国首次统一招生中，也暴露出考生志愿与国家需要的招生计划之间存在较大差距的问题，存在志愿不匹配，未能如期录取，或是录取不报到、退学的情况。

表 2－1　1952 年暑期全国高等学校招生名额分配[12]

	总计	工科	理科	农科	医科	财经	政法	文科	师范	艺术
总计名额	50000	29500	1800	500	4500	4300	2000	2500	3500	400
华北	15550	8800	490	320	890	2400	1000	700	850	100
华东	15910	10200	600	380	1680	850	500	750	850	100
东北	6020	4000	—	120	450	250	150	550	400	100
中南	7560	4400	360	350	900	450	200	150	700	50
西南	3300	1500	200	200	400	250	150	100	450	50
西北	1660	600	150	130	180	100	—	250	250	—

四、全国统一招生考试制度逐步完善

1952 年，教育部做出了高等学校全国统一招生考试的重大战略决策，但许多具体措施还没有完善，在随后的若干年内，逐步形成完整、健全的全国统一招生考试制度。1953 年，教育部部长马叙伦曾指出："所谓统一，是指统一的计划，统一的组织领导，统一的报考，统一的录取调配。即全国高等学校的招生名额，均由中央高等教育部、中央教育部根据国家培养干部数额、类别统一规定。"[14] 1954 年，中共中央发出了《关于保证完成一九五四年全国高等学校招生计划的决定》，这是多年来，中共中央发出的唯一一个关于保证完成招生计划的决定。在同年发布的《关于全国高等学校一九五四年暑期招考新生的规定》明确指出我国实行中央统一计划、大区组织执行、学校录取新生的工作体制，这种体制基本沿用至今，只不过大区变成了各省。

长期以来，关于全国统一招生考试还是学校单独招生都有两种意见，一种观点认为统一招生考试不过是解决考生少、招生多这一临时困难的过渡办法，学校单独招生才是高校招生工作的"正常轨道"。另一种观点认为，唯有全国统一招生才能完成招生任务，效率更高。在 1955 年、1957 年教育部门及高校负责人均对这个问题进行了认真讨论，总体而言，各招生委员会及大部分高校都赞同采取统一招生的方式。即使在之后中国经历"大跃进"等特殊历史时期，教育部于 1958 年也曾改变全国统一招生制度，实行学校单独招生或联合招生，但结果多数学校仍决定在省、自治区、直辖市范围内统一招生，全国和跨省招生的学校也参加省、自治区、直辖市范围内统一招生；各省、直辖市、自治区根据教育部办法的考试大纲命题，统一组织报名、考试、评卷及录取。到了1959年又恢复全国统一招生制度，采取教育部统一领导、统一命题，各省、市、自治区组织考试、评卷、录取。在1960年还规定全国重点学校统一制定最低录取分数线。在1962年制定了“分段录取”的办法，明文规定全国重点高等学校和一般高等学校录取新生的分数标准。直至“文化大革命”期间，废止当时的高等学校招生开始办法，特别是1966年7月24日发出的《关于改革高等学校招生工作的通知》中“高等学校招生，取消考试，采取推荐与选拔相结合的办法”，最终高等学校停止招生长达6年。[15]

第三节　改革开放以来高考招生的地区名额分配

一、“双轨制”的出现

改革开放后，高等教育领域的改革纷纷展开，其中的一项重点工作就是在招生方面的一系列改革。1978年以来，中央部门所属高等学校招生来源计划都是按以下原则编制：根据国家和各地现代化建设的需要，注意把招生来源与毕业生去向适当结合起来，择优录取，并促进人才合理流动。实践证明，这个原则是正确的。但由于多种原因，上述原则没有得到很好的贯彻，现行招生来源与招生计划的合理性还存在严重缺陷：盲目性较大，难以根据国家及各地现代化建设需要安排招生来源；不利于择优，在考生质量好、数量多的地区不能多招生；计划管理体制高等集中，绕得过死，限制了高等院校和地方的积极性，不利于学校同社会的联系。

随着经济的高速增长，社会对高等教育人才的迫切性在加强，市场力量在高校招生中的影响开始呈现出来并不断增强，市场力量的介入促使高校招生计划发生改变。1984年4月招生会议及招生规定中，第一次提出要改革招生来源计划，并确定在上海交通大学等教育部所属6所学校进行试点,11月26日,教育部总结了试点学校的经验,分别发出了《试行〈关于改革教育部部属高等学校招生来源计划的意见〉的通知》《关于编制一九八五年中央部门所属高等学校招生来源计划(草案)的通知》,改革了中央各部门(包括教育部)所属学校由教育部统一编制来源计划的体制,实行教育部只负责各校在各地招生总数的平衡,以求在宏观上管好;把编制分专业计划的权力交给部门和学校,目的是减少中间环节,使学校加强与社会的直接联系。在择优的前提下,根据未来对毕业生的需求安排招生,使招生来源与毕业生去向适当结合起来。[16]这一定程度惠及了东部经济发达地区,进一步扩大东部发展的优势。

1985年5月,中共中央在《关于教育体制改革的决定》中强调:“改革高等学校的招生计划和毕业生分配制度,扩大高校的自主权”;“实行国家计划招生、委托培养招生、在国家计划外招收少数自费生”[17]。由此,我国改变原先统一的国家计划招生模式,采用计划招生与调节招生(委托培养与自费生)两种招生模式,“双轨制”正式登上历史舞台。1987年10月12日,国家教委颁发了《普通高等学校招生来源计划编制工作暂行规定》,编制国家任务招生来源计划,要根据国家现代化建设的战略布局和方针,力求与国家及各地对高等学校毕业生的需求相适应;同时,应贯彻择优录取的原则,在考生较多、质量较好的地区多安排一些名额。根据国家经济和社会发展规划,逐步增加在边疆、少数民族地区的招生人数。以国家任务招生数的90%~95%编制招生来源计划,另5%~10%留作机动,待统一考试后,由高等学校决定,到考生志愿较多、考生成绩较好、招生工作也做得较好的地区招生。机动名额不应移作他用。[18]这一系列文件的出台体现了教育改革的市场化导向,改革开放后大量人力资本流入东部经济发达地区,东部考生数量多同时东部就业机会多,这进一步促使高考招生向东部倾斜。同时,“双轨制”的存在使得经济发达地区能够以调节招生方式接受高等教育的人数增长迅速。总体来看,这一阶段政府招生政策上兼顾各地区、各民族的平衡,同时适当向经济发达地区倾斜,高校招生名额的区域分配还是较为均衡的,表2-2给出了1977—1988年各省(自治区、直辖市)普通高等学校的招生人数。

表 2-2　1977—1988 年各省(自治区、直辖市)普通高等学校招生人数[19]

地区	文理分类	1977 年	1978 年	1979 年	1980 年	1981 年	1982 年	1983 年	1984 年	1985 年	1986 年	1987 年	1988 年
北京	文	1826	4339	2027	2028	1840	2412	2700	2926	2572	2629	1574	1460
	理	6921	18544	8518	8725	7723	7803	8704	8871	9471	9158	9329	8690
天津	文	—	—	—	—	—	—	—	—	—	—	—	—
	理	4607	4667	4081	5811	5449	6253	8343	9471	9667	10260	11425	12332
河北	文	—	2105	2431	—	—	—	—	—	4742	5369	5691	2214
	理	—	12494	11378	—	—	—	—	—	17812	18526	19877	12292
山西	文	1475	2486	2238	2676	2643	2983	318	3363	2789	3186	3937	4041
	理	5006	7159	6566	6662	6559	7300	8122	11715	11800	12376	13047	13787
辽宁	文	—	—	—	—	1991	1912	1794	2198	1548	1602	1620	1663
	理	—	—	—	—	8220	9293	10297	10091	11212	10926	11347	11837
吉林	文	—	—	—	1783	1835	1956	2209	2338	3242	4837	5127	324
	理	—	—	—	7318	7061	7155	9388	9452	10456	12887	14838	14165
黑龙江	文	—	—	—	—	—	—	—	—	—	—	—	—
	理	11367	11767	1228	11952	11105	12334	14682	18273	20838	21125	21848	22543
上海	文	1598	1754	2022	1407	1378	1529	2093	2155	2639	3035	4359	4638
	理	5591	10465	12415	9251	10358	9382	10844	12521	13503	13330	13742	14004
江苏	文	—	1609	2137	2408	1365	2883	4003	5178	4607	6332	6731	7559
	理	—	12596	12081	12414	9198	11513	15324	19177	26693	2532	25927	26792
浙江	文	—	—	—	—	1527	2133	2521	3007	3600	3918	4258	—
	理	—	—	—	—	8181	8241	9522	11898	14900	15133	16812	—
安徽	文	1815	1849	959	2207	1967	2207	2543	3344	4187	5355	—	8316
	理	6382	7447	7718	8299	8366	8861	9074	10867	11853	12870	14343	17001
福建	文	—	—	—	—	—	—	—	3656	296	735	7231	8052
	理	—	—	—	—	—	—	—	7703	10849	11139	13532	14061
江西	文	—	—	—	—	—	—	—	—	—	—	—	1263
	理	6784	12131	10463	11213	12179	12462	13419	14391	15963	21329	19403	6800
山东	文	1290	1651	1330	1426	1252	1515	1776	2085	2294	2459	2274	2730
	理	7561	9973	8764	8032	9062	10669	11436	13030	14354	13494	14683	15777
河南	文	—	—	—	—	1776	2312	3586	4540	5428	6853	8296	8678
	理	—	—	—	—	9711	10768	13192	14896	18749	19695	20783	25122

（续表）

地区	文理分类	1977 年	1978 年	1979 年	1980 年	1981 年	1982 年	1983 年	1984 年	1985 年	1986 年	1987 年	1988 年
湖北	文	—	—	—	—	—	—	—	—	—	4829	5977	—
	理	18396	14131	12092	12522	12582	13846	14943	21003	25926	19744	21978	—
湖南	文	—	2314	2242	2304	2607	3090	3816	4474	5358	6464	9759	8461
	理	—	14069	11392	1096	11315	11445	12431	14750	18920	19086	27347	24784
海南	文	—	—	—	—	—	—	—	—	—	—	—	—
	理	1195	1450	828	979	988	47	1090	1202	1576	2204	1805	4320
广西	文	2380	2233	1600	1569	1805	1993	2463	3662	2658	410	4863	4965
	理	7815	6656	5505	5012	5129	5595	6515	288	9241	9919	9751	10309
四川	文	—	—	—	3575	—	4652	—	6963	84111	11185	11548	13456
	理	18243	23036	18494	13899	18030	14633	21973	20172	23531	27286	28679	31532
贵州	文	—	—	—	—	—	—	—	—	—	—	—	—
	理	6898	7811	7409	6619	6087	7376	8265	9549	10517	10883	11076	13191
西藏	文	343	200	200	282	283	253	315	362	343	419	411	403
	理	430	277	243	200	200	300	234	237	342	314	337	473
陕西	文	—	—	—	—	—	—	—	—	—	3198	3514	5791
	理	—	—	—	—	—	—	—	—	—	11469	12707	17479
甘肃	文	1015	1037	1133	956	742	948	1154	1606	2130	2179	2276	2487
	理	3417	3461	3159	3369	2988	3936	4520	6366	7026	7349	7929	8339
青海	文	—	—	—	—	—	356	—	793	—	721	1046	691
	理	—	—	—	—	—	1585	—	3066	—	2815	3256	2705
宁夏	文	515	401	233	278	389	512	632	757	1058	950	968	891
	理	910	1345	1362	1525	1470	1707	2079	2489	2803	3167	3324	3298
新疆	文	—	1331	1152	1408	1190	1484	1867	2471	3036	3236	3781	—
	理	—	3599	3114	805	3219	4120	5894	7802	8964	8549	9158	14690

二、“双轨制”向“并轨制”的招生方式改革

在“双轨制”招生的发展过程中，由于调节性计划的比例增大，国家任务计划招生和调节性计划招生所造成的两条录取分数线之间的差距加大，同一所学校、同一专业在同一地方所招收的新生分数差距很大，这给高等学校招生、教学和管理带来

了很多困难,影响了教育质量的提高。在调节性计划比例大幅度提高的情况下,出现了“花钱买分”的腐败现象,违背了教育公平的理念和高等学校招生的基本原则。

20 世纪 90 年代,“双轨制”渐渐退出历史舞台。1994 年,国家教育委员会出台《关于进一步改革普通高等学校招生和毕业生就业制度的试点意见》,决定在招生中实行国有任务和调节性两种招生计划形式在录取时使用同一分数线的“并轨”;取消原来实际形成的两种计划形式录取新生不同的分数标准与收费标准,实行一种分数与收费标准。从 1994 年开始,中国逐步改变“双轨制”招生而采取统一划定最低分数线的“一轨制”,这就是高校招生并轨的改革。这一改革从 1994 年开始实行,至 1997 年并轨的改革全面完成。同时,为改变国家长期包办高等教育的情况,按照教育成本分担的理论实行了收费制度改革。[20]

并轨及收费制度的实行,一方面反映了社会经济发展对人才需求形式及类型的深刻变革,适应了高等教育这一准公共产品的性质,维护了教育制度和招生制度的公平;另一方面也对高等教育招生名额的区域分配产生了深远的影响。并轨之后,省级政府的教育政策权和高校的办学自主权逐步扩大,原来的调节性招生计划主要由高校自主制定招生方案和调节系科比例等代替,政府则通过拨款政策等宏观调控从总体规模上控制招生总量。如此一来,在中央与地方联合共建、部属院校下放的情况下,高校在充分发挥为社会及社区服务的宗旨下更注重与地方经济的良性互动,在招生中为本地服务的地域化倾向性明显加强。同时,收费政策的实行,也使得高校在招生时更为优先选择经济资本和社会资本较高的发达地区的考生,这在客观上不利于落后和边远地区的考生。

总之,招生并轨的改革使招生体制走出了计划内与计划外并存的体制,为高校自主办学和地方发挥办学积极性创造了条件。简而言之,就是遵照了高等教育的办学规律,使市场在配置高等教育资源的过程中发挥了更大的作用。但并轨及收费的实行也在一定程度上影响到高校招生名额的区域分配。[21]

三、高校招生名额区域分配的不均衡日益突显

20 世纪 90 年代中期,高校的“共建、调整、合作、合并”的政策深刻影响了高等

教育的布局,高等教育的资源的分配发生倾斜,这对高校招生计划及招生名额的区域分配产生了重大的影响。1999 年,教育部在《关于做好一九九九年普通高校招生工作的通知》中提到“因国务院机构改革而实行中央与地方共建、以地方管理为主的普通高等学校,仍实行面向全国招生,其较 1998 年度国家招生计划增量部分有限安排在学校所在省(自治区、直辖市)招生,在其他省(自治区、直辖市)招生计划不得较 1998 年度减少。”[22]在这份通知中,教育部回应了在高校合并与共建的浪潮中,招生计划也进行了相应的调整。但对于高校向本地区招生名额倾斜的程度,并没有给出具体的指标。在实际的操作中,这一倾斜程度其实是非常大的。具体表现为两个方面:一是下放到地方的原部属院校在招生上向本地区倾斜。例如原部属高校上海对外贸易学院和上海建材工业学院等下放给上海市,其服务对象便由全国转向上海为主。二是在中央和地方共建以及教育部、省、市三级共建的 70 多所院校中,以“互利”原则为地方培养人才,“本地效应”严重,在招生指标分配上向院校所在地倾斜。就实质而言,这种倾斜已经超出了正常的范围,在某种程度上形成了对其他省、区的招生不公,如中国纺织大学(现东华大学)1997 年实行共建,1998 年首次将 41.6% 的招生指标分配给上海;同济大学共建后把 50% 的招生指标分配给上海。

近年来招生本地化的情况更为严重,如 2004 年复旦大学招收的上海籍新生就占了 40% 左右,而浙江大学招收浙江籍的学生更是占到了近 70% ,其他部属高校也都大同小异。如此高的招生比例早已经突破了原则上对本地招生比例的限制。因此,中央部委所属院校多的地方,其高等教育入学机会也就会更为丰富。以北京为例,1999 年计划招生共 3.5 万多名,其中 1 万多名招生指标来自在京的部属高等学校,6800 多名来自外省学校。而高等教育欠发达的地区入学机会也就相应较少,在原来 345 所中央部委所属的高校中,2/3 的学校集中在 1/3 的省份(12 个),在西部很多省、自治区连一所直属高校都没有,就连中部的人口大省河南,在很长时间内也没有中央部属院校。因此,各省招生名额的多寡与高校的地理分布与层次结构有很大的关系。[23]

同时,由于高校的建设依赖当地的财政,东部沿海等发达地区的高校能从当地政府得到更多的资金与政策支持,这些学校也就相应地将招生名额更多地向本地倾斜以争取政府更多的支持。同时,经济发达地区的新建地方大学和职业技术院校也开始发展,使得这些地区的名额日益增多,浙江、江苏便是如此。表2-3呈现出部分地区高校数量,“211”“985”高校的数量以及人均GDP和高等教育毛入学率的情况。

表2-3 部分地区高校分布、经济及入学率一览表[24]

地区	高校数量	“211”高校数量	“985”高校数量	2006年人均GDP(元)	2006年高等教育毛入学率
全国	2595	116	39	16738	22%
北京	91	23	8	48832	53%
上海	64	9	4	56733	55%
江苏	166	11	2	28541	35%
浙江	107	1	1	31424	36%
安徽	119	3	1	10052	18%
河南	129	1	0	13271	18%
江西	98	1	0	10645	20%
甘肃	49	1	1	8730	16%

在高校招生名额分配存在的地区差异问题中,重点高校的名额分配不均衡一直是学者们关注的重点。表2-4呈现出2007年清华大学在北京等5个地区的招生情况。从表2-4中可以看出,北京考生进入清华大学的机会是甘肃的28倍[25],而这正是由于清华大学在各地区投放的招生名额存在很大的差异。

表2-4 2007年清华大学在部分地区招生情况[26]

地区	计划招生数(人)	报名人数(人)	计划招生/报名人数×10000
北京	316	109876	28.759
浙江	85	358800	2.369
安徽	56	564000	0.992
湖南	76	518782	1.464
甘肃	29	272000	1.066

四、对高等学校招生名额地域分配的相应调整

为了解决高等学校招生地域名额分配不均衡的问题，国家及高校也做出了相应的努力。2006 年，为解决高等学校招生的地域不平衡问题，中国政法大学对招生制度进行了重大改革，把招生指标按照各省人口比例进行分配，这是全国第一所按人口比例下达分省招生指标的高等学校。

2008 年，教育部召开的全国高等教育招生计划工作会议确定，试行“支援中、西部地区普通高校招生协作计划”，从招生计划增量中专门拿出 3.5 万人摊派给高等教育资源丰富、办学条件较好的 11 个省，由其所属高等学校指定到高等教育资源缺乏、升学压力较大的 5 个中、西部省招生，承担“协作计划”任务的学校均为公办本科院校。2010 年，“支援中、西部地区普通高校招生协作计划”继续向中西部倾斜，包括天津、辽宁等 14 省面向山西、内蒙古、安徽、河南、广西、贵州、云南、甘肃中西部 8 省、区安排“协作计划”12 万名，西部省、区招生来源计划共安排 161.4 万，高于全国来源计划平均增幅 3.3 个百分点；中、西部省招生来源计划共安排 184.5 万，高于全国平均增幅 1.9 个百分点；教育部直属高校共减少在高校属地招生计划 6000 余名，调出计划主要投向河南、安徽、广西、河北等省区。2011 年，教育部安排“支援中西部地区招生协作计划”15 万名，包括北京、天津、辽宁等 15 个支援省、市，继续面向山西、内蒙古、安徽、河南、广西、贵州、云南、甘肃中西部 8 省、区安排“协作计划”。教育部直属高校继续降低在属地招生计划比例，在属地安排计划平均比例为 25%，调出 2900 名计划全部投向中、西部省、区。2012 年，教育部安排“支援中西部地区招生协作计划”17 万名，北京等 15 个支援省市、继续面向山西、内蒙古等 8 省区安排协作计划。[27] 到 2016 年，“支援中、西部地区招生协作计划”安排 21 万人，其中本科 14 万人，由北京、天津、江苏等 14 个省（市）的公办普通高校承担，面向河南、广西、贵州、甘肃等 10 个中、西部省（区）招生，要求各地、各部门要按照统一部署，组织有关高校足额落实上述招生计划。特别是，湖北省地方高校编制 4 万名计划支持中、西部地区，安排江苏省地方高校编制 3.8 万名计划支持中、西部和录取率较低的人口大省，

引起了江苏、湖北两省学生和家长的恐慌。从宏观层面来看,随着"协作计划"的开展,西北、西南等贫困地区的招生名额分配有了改善,但与北京、上海等发达地区相比,仍然存在巨大的差异,具体见表2-5。

表2-5 2016年部分地区跨省生源计划调控方案(单位:人)[28]

生源计划调出省	生源计划调出总数	生源计划调入省区及调入数									
		山西	江西	河南	湖南	广东	广西	四川	贵州	云南	西藏
合计	160000	15800	20400	16800	4700	12400	19500	8800	38200	20900	2500
河北	9500	938	1211	998	279	736	1158	523	2268	1241	148
内蒙古	5000	493	638	525	147	388	609	275	1194	653	78
辽宁	5000	493	638	525	147	388	609	275	1194	653	78
吉林	13000	1284	1657	1365	382	1008	1584	715	3104	1698	203
黑龙江	13000	1284	1657	1365	382	1008	1584	715	3104	1698	203
上海	5000	494	637	525	147	388	609	275	1194	653	78
江苏	38000	3753	4845	3989	1116	2945	4631	2090	9073	4964	594
浙江	18000	1778	2295	1890	528	1395	2194	990	4298	2351	281
福建	5300	523	676	557	156	410	646	292	1265	692	83
湖北	40000	3950	5100	4200	1175	3100	4875	2200	9550	5225	625
陕西	5600	553	714	588	165	432	684	308	1336	732	88
青海	2600	257	332	273	76	202	317	142	620	340	41

第四节 小 结

综上,本章梳理了从科举制到当代高考的招生名额区域分配模式与政策,可以看出不同时代背景下高考选拔人才的方向与价值观念,本章认为可以概括为以下历程。

最早,高校作为独立个体面向本行政区域甚至全国范围招生,唯才录取,招生人数、考试题目、选拔方式等各环节均由学校自行负责,不涉及名额分配问题,也没有受到统一、严格的管理(名义上或有政府部门监管,但效力较弱),其实行的效果是虽然高校招生自主权较高,学生也是在各地高校间自由选择,但选拔混乱,各校之间招生、录取存在明显冲突,招生效率极低。

到新中国成立初期,教育部要求实施大行政区内高校联合招生开始,到后来明确要求全国统一招生,是政府开始对高校招生进行统一管理的初级阶段,表现为统一招生时间,统一管理招生名额分配,允许高校跨大区招生等,但高校依然享有考试命题权、学生的录取权等权利。相较于高校单独招生,政府的介入有效提高了录取效率,并且规范了招生管理。

1952 年标志着政府干预下的全国统一招生的开始,在以后的大部分时期国家教育部门加强招生管理,成立专门的招生委员会,统一招生时间、统一管理名额分配,乃至统一命题、阅卷(后来命题等权力让渡至大区或省、自治区、直辖市的招生委员会),到后来严格规定录取分数线、分段录取的原则等,高校的招生自主权逐渐过渡到政府手中。此时的招生方式较以往效率更高,也相对更公平。

招生计划指具有统招资格的高等学校根据国家社会经济发展的需要,在国家核定的年度招生规模内,结合近几年来毕业生就业情况和各省(自治区、直辖市)的生源情况,调整招生专业结构、层次结构、区域结构,自主、合理地安排生源计划。直到改革开放之初,国家招生名额的分配兼顾了各地区的平衡,各地区的差异并不显著。但是,随着改革开放的深入,各地区经济差异开始凸显,经济发展的不均衡也造成了各地高校数量的不均衡,招生名额的分配开始出现了地区倾斜。

20 世纪 90 年代中期,高校的合并共建潮迎来了高峰期,高校招生名额分配的地区差异进一步加大,主要表现为“本地效应”,即高校向所在地投放更多的招生名额。同时,由于高校地理位置的分布差异,高校名额分配的多少也呈现出与高校数量、质量以及地区经济发展的正向关系。

直至近年来,国家已经注意到高校招生名额区域分配的倾斜会引来诸多的争议,教育部直属高校将招生名额也开始向中、西部地区倾斜,但是招生名额区域分配的差异依旧显著。

高考招生名额分配涉及高考制度设计的方方面面,同时也是高考招生本意的重要体现,没有人能对高考名额分配下一个绝对公平的定论,但从古代科举考试到当代的高考都在实际操作中不断完善,历经了时间与实践的检验,到如今相对公平、完善高考制度下的分区分卷录取,相信未来随着时代发展,高考制度也将更加趋于完善,适应那时候的人才选拔需求的到底是更加集中还是更为分散的招考制度有待时间给出答案。

参考文献

[1] 杨学为.中国高考史述论[M].武汉:湖北人民出版社,2007:618.

[2] 刘海峰.科举学导论[M].武汉:华中师范大学出版社,2005:308－310.

[3] 杨学为.中国考试史文献集成第七卷(民国)[M].北京:高等教育出版社,2003:37－38.

[4] 高军峰.新中国高考史[M].福州:福建人民出版社,2009:1－2.

[5] 李立峰.中国高校招生考试中的区域公平研究[M].武汉:华中师范大学出版社,2007:100－105.

[6] 何东昌.中华人民共和国重要教育文献[M].海口:海南出版社,1998:25.

[7] 杨学为.中国高考史述论[M].武汉:湖北人民出版社,2007:6.

[8] 何东昌.中华人民共和国重要教育文献[M].海口:海南出版社,1998:26.

[9] 杨学为.高考文献(上)[M].北京:高等教育出版社 2003:3－4.

[10] 杨学为.高考文献(上)[M].北京:高等教育出版社,2003:5－6.

[11] 杨学为.高考文献(上)[M].北京:高等教育出版社,2003:7.

[12] 杨学为.高考文献(上)[M].北京:高等教育出版社,2003:8.

[13] 杨学为.中国高考史述论[M].武汉:湖北人民出版社,2007:12.

[14] 杨学为.高考文献(上)[M].北京:高等教育出版社,2003:21－24.

[15] 杨学为.中国高考史述论[M].武汉:湖北人民出版社,2007:626－633.

[16] 杨学为.中国高考史述论[M].武汉:湖北人民出版社,2007:296－297.

[17] 杨学为.高考文献(下)[M].北京:高等教育出版社,2003:223.

[18] 杨学为.高考文献(下)[M].北京:高等教育出版社,2003:296－298.

[19] 孟明义. 中国高考大全(上)[M]. 长春:吉林人民出版社,1988:3.

[20] 宋洁绚. 我国高校招生考试制度的形成与演化——基于国家主义的视角[M]. 武汉:武汉大学出版社,2015:99-100.

[21] 李立峰. 中国高校招生考试中的区域公平研究[M]. 武汉:华中师范大学出版社,2007:138.

[22] 杨学为. 高考文献(下)[M]. 北京:高等教育出版社,2003:629.

[23] 李立峰. 中国高校招生考试中的区域公平研究[M]. 武汉:华中师范大学出版社,2007:139-140.

[24] 中华人民共和国教育部. 中国教育年鉴 2007[M]. 北京:人民教育出版社,2007.

[25] 宋韬. 中国高等教育入学机会差异问题研究[M]. 北京:光明日报出版社,2015:36-37.

[26] 宋韬. 中国高等教育入学机会差异问题研究[M]. 北京:光明日报出版社,2015:5.

[27] 宋洁绚. 我国高校招生考试制度的形成与演化——基于国家主义的视角[M]. 武汉:武汉大学出版社,2015:100-102.

[28] 中华人民共和国教育部,国家发展改革委员会. 教育部 国家发展改革委关于做好 2016 年普通高等教育招生计划编制和管理工作的通知[EB/OL]. (2016-04-25)[2017-3-20]. http://www.moe.edu.cn/srcsite/A03/s180/s3011/201605/t20160504_241872.html.

第三章　中国大学生省际就学迁移特征*

对于多数大专及以上教育程度人口来说，中小学教育多在原省份就读，通过高考招生跨省就读本、专科学校是跨省迁移的开始，这会促使大学生在就学省就业[1]，重构人力资源的省际分布。随着高等教育的普及，大专及以上教育程度人口所占比重越来越高，该区域的聚集、疏离对区域人力资本有很大影响。本章拟采用招生计划执行数据考察中国大陆地区因高考招生而发生跨省就学迁移的空间特征和影响因素。

根据已有研究显示，高校跨省招生具有很强的历史惯性，年度截面数据具有较强的代表性[2]。在2010年第六次人口普查长表数据①中，可以获得普查时点居住地和五年前常住地发生省际差异的人口数据，即人口总体的迁移数据。为了与人口普查时点匹配以进行对比，本章选取2010年的跨省就学数据进行分析，并与普查数据所揭示的人口总体迁移模式相对比，考察大学生跨省就学迁移的特点和教育因素对迁移的影响。

---

* 本章主体部分发表于《中国人口科学》2016年第1期，题名为《中国大学生就学省际迁移模式研究》，作者：刘昊、潘昆峰。本书对论文进行过相应改动。

① 数据来源于人口普查长表中的"全国按现住地和五年前常住地分的人口"表（六普长表7-8）。

第一节　就学迁移的空间特征

2010年数据显示，中国大陆地区当年本、专科学校共录取673万人，因就读外省大学而发生跨省迁移的大学生总量约为151.1万人，占总招生比例的22.4%①。根据2010年进行的第六次人口普查，在普查人口中，现住地与五年前常住地存在省际差异的人口（不含港、澳、台），即2005—2010年发生了跨省迁移的人口，约5500万人②；假设每年的人口迁移量不变且不考虑迁出人口回迁，估计2010年发生的人口迁移总量约为1100万人③，大学生就学迁移量占13.7%。下文在对大学生跨省就学迁移空间模式的考察中，以2010年招生数据为主从规模、强度和省际关联度3个维度进行分析，并使用普查数据中的人口迁移年均估算数据进行辅助对比。同时，考虑到高校属别差异，本章也从属别分层的角度对大学生就学迁移进行了分类分析。

一、就学迁移的规模

对大学生跨省就学迁移的规模，本章选择了迁移量指标，即迁入或迁出人口数量。表3－1给出了2010年大学生跨省就学迁移的各省迁入、迁出人口数量和根据普查数据估算的2010年各省人口总体迁入、迁出的人口数量。

从表3－1的就学迁出地来看，河南、安徽、河北、山西、山东、内蒙古、浙江、江苏是高等教育就学迁移的主要人口迁出地，其迁出数量排在全国前8位。与总人口迁出量做对比，仅有安徽、河南同时是就学人口迁出大省和总人口迁出大省，而其余六大人口迁出省份：四川、湖南、湖北、江西、广西、贵州则在就学迁出人口量上并未排

---

① 根据2010年全国高校本专科招生执行计划数据计算得出。

② 根据2010年第六次人口普查长表数据计算，因其有10%的抽样比例，该人口数为长表数据乘以10。

③ 因长表数据给出的是五年内的迁移数据，为简便计算2010年的迁移数据，取算术平均数，即5500万除以5。

在前列。

从表 3 - 1 的就学迁入地来看，湖北、北京、陕西、江苏、天津、山东、辽宁、江西 8 省为主要的就学迁入地。就学迁入的分布比较均匀，没有出现类似人口总体迁入规模中广东"一枝独秀"的状况，东部、中部、西部省份皆有覆盖。

从各省净移量来看，北京、上海、天津不论是就学迁移还是人口总体迁移，都是净迁入大省，在 2010 年就学迁入的大学生在 50 万人以上；河南、安徽、贵州不论是就学迁移还是人口总体迁移，大学生净迁出量超过 30 万人，都是净迁出大省。然而，广东和浙江作为人口总体迁入的超级大省，年迁入人口量在 1000 万人以上，远大于上海、北京等地，在大学生就学净迁移量上非常不同；广东 2010 年的大学生就学净迁入只有 10 万人左右，而浙江净迁出大学生近 21 万人。同时，湖北、陕西、江西等人口总体迁移的净迁出地，却成为大学生主要的就学迁入地，净迁入量在 25 万人以上，湖北甚至超过了 50 万人。此外，西部多省如贵州、甘肃、宁夏、青海、新疆都是就学净迁出省，而东北三省则都是就学净迁入省，与人口总体净迁移也存在差异。

为更清晰地认识大学生就学迁移规模与人口总体迁移规模之间的差异，本章进行了相关分析，结果发现，从迁出规模分布来看，各省的就学迁出人数与总人口迁出数的相关系数为 0.609；而在迁入规模上，各省的就学迁入数与人口总体迁入数的相关系数仅为 0.161。这说明，跨省就学迁移和人口总体迁移规模的差异较大，特别是迁入量的差异很大，如广东、浙江等经济发达的人口迁入超级大省在就学迁入方面的吸引力相对较弱，可能与经济发展和高等教育发展的不同步有很大关系。这启示我们，就学迁移与人口迁移的影响因素可能有较大差异，经济变量不一定是主要影响变量，教育因素必须考虑在内。

在规模分布上，就学人口迁入的变异系数明显大于就学人口迁出的变异系数，这与人口总体迁入和迁出的情形是一致的。这表明，无论是就学人口迁移还是总人口迁移，迁出人口的分布相对比较分散，而迁入人口的分布则比较集中。而无论是迁入还是迁出，就学人口迁移量的变异系数明显小于总人口迁移量的变异系数。这表明与人口迁移相比，就学迁移人口的分布更为分散和均匀。

表3－1　2010年大学生跨省就学迁移量与省际人口总体迁移量对比（单位：千人）①

地区	就学人口迁出	就学人口迁入	就学人口净迁入	总人口迁出	总人口迁入	总人口净迁入
北京	12.80	96.33	83.53	81.19	765.55	684.36
上海	10.02	74.01	63.99	80.2	980.1	899.9
天津	25.32	83.98	58.66	42.67	299.42	256.75
湖北	46.14	99.6	53.46	760.84	168.69	－592.15
陕西	42.36	89.19	46.83	269.5	146.8	－122.7
辽宁	46.18	81.75	35.57	137.08	234.37	97.29
重庆	34.74	68.26	33.52	368.81	147.12	－221.69
江西	51.65	77.26	25.61	696.66	139.67	－556.99
江苏	63.46	84.95	21.49	378.71	977.46	598.75
四川	60.01	76.7	16.69	997.62	210.57	－787.05
吉林	42.01	58.48	16.47	170.78	67.68	－103.1
黑龙江	43.97	57.4	13.43	292.64	64.37	－228.27
广东	30.66	42.71	12.05	322.58	2774.88	2452.3
湖南	54.08	66.05	11.97	918.38	137.68	－780.7
山东	79.31	81.94	2.63	403	267.12	－135.88
海南	30.6	31.77	1.17	47.18	67.54	20.36
西藏	4.53	1.97	－2.56	12.5	18.39	5.89
宁夏	18.49	8.36	－10.13	30.13	47.81	17.68
云南	33.46	21.35	－12.11	217.81	124.18	－93.63
广西	39.38	26.79	－12.59	564.11	119.56	－444.55
青海	18.28	3.3	－14.98	30	36.51	6.51
福建	45.29	28.23	－17.06	222.73	489.98	267.25
河北	80.57	60.05	－20.52	403.48	184.82	－218.66
浙江	64.91	43.94	－20.97	267.88	1674.58	1406.7
贵州	49.43	13.85	－35.58	536.15	118.39	－417.76
新疆	46.9	9.53	－37.37	57.34	167.96	110.62

① 就学迁移数据来源为2010年全国高校招生执行计划库；人口总体迁移数据根据第六次人口普查长表数据除以10%抽样比，再除以5年得到年均值，作为2010年人口总体迁移规模的估计值。

（续表）

地区	就学人口迁出	就学人口迁入	就学人口净迁入	总人口迁出	总人口迁入	总人口净迁入
甘肃	60.35	22.01	-38.34	209.37	52.04	-157.33
内蒙古	71.54	12.05	-59.49	129.52	165.54	36.02
山西	89.4	25.54	-63.86	158.74	99.64	-59.1
安徽	92.49	28.28	-64.21	1105.12	164.43	-940.69
河南	122.61	35.27	-87.34	1086.07	85.93	-1000.14
平均值	48.74	48.74	—	354.8	354.8	
标准差	25.85	30.2	—	321.23	565.46	
变异系数	0.53	0.62	—	0.91	1.59	

二、就学迁移的强度

对大学生跨省就学迁移强度的考察，本章采用适龄人口迁移率的表征方式。青年人高中毕业后，因就读大学而发生的就学迁移应该是发生在18岁左右，因为各省学制差异和学生自身情况，大学新生的年龄在15～24岁之间，本章将15～24岁年龄组人口认定为就学迁移风险人口，以就学迁入或迁出大学生人数除以15～24岁年龄组人口数，可以估计在不考虑死亡情景下的跨省就学迁入率和迁出率，详见图3－1。

从各省的就学迁入率和迁出率来看（图3－1），西部各省不仅主要表现为就学人口净迁出，且迁出率普遍较高。青海、内蒙古、宁夏3省的就学迁出率占到1.50%～2.0%。东部沿海地区特别是京津沪表现为就学人口净迁入，且迁入率也都普遍较高，在2.0%～3.5%。海南的就学迁入率和就学迁出率均处在较高水平，表明该省与外省的就学人口交流程度较高。而广东省是唯一的就学迁入率与就学迁出率“双低”地区，说明该省与外省的高等教育交流非常不充分。

与王桂新[3]采用第六次人口普查数据计算的各省人口总体迁入率和迁出率相比，各省就学迁入率和迁出率离散程度较低，偏大值或偏小值点的离散程度更小，偏大值点也相对较少，这说明就学迁移受到国家计划控制，相对更平均。从迁入率看，就学迁入率只有天津、北京和上海3个直辖市的迁入率离平均值较远，而在人口总体迁入率上，浙江和广东也是两个偏大值点。从迁出率上看，就学迁出率较高的省份与人口总体迁出率较高的身份有差异，就学迁出率较高的省以西北部省份为主，而人口总体迁出率较高的则是安徽、江西和贵州。

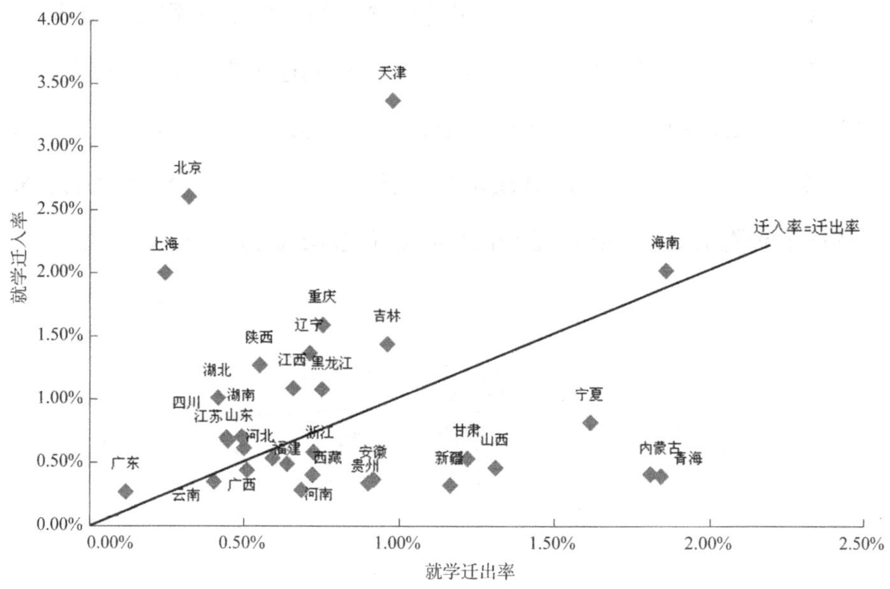

图 3－1　省际人口就学迁出率和迁入率①

三、就学迁移的省际关联度

规模和强度考察的是各省自身的迁移情况，而省际关联度则是考察在跨省就学迁移中，省与省之间的关联程度。为考察省际关联度，本章利用“迁出影响力”和“迁入影响力”[3]作为分析指标，判断迁出省与迁入省两者间的相互关系强度。具体而言，设 i 省向 j 省就学迁移的大学生数为 M_{ij}，占 i 省就学迁出大学生总数的比例为 SO_{ij}，则 SO_{ij} 称为 j 省对 i 省的“迁出影响力”。若 SO_{ij} 较大，则说明 j 省对 i 省大学生迁出的影响力较强，即 i 省迁出大学生中前往 j 省就学的比例较高。M_{ij}

① 数据说明：全国高校本专科招生执行计划数据库中本专科学校招生数据提供 2010 年大学生跨省就学迁入迁出人口数；第六次人口普查数据提供各省 15～24 岁年龄组人口数。就学迁出率＝就学迁出大学生数/该省 15～24 岁年龄组人口数；就学迁入率＝就学迁入大学生数/该省 15～24 岁年龄组人口数。

占 j 省就学迁入大学生总数的比例为 SI_{ij}，SI_{ij} 称为 i 省对 j 省的"迁入影响力"。若 SI_{ij} 较大，则说明 i 省对 j 省大学生迁入的影响力较强，即 j 省迁入大学生中 i 省生源比例较高。利用这两个指标，可以有效分析省份之间的"朋友圈"分布状况。

本章以 8% 作为阈值，将 SO_{ij} 和 SI_{ij} 大于等于 8% 的迁入地与迁出地使用箭头连接起来。箭头表示影响力方向，省份圆圈节点的大小表示省份"朋友圈"范围大小，即产生 8% 以上影响力的省份个数，连线和箭头的粗细表示影响力即 SO_{ij} 或 SI_{ij} 大小，各省份的标签位置为该省份地理中心地图相对位置进行示意，如图 3－2 所示。

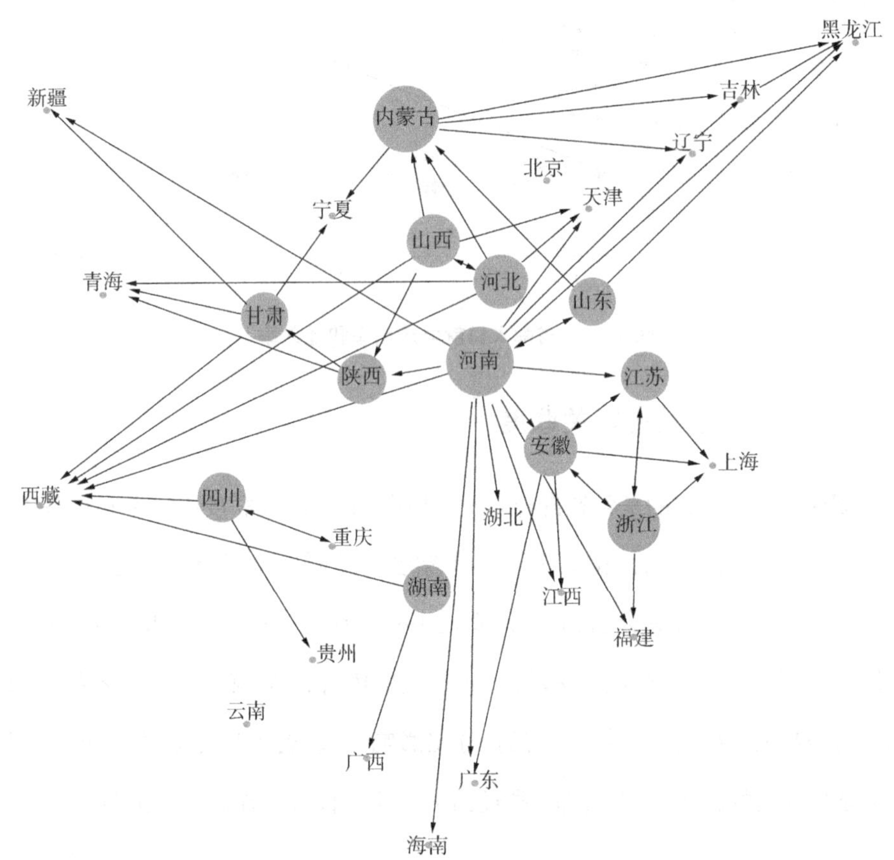

图 3－2　迁出省对其他省就学迁入影响力示意（2010 年）①

① 数据说明：全国高校本专科招生执行计划数据库中本、专科学校招生数据提供 2010 年大学生跨省就学迁入迁出人口数。

图3－2是各省作为迁出省i，对其他省j就学迁入的迁入影响力SI_{ij}示意图，箭头方向表示迁入影响力的施加方向，即迁出流方向。从图3－2中可以看出，中部省份的影响力辐射范围相对较广，长三角、西北、东北地区形成一定的区域性“朋友圈”。作为就学人口迁出第一大省，中部省份河南省的迁入影响力影响范围最广，对14个省份的就学迁入具有重要影响，而且分布在全国东、中、西及东北各大区域，单极化程度极其明显。然而，河南省对其他省的影响强度并不是很大，受其影响强度最大的陕西和新疆分别为12.45%和12.41%。河北、山西、安徽的迁入影响力范围仅次于河南，只影响5个省，且是相邻或相近的5省。比如，山西影响范围内的5个省依次为天津、内蒙古、陕西、河北和西藏，其中影响强度最大的天津，影响力达到13.18%。安徽的影响范围主要在东部和南部，尤其对华东省份有重要影响，对上海、江苏的影响力分别高达14.24%和12.68%。其余诸省的影响范围均具有较为明显的区域性，诸如四川、内蒙古、浙江等省，影响力范围均为相邻、相近省。值得注意的是，迁入影响力最大的数值出现在甘肃→新疆，影响力高达26.65%，即从甘肃迁入新疆的学生占到新疆总迁入学生的1/4以上。从四川到重庆的迁入影响力紧随其后，高达23.69%。排名第三的影响力对发生在陕西→甘肃，为17.02%。

图3－3是各省作为迁入省j，对其他省i的迁出影响力SO_{ij}示意图，即ij两省之间的就学迁移量占i省总迁出量的比例超过8%，会在图中用箭头标出；箭头方向表示迁出影响力的施加方向，而非人口迁移方向。从图中可见，影响范围最广的省为辽宁、黑龙江和广东，其影响范围为4个省。广东对4个省的就学迁出具有明显影响，这些省分别是湖南、湖北、江西和北京；除北京外，3省均与广东临近。辽宁和黑龙江影响的省均是东北、华北诸省。可见，在就学迁移中，省份的影响力主要存在于同区域范围以及发达地区之间。最大强度的影响发生在重庆→四川和四川→重庆，影响力强度达到27.19%和26.95%，说明二者互相吸引到了对方就学迁出人口的25%以上到本省高校就读。第三位为上海→江苏，达到17.26%（即上海吸引了江苏跨省就读大学生中的17.26%）。

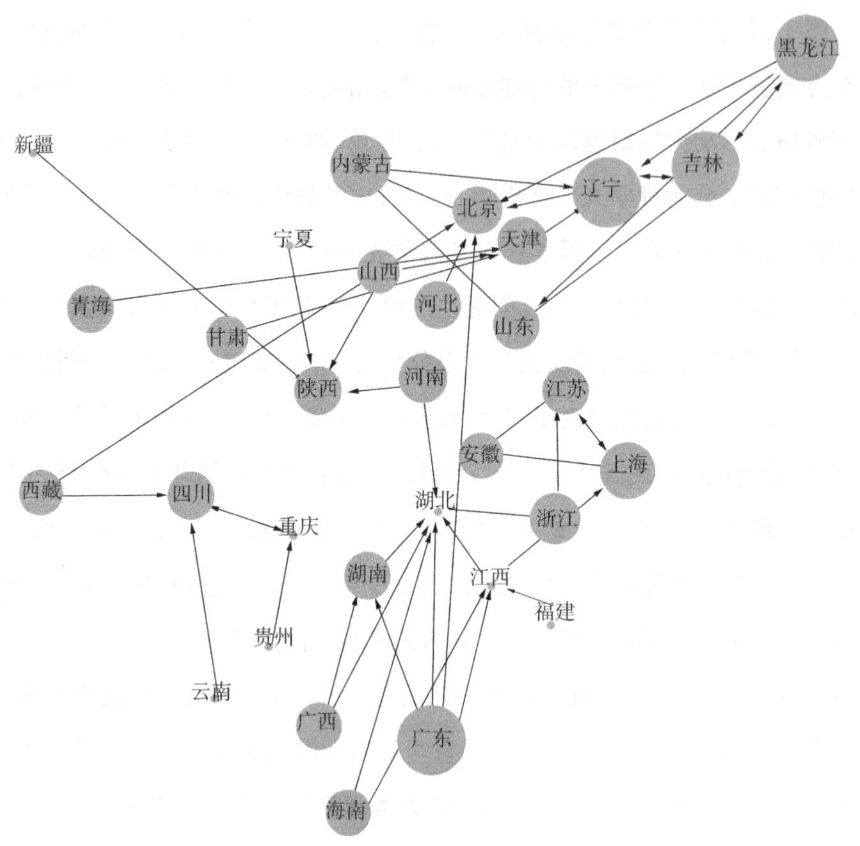

图 3－3　迁出省对其他省就学迁出影响力示意(2010 年)①

就学迁移的省际影响力与人口总体迁移的情况相比[3],二者均出现了极化现象和区域内人才交流现象,不过,就学迁移的省际影响力相对更平均,即各省之间的影响力差异小,极值偏离小。从迁入影响力看,就学迁移中只有河南一个极点,而人口总体迁移中河南与四川都具有较广的影响力;就学迁入影响力超过 20% 的只有 2 个,而人口总体迁移中,超过 40% 的省际迁入影响力就 2 个,超过 20% 的有十多个。从迁出影响力看,与人口总体迁移中广东、浙江、北京三极鼎立的情况不同,就学迁出影响力在各省分布均衡;就学迁出影响力最大值甚至不

① 数据说明:全国高校本专科招生执行计划数据库中本专科学校招生数据提供 2010 年大学生跨省就学迁入迁出人口数。

超过30%，而在人口总体迁移中，广东对6个省的迁出影响力超过30%；人口总体迁移中，浙江对14个省的迁出影响力超过10%，而在就学迁移中，辽宁、广东、黑龙江的影响力范围最广，仅对4个省的迁出影响力超过8%。

四、就学迁移的属别差异

我国具有本科、专科招生资格的高校按属别管理，可分3类：央属高校、省属高校和民办高校。其中，央属高校是国家部委、局、央企等国家机构直属管理的高校，中央财政为其提供重要的办学经费支持，这些学校主要面向全国招生，会考虑到全国教育机会公平，大多数的“211工程”和“985工程”高校都是央属高校；省属高校是指隶属各省、自治区、直辖市、港澳特别行政区以及台湾地区，大多数靠地方财政供养，由地方行政部门划拨经费的普通高等学校，这些学校以本省招生为主；民办高校指的是企业事业组织、社会团体及其他社会组织和公民个人利用非国家财政性教育经费，面向社会举办的高等学校及其他教育机构，包括公办学校下设的独立学院。在学费方面，央属高校和省属高校的学费要低于民办学校，各类学校对不同生源地学生统一收费。这3类学校在全国范围招生时定位不同，其在跨省招生方面或表现出不同的特点，鉴于此，本节对3类学校的跨省就学迁移进行分析。

从就学迁移的属别结构来看，就读外省省属高校的迁移总人数为88万人，占就学迁移总数的58%，是迁移的主要组成部分；就读外省央属高校的迁移人数为32万人，占就学迁移总数的21%；就读民办高校的迁移人数为31万人，占就学迁移总数的21%①。表3-2给出各省因就读央属、省属、民办高校而迁入迁出的大学生人数。

从迁出的规模来看，山东、河南、河北3省是跨省就读央属院校学生的主要迁出地，河南、安徽、山西是跨省就读省属院校的主要人口迁出地，而河南、山西、内蒙古是就读民办高校的主要人口迁出地。从迁入的规模来看，北京遥遥领先

① 根据2010年全国高校本专科招生执行计划数据计算得出。

全国,成为就读央属院校的最主要迁入地,迁入人数达到6.7万人,湖北、江苏成为主要迁入的第二、第三位。这与这些地区发达的教育资源、众多的央属院校的分布不无关系。天津、湖北、辽宁位居就读省属高校跨省迁入量的前三位,而民办层次上,陕西、江西、山东位居前三位。可见,不同地区在吸引青年学生方面的层次结构上有较大不同。这与各地高等教育的发展水平和特点以及招生策略有密切关联。

本章不再从迁移率和省际影响力等角度对分层次迁移数据进行详细分析,不过值得特别指出的是,如果只考虑央属高校的就学迁移分布,北京作为迁入地区将成为一个最大的极点,其对其他各省的迁出影响力大且广,其他30个省因就学央属高校迁出的大学生平均有20%迁入北京,并且最大值达到30%,最小值也有15%;北京迁入大学生中有70%是前来就读央属高校。这一现象与我国央属高校的分布有极大的关系。

表3-2　省际就学迁移的分层次结构(单位:千人)①

地区	就读央属迁出	就读省属迁出	就读民办迁出	就读央属迁入	就读省属迁入	就读民办迁入
北京	4.76	5.85	2.19	67.44	17.55	11.35
天津	7.58	12.37	5.36	10.32	61.38	12.28
河北	17.98	47.18	15.41	7.31	33.06	19.68
山西	12.63	53.03	23.75	0.00	24.20	1.34
内蒙古	10.53	39.54	21.47	0.00	11.98	0.07
辽宁	12.84	23.93	9.41	15.64	50.49	15.62
吉林	10.23	26.59	5.19	9.90	33.41	15.18
黑龙江	10.38	23.82	9.77	11.36	40.95	5.10
上海	3.01	5.05	1.96	18.98	43.84	11.18

① 根据2010年全国高校本专科招生执行计划数据计算得出。

（续表）

地区	就读央属迁出	就读省属迁出	就读民办迁出	就读央属迁入	就读省属迁入	就读民办迁入
江苏	13.53	34.93	15.00	28.24	45.26	11.45
浙江	13.73	31.87	19.32	3.51	32.48	7.95
安徽	14.15	60.44	17.90	6.28	19.48	2.52
福建	9.53	26.68	9.08	6.21	15.51	6.51
江西	11.46	30.80	9.38	0.00	46.67	30.60
山东	21.05	48.14	10.12	10.96	44.89	26.10
河南	20.51	73.38	28.72	1.09	31.14	3.04
湖北	11.01	26.80	8.33	32.98	51.31	15.31
湖南	15.13	33.49	5.45	11.10	48.78	6.17
广东	7.81	16.48	6.37	10.05	24.50	8.16
广西	9.99	23.76	5.64	0.00	17.98	8.81
海南	4.31	17.35	8.94	0.00	20.97	10.80
重庆	9.82	19.73	5.18	12.53	39.83	15.90
四川	13.59	35.70	10.72	27.37	33.76	15.57
贵州	9.40	27.84	12.18	0.00	12.51	1.34
云南	9.02	20.16	4.28	0.00	14.26	7.09
西藏	2.39	1.85	0.29	0.00	1.97	0.00
陕西	9.76	23.86	8.74	20.13	34.29	34.77
甘肃	7.46	39.75	13.14	8.31	10.07	3.63
青海	4.18	11.05	3.05	0.00	2.90	0.40
宁夏	4.76	10.69	3.04	3.82	1.61	2.93
新疆	11.02	23.84	12.04	0.00	8.93	0.60
平均值	10.44	28.26	10.05	10.44	28.26	10.05
标准差	4.54	16.01	6.65	13.77	16.19	8.70
变异系数	0.44	0.57	0.66	1.32	0.57	0.87

综上所述，大学生的跨省就学迁移的空间模式与全国人口总体跨省迁移的空间模式存在较大差异：全国人口的跨省迁移有向珠三角、长三角和北京迁移的趋势，而大学生跨省就学迁移并未表现出“孔雀东南飞”的迁移模式，而主要是向京、津、沪这3个直辖市和中部部分地区（如湖北、陕西），向广东和江浙地区的流动不明显。大

学生就学迁移也表现出流向极化和区域化的现象，但是与人口总体迁移相比较弱，其迁移的规模、强度、省际影响力都更均匀。大学生就学迁移模式与全国人口迁移模式的区别说明其迁移不仅与经济状况、人口分布有关，教育资源的空间分布也起到了特殊的作用。

第二节　就学迁移的影响因素

上文已经发现，大学生跨省就学迁移表现出与人口总体迁移不同的特点，这说明两类迁移的影响因素存在差异。在已有对人口总体迁移或流动人口流动时的特点的研究中，发现人口密度、相邻地区效应因素和经济发展等因素对人口迁移存在影响[3-5]，但一般很少考虑教育资源分布的影响。与人口总体迁移不同，就学迁移会受到教育资源分布的影响，那么对人口总体迁移产生影响的人口、地理、经济等因素是否仍然影响就学迁移？教育资源分布又如何影响就学迁移？不同的因素之间是否相互影响？本章采用人口迁移理论中最经典的模型之一——引力模型来进行分析。

引力模型是人口迁移理论中的重要模型，其雏型是由 G. K. Zipf 在物理学引力模型的基础上设立的，认为两地之间的人口迁移总量，与两地的人口数量的乘积成正比，与两地间的距离的 a 次幂成反比[6]。在对引力模型的实际模型拟合中，一般对该模型进行对数化处理后再通过回归进行拟合，见式(3－1)。

$$M_{ij}=\exp(a + a_1\times\ln P_i + a_2\times\ln P_j + b\times\ln D_{ij} + u_{ij}) \qquad 式(3-1)$$

其中 M_{ij} 为 i 地到 j 地迁移人口数，P_i 表示 i 地人口数，P_j 表示 j 地人口数，D_{ij} 表示 i 地和 j 地之间的距离，a、a_1、a_2、b 是常数，u_{ij} 为误差项。

该模型为基本模型，以从生源省到就学省就读的各类本专科学生数为因变量。在基本模型即模型 1 中，纳入人口变量和空间变量，包括当年各省高中毕业生数，各省大学新生数(即当年该地高校招生数)，省间距离(以省会间物理距离计算)、相邻省变量。为考察经济变量对就学迁移的影响，在模型 2 中加入生源省和就学省的人均 GDP。模型 3 则加入各省份教育特征变量，考察教育资源分布对就学迁移的影响，包括高校在省外招生的比例、高校在本省招生数与本省毕业生数的比值、各属别高校招生占比等。各变量的统计描述见表 3 - 3。

表 3 - 3　各变量的描述统计①

变量	均值	标准差
因变量：从生源省到就学省就读的各类本专科学生数（人）	1625	1784
自变量：		
各省高中毕业生数（人）	256269	178053
各省本专科招生总数（人）	217088	139019
就学省和生源省的距离（公里）	1368.07	720.87
两省是否相邻（1 为是，0 为否）	0.15	0.36
人均 GDP（万元/人）	3.31	1.67
各省高校省外招生数占总招生数的比例	0.26	0.16
各省高校本省招生数与高中毕业生数的比例	0.64	0.17
各省央属高校省外招生数占省外招生总数的比例	0.16	0.17
各省省属高校省外招生数占省外招生总数的比例	0.65	0.21
各省民办高校省外招生数占省外招生总数的比例	0.19	0.11
各省央属高校本省招生数占本省招生总数的比例	0.03	0.04
各省省属高校本省招生数占本省招生总数的比例	0.78	0.10
各省民办高校本省招生数占本省招生总数的比例	0.19	0.08

本章对 3 个模型均进行了三步递进估计，从表 3 - 4 可以看出，基本模型拟合结果具有统计显著性，且均符合预期，即就学省招生数、生源省高中毕业生数越多，由生源省到就学省迁移的大学生越多；两省距离越长，迁移的大学生越少；相邻省之间的迁移较多。但是，该模型 R 值较小，说明基本引力模型只能部分地解释就学迁移的省际差异。引入表征就学省和生源省经济情况的人均 GDP 数据后，经模型嵌套检验，加入人均 GDP 数据后的模型也显著优于基本引力模型，模型的解释力略增。

① 数据来源：全国高校本专科招生执行计划数据库中 2010 年本专科学校招生数据、2010 年中国统计年鉴数据。

从估计参数看,省份经济情况对就学迁移具有显著的影响,且与人口总体迁移的影响方向一致,即就学省经济越发达则吸引越多大学生迁入、生源省经济越不发达则越多大学生迁出。在模型3纳入表征就学省和生源省教育资源的变量后,模型经嵌套检验显著优于加入GDP变量后的扩展模型,且该模型对就学迁移省际差异的解释程度增强。从教育资源变量的参数来看,教育资源变量对就学迁移有显著的影响,而且导致经济变量参数的符号发生了变化,这说明经济变量对就学迁移的影响受到教育变量的影响。

从模型3的估计参数来看,扩展的引力模型能较好地拟合就学迁移的模式。从总体来看(如表3-4所示),拉力因素反映为:就学省院校招生规模越大,省外招生比例越大,即对外省的倾斜较大,则因就学迁入的外省学生人数越多;推力因素反映为:生源省高中毕业生数越多,高校本省招生数与其高中毕业生数比例越低,即满足本省需求程度低,经济越发达即学费支付能力强,则迁出的人数越多。同时,两省距离近、相邻都能有效增加迁移数量。

表3-4 大学生就学跨省迁移影响因素的模型估计结果(总体)①

	模型1	模型2	模型3
就学省本专科招生总数	0.48*** (0.001)	0.45*** (0.001)	0.88*** (0.002)
生源省高中毕业生数	0.46*** (0.001)	0.44*** (0.001)	0.58*** (0.001)
两省距离	-0.56*** (0.002)	-0.53*** (0.002)	-0.49*** (0.002)
是否相邻	0.02*** (0.002)	0.10*** (0.003)	0.16*** (0.003)
就学省人均GDP		0.49*** (0.002)	-0.03*** (0.002)

① 参数为正说明该自变量对大学生跨省就学迁移有正向作用,且绝对值越大,正向影响越强;参数为负说明该自变量对大学生跨省就学迁移有正向作用,且绝对值越大,负向影响越强。

（续表）

	模型 1	模型 2	模型 3
生源省人均 GDP		-0.29*** (0.002)	0.14*** (0.003)
就学省高校省外招生数占总招生数的比例			0.97*** (0.002)
生源省高校本省招生数与高中毕业生数的比例			-0.67*** (0.006)
就学省央属高校省外招生数占省外招生总数比例			0.01*** (0.000)
就学省省属高校省外招生数占省外招生总数比例			0.08*** (0.003)
生源省央属高校本省招生数占本省招生总数比例			-0.032 (0.000)
生源省省属高校本省招生数占本省招生总数比例			1.28*** (0.010)
常数项	-0.29 (0.026)	-0.19 (0.028)	-6.03 (0.036)
R^2	0.54	0.60	0.83

（注：括号内为标准误，*表示 $p<0.05$，**表示 $p<0.01$，***表示 $p<0.001$。）

为了解不同属别学校所带动的就学迁移流的影响因素差异，模型 2（以下简称“央属模型”）、模型 3（以下简称“省属模型”）和模型 4（以下简称“民办模型”）则分别拟合就读央属高校、省属高校和民办高校的就学迁移情况，因变量分别为从生源省到就学省就读央属高校、省属高校和民办高校的各类本、专科学生数，主要自变量同模型 3，仅考察就学省省外招生结构的自变量会根据因变量做适当调整，即比如因变量考察央属高校大学生迁移则自变量中就学省省外招生结构考察该省省属高校和民办高校占省外招生的比例。从拟合效果看，央属模型的拟合效果最好，省属模型次之，民办模型最差。根据表 3-5 所揭示的拟合结果，本章对 3 种属别高校的就学迁移模式进行了总结。

表 3-5 大学生就学跨省迁移影响因素的模型估计结果(分属别)

	央属	省属	民办
就学省本专科招生总数	0.93*** (0.005)	0.86*** (0.003)	1.17*** (0.004)
生源省高中毕业生数	0.45*** (0.003)	0.63*** (0.002)	0.60*** (0.003)
两省距离	-0.32*** (0.004)	-0.52*** (0.002)	-0.53*** (0.004)
是否相邻	0.17*** (0.006)	0.08*** (0.003)	0.42*** (0.006)
就学省人均 GDP	-0.01 (0.005)	-0.06*** (0.003)	-0.41*** (0.005)
生源省人均 GDP	0.01 (0.006)	0.04*** (0.004)	0.57*** (0.006)
就学省高校省外招生数占总招生数的比例	0.98*** (0.006)	0.97*** (0.003)	1.33*** (0.005)
生源省高校本省招生数占高中毕业生数的比例	0.02 (0.012)	-0.79*** (0.008)	-1.06*** (0.013)
就学省央属高校省外招生数占省外招生总数比例	1.02*** (0.006)	0.01*** (0.001)	-0.06*** (0.001)
就学省省属高校省外招生数占省外招生总数比例	0.07*** (0.008)	1.05*** (0.005)	-0.28*** (0.006)
生源省央属高校本省招生数占本省招生总数比例	0.01*** (0.001)	-0.02*** (0.001)	-0.10*** (0.001)
生源省省属高校本省招生数占本省招生总数比例	1.03*** (0.022)	1.61*** (0.013)	0.69*** (0.021)
常数项	-5.55 (0.082)	-6.03 (0.048)	-11.95 (0.079)
R^2	0.93	0.80	0.63

(注:括号内为标准误,* 表示 $p < 0.05$,** 表示 $p < 0.01$,*** 表示 $p < 0.001$。)

央属高校学生的就学迁移属于“主动选择型”,并具有以下特点:第一,生源省本省招生数与高中毕业生之比对迁移没有显著影响。第二,经济变量对迁移没有显著影响。第三,距离因素对迁移有负向影响但影响力较弱。第四,就学省央属高校招生比例和生源省省属高校招生比例高对迁移有正向作用。可见,央属高校学生的跨省迁移源于高校和学生之间强烈的互相吸引,学生并非因为在本省无法升学而选择跨省就学,而是"主动选择"跨省就学,且愿意克服距离等因素的障碍,甚至愿意放弃生源省省属高校对本省学生的"优惠待遇"。

省属高校学生就学迁移属于"被动挤出型",与"主动选择型"模式相比,具有以下特点:第一,生源省高校本省招生数与本省高中毕业生人数之比对迁移有较强的抑制作用,说明本省升学竞争越激烈,学生越会被"挤"到其他省份的省属高校就学。第二,距离因素的阻碍作用明显加大。第三,经济变量在省属模型中表现出显著的正向作用,经济发达地区的学生就读外省省属高校的发生比相对较高,但影响力很小。

民办高校学生就学迁移属于"被动逃离型",与前两种模式相比,具有以下特点:第一,距离的阻碍作用最强,表明民办学校较少招距离太远的学生,学生也较少为了跨省就读民办高校而克服较大的距离障碍。第二,生源省的本省招生人数与高中毕业生人数之比对该模式的影响更大。第三,生源省经济越发达,学生越有可能为了升学而选择跨省就读学费较高的民办高校;而就学省人均 GDP 越低,越有可能吸引生源省学生就读该省民办高校,这可能与经济相对不发达地区民办高校的学费较低有关。据此推论,跨省就读民办高校可能是由于本省就学机会不足,具有一定支付能力的学生为了升学而发生的逃离型选择,离家近、成本低成为较优选择。

第三节　小　结

本章通过就学迁移和人口总体迁移模式的对比,讨论了就学迁移的特点及其影响因素。大学生跨省就学迁移的空间模式主要表现为由西部和中部部分地区(如河南、安徽等)向京、津、沪 3 个直辖市和中部部分地区(如湖北、陕西)迁移,与全国流动人口由中、西部向东南沿海流动的模式有所不同,特别是大学生向广东和江浙地区迁移流不明显。相对于人口迁移分布,跨省就学迁移在各省的分布更为均匀,在更小的邻近区域内表现出人才区域内交流的特点。

与人口总体迁移模式相比,就学迁移除了受到人口、地理、经济因素的影响,还受到高等教育的规模和结构的显著影响:就学省的招生规模和生源省的高中毕业生规模对两省间迁移有正影响,两省间距离越近或者两省相邻能够有效增加两省间的迁移,经济发达的省份能够支持更多的高中毕业生迁出到外省求学,就学省的高等教育资源质量越高、央属高校招生比例越高会对大学生迁入产生显著影响。

在我国的高等教育管理体系下,属别化管理是重要特色,这对就学迁移总体模式产生影响,也使得不同属别高校的就学迁移表现出不同的类型。央属高校质量好、收费低,学生生源分布广,包容性强,且招生名额有限,对各省学生产生强大的吸引力,就学迁移表现为“主动选择型”。省属高校大学生跨省迁移主要是在省内省属高校就学不理想的大学生“被动”地考虑迁往外省就学,他们一般会倾向于离生源省较近的地方,表现为“被动挤出型”。民办高校大学生的跨省迁移则是受高学费的影响较大,多是较发达地区的高中毕业生前往欠发达地区跨省就学,一方面是高中毕业生家庭本身有支付能力,另一方面考虑到获得大学文凭的成本,倾向于前往离家近的、消费低的不发达地区就学。

参考文献

[1] 马莉萍,潘昆峰. 留还是流?——高校毕业生就业地选择与生源地、院校地关系的实证研究[J]. 清华大学教育研究,2013(5):118 - 124.

[2] 潘昆峰,马莉萍. 央属高校跨省招生名额分配行为研究——引力模型假设及其验证[J]. 高等工程教育研究,2013(6):114 - 121.

[3] 王桂新,潘泽瀚,陆燕秋. 中国省际人口迁移区域模式变化及其影响因素——基于 2000 和 2010 年人口普查资料的分析[J]. 中国人口科学,2012(5):2 - 13、111.

[4] 汤韵,梁若冰. 中国省际居民迁移与地方公共支出——基于引力模型的经验研究[J]. 财经研究,2009(11):16 - 25.

[5] 巫锡炜,郭静,段成荣.地区发展、经济机会、收入回报与省际人口流动[J].南方人口,2013(6):54-61、78.

[6] Zipf,G. K. The P 1 P 2/D hypothesis: on the intercity movement of persons[J]. *American sociological review*,1946,11(6):677-686.

第四章　跨省高等教育服务外溢的区域模式及其影响因素*

本章利用2008年和2013年的全国高校本专科招生执行计划数据，从公共服务外溢的视角度量了省属高校层面上学生跨省迁移带来的省际财政补贴效果及其区域模式。本章发现，省际间财政补贴的数值有明显增长，补贴部分占财政投入的总量也有所扩大。中部地区的高考大省既是生源输出大省，也是公共服务外溢的主要获得方；东部直辖市并非生源输入大省，但却是公共服务外溢的主要提供方。在对引力模型修正的基础上，本章进一步检验了这种公共服务外溢的影响因素，发现地方经济发展水平和教育发展水平对地方高等教育公共服务外溢的影响效果显著，跨省人口迁移情况亦对省际间的外溢具有良好的解释性。

第一节　背　景

我国高等教育主要采取两级管理体制，地方属高等院校是我国高等教育的重要组成部分。截至2013年，我国共有普通高校2491所①，其中地方属普通高校共有

---

* 本章同名论文发表在《中国高教研究》2016年第5期，作者：崔盛、潘昆峰。为适应本书，对论文内容作了一定的改动。

① 见“2013年全国教育事业发展统计公报”。

1705所[①],占全国普通高校总数的68.5%。伴随我国高等教育大众化的过程,地方普通高校越来越多地承担了满足老百姓高等教育需求的责任。2013年,全国地方普通高校本、专科招生数为530.29万[②],占全国本、专科招生总数699.83万[③]的75.8%。

我国地方属高校的招生主要面对本地区学生,但是在制度上并不排斥外省考生入学,在学费上也对省内、省外考生也不作区分。事实上,地方高校承担了一部分跨省的高等教育公共服务,对外省考生提供了一定的受教育机会,产生了公共服务外溢的效果。地方高校招收外省考生来实现公共服务外溢既体现了地方高等教育承担全国性公共服务的责任,也反映了地方经济和高等教育的吸引力。对于地方政府而言,这种公共服务的外溢既有可能是被迫的责任性承担,也可能是一种主动招揽外地人才的策略性行为。2008年开始,由教育部组织实施了"支援中、西部地区招生协作计划",在中、东部省属高校调配招生计划到中、西部高考大省。[④] 该计划在2008年安排了3.5万名跨省招生计划,2013年增至18.5万名,近两年该计划数量仍在进一步扩大,这对公共服务的溢出起到了重要的推动作用。在省际间生源迁移加剧、公共服务外溢加速的大背景下,若能利用财政投入的数据与对外招生的数据来做财政补贴的测算,则可以对省际高等教育公共服务外溢问题作出定量的估计,是教育财政领域研究的有益尝试。

在财政分权框架下,对于地方政府提供公共服务存在两种不同的理论流派。基于财政竞争的分权理论认为:决定公共服务提供结构的关键机制是地方政府之间财政竞争,地方财政支出会偏向有益于迁移性要素的公共服务。[1] 而基于委托代理的分权理论认为:决定公共服务提供结构的关键机制是中央政府对地方政府激励契

---

① 根据2013年招生执行计划数据库推算。

② 根据2013年招生执行计划数据库推算。

③ 见"2013年全国教育事业发展统计公报"。

④ 教育部、国家发展改革委关于下达2008年全国普通高等教育招生计划的通知[EB/OL].(2008-04-28)[2017-03-10]. http://www.moe.gov.cn/publicfiles/business/htmlfiles/moe/moe_1892/201001/xxgk_77150.html.

约,地方财政支出会偏向激励强度较高、政绩明显且具有生产性质的公共服务,忽视中央政府不易监测的文教卫生等公共服务。[2]遗憾的是,在分析地方政府公共服务提供上,两派理论都较少考虑地方政府的财政外溢情况。

关于教育投资理论和实证研究已经证实,教育具有显著的正外部性。[3-5]而对于地方高等教育而言,不同高校提供的公共服务主要集中在对学生的培养上,受教育者的迁移将导致教育的效益扩散到学生流入地,形成巨大的财政外溢,而对学生流出的地方政府将成为一种财政补贴。因此,将普通高等教育看作地方政府提供的具有外部性的公共服务,那么在考虑地方普通高校跨省招生情况的前提下,讨论地方高等教育公共服务的外溢将具有很强的现实意义。

如果以财政补贴来度量地方高等教育公共服务的外溢,这种外溢在省际间的规模有多大?省际间相互补贴的强度如何?补贴的迁移方向怎样?另外,基于财政补贴度量的地方高等教育公共服务外溢的数值是否可以被解释和预测?本研究主要利用2008年和2013年我国招生执行计划数据库以及统计年鉴的相关资料,对以上问题进行研究。

第二节　省际高等教育财政补贴的区域模式

一、省际补贴规模的分布模式及其变化

2008年,我国各地省属高校共录取外省生源总人数为73.48万人,2013年,这一数字为102.33万。与之相对应,2008年,以生均预算内经费作为标准衡量,我国各地省属高校对外地进行高等教育公共服务补贴总值为51.28亿元,占据当年省属高校预算内财政投入总额327.70亿元的15.6%。2013年,这一补贴总额为160.20亿元,占据当年省属高校预算内财政投入总额741.60亿的21.6%。不论从补贴额度还是所占比例,2013年均比2008年有明显增加。通过皮尔逊相关系数进行分析,2008年与2013年各省对外补贴数值的皮尔逊相关系数为0.918,

获得外省补贴数值的相关系数为0.847，而对外补贴与获取补贴的数据呈现负相关关系。这说明2008年与2013年中国省际高等教育公共服务外溢的模式具有高度相似性，二者主要的影响因素与动力机制也基本相同。而对外补贴与获取补贴这两者的作用机制则完全不同。从变异系数来看，对外补贴的变异系数相对较大，获得补贴的变异系数相对较小，说明对外补贴的数值分布相对分散，而获得补贴的数值分布则相对集中。

（一）东部直辖市是主要补贴提供方，补贴输出大省与生源输入大省并不重合

从补贴来源地的分布来看，2008年提供对外补贴最多的省份为天津、上海、广东、北京、江苏、辽宁，各省提供补贴占全国省际补贴总值的比例均在5%以上，天津、上海、广东这三大主要对外补贴来源地，占全国省级补贴总值的比例达6%以上。2008年，天津、上海、广东的对外补贴额度达到4.6亿、4.0亿和3.8亿元。2013年，提供对外补贴最多的省份依次为上海、天津、北京、湖南、江苏、辽宁，其中上海、天津遥遥领先其余地区，占比超过10%，而广东则从对外补贴大省明显滑落，北京取代广东成为对外补贴的第三大省区。2013年，三大对外补贴主要地区的对外补贴额均在10亿元以上，较2008年有明显增长。

从各地对外补贴的增长幅度来看，各省对外补贴的数值均有较大幅度的增长，其中增长幅度较大的是上海、天津、北京3个直辖市，上海、天津的对外补贴增长数额超过10亿元，北京的增长超过8亿元。相比而言，广东省对外补贴的增长仅有1.3亿元，仅高于青海、西藏、新疆、宁夏、内蒙古5个省。这在一定程度上说明，广东省的高等教育招生态势出现了明显变化，对外溢出效应或高等教育吸引力出现了明显弱化态势。

值得注意的是，对外补贴总额度和对外招生数的省际分布有较大差别。从表4－1来看，2008年对外招生人数最多的省份依次为湖北、天津、湖南、山东、辽宁、江西；2013年对外招生人数最多的省份为天津、湖南、辽宁、山东、江西、江苏，占比在5%以上。对外补贴大省与对外招生大省绝大多数并不重合，诸如北京、上海、广东、湖北等省份并未出现。

表 4-1 中国省际高等教育公共服务对外补贴、获得补贴规模及其变化(单位:万元)①

	对外补贴			获得补贴		
地区	2008 年	2013 年	差值	2008 年	2013 年	差值
北京	29611.70	113499.37	83887.67	5317.44	8023.23	2705.79
天津	46014.91	165065.60	119050.69	8908.15	19261.08	10352.93
河北	16504.61	45782.14	29277.53	29360.07	89594.71	60234.64
山西	13117.52	33002.55	19885.03	22244.33	105307.35	83063.02
内蒙古	8112.38	16563.52	8451.14	25848.79	62686.95	36838.16
辽宁	25689.50	79307.49	53618.00	16361.53	39704.17	23342.63
吉林	20349.21	48885.59	28536.38	16280.14	39906.86	23626.72
黑龙江	21920.03	53830.16	31910.14	15740.24	41803.99	26063.75
上海	40433.09	173130.67	132697.59	3286.23	7071.98	3785.75
江苏	26387.39	82381.48	55994.09	21721.25	56382.72	34661.46
浙江	21211.07	51896.84	30685.78	20385.13	65447.48	45062.35
安徽	8008.03	23893.13	15885.09	30583.83	126365.25	95781.43
福建	8498.60	28260.58	19761.98	16339.74	45918.84	29579.10
江西	16837.61	70899.19	54061.58	20740.03	50606.32	29866.29
山东	23877.40	66030.23	42152.82	37441.67	83030.36	45588.69
河南	10573.59	57627.11	47053.53	32521.27	117822.75	85301.49
湖北	19731.00	68756.74	49025.74	18944.73	42082.67	23137.94
湖南	23902.78	88951.55	65048.77	22590.76	54163.81	31573.05
广东	30863.63	43459.25	12595.62	8589.74	36811.91	28222.17
广西	9055.52	28345.18	19289.66	13994.95	43920.64	29925.68
海南	12194.64	30860.58	18665.95	10683.22	27153.33	16470.11
重庆	18470.37	50149.78	31679.41	10949.11	36996.56	26047.45
四川	11788.70	46803.50	35014.80	20240.30	69760.58	49520.28
贵州	6490.32	19334.71	12844.38	13632.66	61519.34	47886.68
云南	9197.76	22533.91	13336.16	10249.30	40536.76	30287.46
西藏	2528.29	10053.68	7525.39	1052.43	5915.36	4862.93

① 数据来源:2008 年、2013 年招生执行计划数据库。

（续表）

	对外补贴			获得补贴		
地区	2008 年	2013 年	差值	2008 年	2013 年	差值
陕西	16439.18	43469.00	27029.82	17178.27	40434.44	23256.17
甘肃	3643.14	12713.57	9070.43	17524.75	100684.21	83159.46
青海	3547.03	5681.60	2134.58	6073.83	19304.64	13230.81
宁夏	1675.94	3341.16	1665.22	6493.77	19229.50	12735.73
新疆	6159.94	17515.76	11355.82	11557.19	44577.83	33020.64
全国	512834.86	1602025.63	1089190.77	512834.86	1602025.63	1089190.77
平均值	16543.06	51678.25	—	16543.06	51678.25	—
标准差	10704.29	40273.66	—	8630.13	30827.84	—
CV	0.65	0.78	—	0.52	0.60	—

（二）中部高考大省为主要获得补贴方，补贴获得大省与生源输出大省完全重合

2008 年，获得外省补贴最多的省份为山东、河南、安徽、河北、内蒙古，获得补贴占全国省际补贴总值的比例均在 5% 以上，其中山东最高，达到 7.3%。山东、河南、安徽 3 省获得补贴数额均在 3 亿元以上。2013 年，获得外省补贴最多的省份为安徽、河南、山西、甘肃、河北、山东，占比均在 5% 以上。安徽、河南、山西、甘肃 4 省获得补贴数额超过 10 亿元。

从获得补贴的规模来看，各省均有明显增长。其中安徽、河南、甘肃、山西增长最为明显，获得补贴的增长量均在 8 亿元以上。

值得注意的是，以生源输出量排序和以获得补贴量排序的省份分布几乎完全一致，这说明对于受益省份而言，在入学机会和入学质量上，受益者的分布高度重合。

二、省际补贴强度的区域模式及其变化

我们定义利用补贴率来衡量省际补贴的强度。定义：i 省对外补贴率 = i 省对外地生源的财政投入/i 省总投入。易知，对外补贴率等于外地生源在该省的比例。i 省获得补贴率 = i 省获得补贴总额/本地总投入。i 省对外净补贴率 = i 省对外补贴率 − i 省获得补贴率。根据这 3 个指标计算，我国省际高等教育公共

服务溢出效果呈现如下态势。

从图4－1和图4－2中可以看出，对外补贴率较高的省份中有上海、天津、重庆、北京、海南等地，同时这些地区对应的获得补贴率较低，唯一例外的是海南。海南是仅有的一个获得补贴率与对外补贴率均很高的省份，说明该省在承担大量公共服务的同时，也获得了外省提供的大量服务。中、西部升学压力较大的省份如甘肃、山西、内蒙古、贵州、河南等地对外补贴率较小，这些省份同时是获得补贴率较高的省份。2013年，甘肃的获得补贴率高达90%以上。广东、江苏等经济强省和教育大省，处于对外补贴率低、获得补贴率低的双低状况。

从历史变化来看，绝大多数的省份对外补贴率有所增加，仅有8个省相比2008年有所减少，分别是：新疆、青海、陕西、内蒙古、湖北、重庆、贵州、海南。除海南外，全部处于中、西部地区。绝大多数省份的获得补贴率有所增加，仅有8个省的获得补贴率减少，分别是北京、天津、内蒙古、江西、湖北、湖南、海南、陕西。这总体上说明了省份之间的教育交流在加大，相互依赖程度在增加。

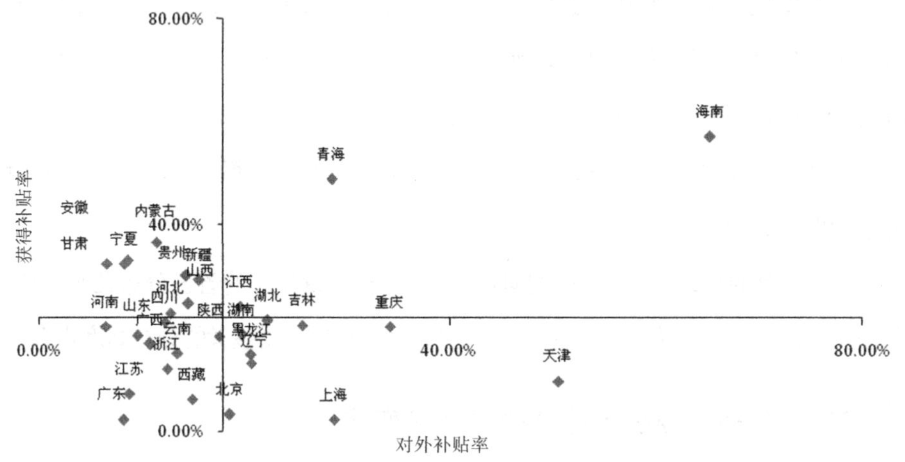

图4－1　2008年补贴率分布[①]

① 数据来源：2008年招生执行计划数据库。

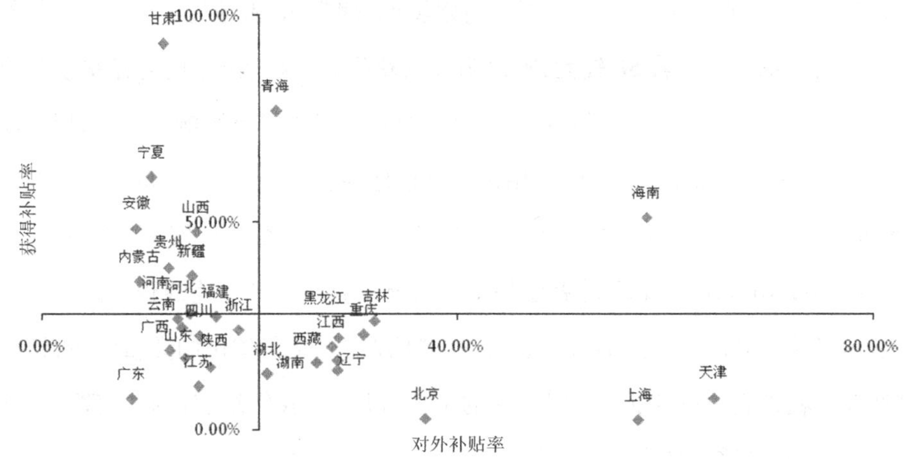

图 4-2　2013 年补贴率分布①

以净补贴率来衡量，我国处于少数地区补贴多数地区的状况。2008 年净补贴率 >0 的省份有 12 个，2014 年有 14 个。2008 年净补贴率最大的地区为天津（40.73%）、上海（26.49%）、北京（15.32%）、重庆（13.99%），最小的地区为甘肃（-25.78%）、内蒙古（-25.19%）、安徽（-24.46%）、宁夏（-24.12%）。2013 年，净补贴率最大的地区为天津（57.19%）、上海（55.15%）、北京（34.41%）、辽宁（14.28%），净补贴率最小的地区为甘肃（-81.44%）、青海（-54.31%）、宁夏（-50.37%）、安徽（-39.43%）。这说明，补贴的集中程度有所增强，而补贴输入地集中程度的增幅要高于补贴输出地。

三、省际补贴流向的状况分析

本章利用迁出影响力和迁入影响力[6]作为分析流入地与流出地两者的相互关系强度的指标。具体而言，假定地区 i 获得来自地区 j 提供的补贴数值为 M_{ij}，占地区 i 获得补贴总额的比例为 SO_{ij}。若 SO_{ij} 较大，则说明提供补贴的地区 j 对地区 i 的补贴获得具有影响力。一个地区 j 有可能对多个地区 i 有影响力，这可

① 数据来源：2013 年招生执行计划数据库。

以反映出地区 j 的影响力区域范围。与之类似,假定 M_{ij} 占地区 j 对外提供的补贴总额的比例为 SI_{ij},若 SI_{ij} 较大,则说明补贴获得方 i 对地区 j 的补贴提供具有影响力。同样,一个地区 i 可能对多个地区的补贴提供具有影响力,这可以反映出地区 i 的影响力范围。总之,利用这两个指标,我们可以有效分析省份之间的“朋友圈”分布状况。由以上定义易知,此指标与招生人数的比值是一致的。

我们以 10% 作为阈值,将补贴提供方与补贴获取方利用连线连接起来。箭头表示影响力方向。节点的大小表示省份“朋友圈”覆盖省份的数量多少,连线和箭头的粗细表示影响强度(即关系的紧密程度)。我们绘制出高等教育公共服务溢出的流场图(如图 4 – 3 所示)。

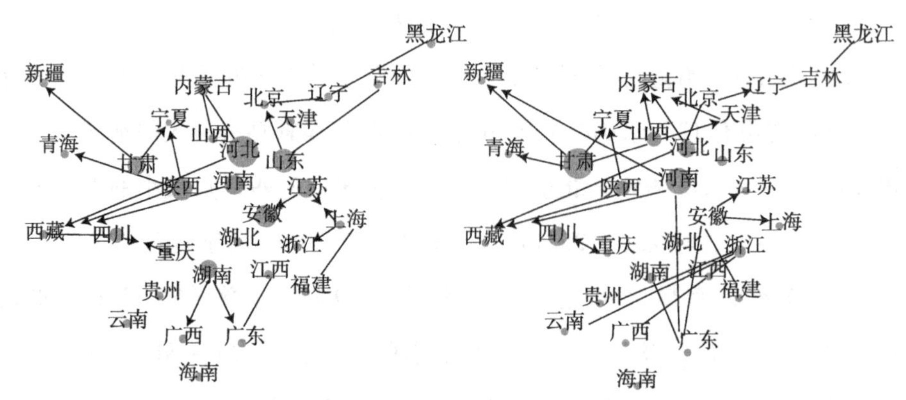

图 4 – 3　补贴输出省对输入省的影响(左:2008 年,右:2013 年)

从公共服务输出省对输入省的影响来看,上海和天津是两个重要影响极。2008 年,上海高等教育的对外补贴对于多个省份都有强大的影响作用,影响力省份覆盖范围达到 6 个。2013 年,上海的影响力覆盖范围达到 11 个省。天津的影响范围在 2008 年为 6 个省,2013 年达到 9 个之多。对上海而言,其影响范围主要在长江中下游的南方诸省,包括江苏、浙江、安徽、江西等地。2013 年,其覆盖范围向西南、西北进一步延伸。对天津而言,影响范围主要在北方诸省。二者有明显的地域差别。2008 年,广东在西南、华南的影响,四川、重庆的双边影响以及东三省之间的相互影响比较明显。总之,从公共服务需求方的角度来看,获得的补贴来源具有较为明显的地域性。

从时间变化来看，广东的影响作用明显削减，成为在公共服务外溢方面沦落最为明显的省。在影响范围上，2013 年影响更为集中，影响范围从地理上来说更为长程，对西部诸省的影响也更为集中。

图 4 –4 中，箭头的方向表明补贴输入地对补贴输出地影响的方向（非补贴输出的方向），说明的是补贴输入省是否占据了某一补贴输出省输出补贴的较大比例。从图中可见，从影响范围上来讲，2008 年河北是最重要的影响极，影响范围在 5 个省份（2008 年）。影响强度最大的省份对出现在（四川，重庆），（陕西，宁夏），前者对后者的影响强度达到 25. 9% 和 22. 1% ，即四川从重庆获得了重庆对外地高等教育补贴的 25. 9% ，陕西从宁夏获得了该省对外地高等教育补贴的 22. 1% 。2008 年，除了东部四省（上海、浙江、安徽、江苏）的关系密切且与其他相对独立之外，其余省份之间的影响关系并不存在明显的地域性。2013 年，甘肃、河南、安徽取代河北成为最重要的影响极，影响范围均为 5 个省，但是三省的影响范围分布有很大不同。安徽的影响范围主要在东南诸省以及广东；河南的影响范围除了与之相近的湖北，还有东南沿海的福建、广东，以及西部的新疆、西藏；甘肃的影响范围主要在北方诸省，天津、陕西、青海、宁夏、新疆。然而，对于补贴输出大省天津、上海而言，任何一省都难以对其具有明显的影响力，这意味着这两地在进行对外公共服务补贴分配时，不具有明显的特定地域倾向性。

第三节　省际高等教育财政补贴的影响因素

一、模型设定

如何对省际间高等教育财政补贴的数值和方向进行解释？在此，我们采用“引力模型”进行研究。引力模型自 20 世纪四十年代由 Zipf 提出以来[7]，至今

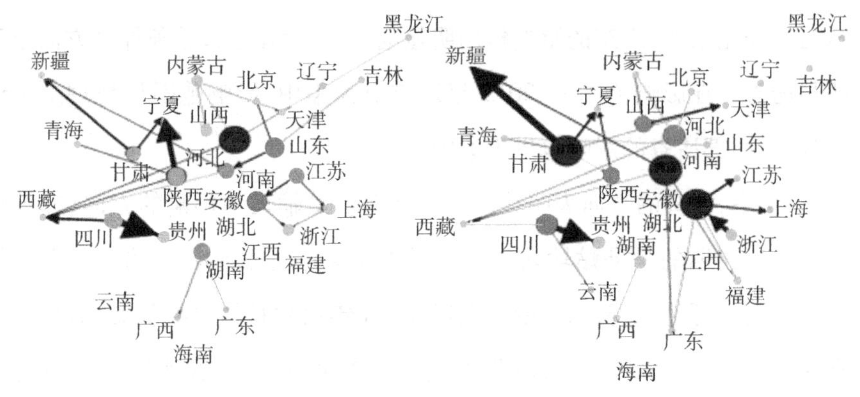

图 4－4　公共服务输入省对输出省的影响(左:2008 年,右:2013 年)

仍是解释和预测人口迁移、国际间贸易量、地区间交通迁移、跨地区通信频次等问题的流行模型[8－10]。在教育研究领域,引力模型也被引入用来解释招生计划分配与大学生就业迁移问题[11;12]。

引力模型的基本形式如式(4－1):

$$T_{ij} = K\frac{P_i^{\alpha} * P_j^{\beta}}{f(D_{ij})} \qquad \text{式}(4-1)$$

其中,T_{ij}表示 j 地与 j 地之间的迁移数(人数、贸易额等),K 是常数,P_i 和 P_j 是表征两地体量的指标(人口、GDP 等),α,β 是二者的系数。D_{ij}是两地间的距离,f 的函数取值的具体形式取决于特定的问题。对于以上公式,可以对等式两边取对数而后利用线性回归的方法进行参数的估计。

虽然引力模型应用广泛,但是引力模型具有一些先天弱点,如引力模型本身具有对称性,如果有两个地区对,它们具有相似的体量和间距,则引力模型预测的数值相近,而很多时候并不符合实际情况。这一难题的出现,原因在于模型中只包含两地各自的度量值和两者的距离(标量),缺少两地间矢量纳入解释变量。在我们的模型中,将引力模型进行如式(4－2)修正:

$$T_{ij} = K\frac{P_i^{\alpha} * P_j^{\beta}}{D_{ij}^{\eta}}M_{ij}^{\gamma} \qquad \text{式}(4-2)$$

其中,T_{ij}表示两地间的高等教育补贴数,K是常数,P_i表示补贴提供方体量的变量,包括经济指标(人均GDP)和教育指标(高校招生人数);P_j是表征补贴接受方体量的变量,如人均GDP、高中毕业生数等,D_{ij}是两地间的距离,M_{ij}是两者间的迁移矢量,文中以两省间人口迁移量来衡量。

对上式两边取对数,则可以得到计量模型如下,该式即为本章采用的计量模型如式(4-3)

$$\ln T_{ij} = \ln K + \alpha \ln P_i + \beta \ln P_j + \gamma \ln M_{ij} - \eta \ln D_{ij} + \varepsilon_{ij} \qquad \text{式}(4-3)$$

二、数据和变量

为检验上述模型,本章分别使用全国高校本、专科招生执行计划数据库中2008年和2013年本、专科学校招生数据、2005年第五次人口普查数据、2010年第六次人口普查数据以及《中国教育经费统计年鉴》《中国统计年鉴》中相应数据源进行分析,在省的层面上使用汇总数据进行研究。

因变量对他省高等教育财政补贴用来衡量地方高等教育公共服务溢出的总体情况,实际使用对他省招生人数乘以本省地方普通高校预算内生均经费。其中,地方省属院校对他省的招生数来源于全国高校本专科招生执行计划数据库,地方普通高校预算内生均经费来源于《中国教育经费统计年鉴》。

自变量方面,作为提供补贴和接受补贴的各省,分别选取了地方人均生产总值、地方普通高校招生数、地方高中毕业生数来衡量地方经济与教育发展水平,数据来源于《中国教育经费统计年鉴》和《中国统计年鉴》。衡量两省之间的相关变量包括两省间物理距离和两省间公路距离,数据来源于谷歌地图。他省人口迁移数用来衡量各省间人口迁移情况,数据分别来源于2005年第五次人口普查数据和2010年第六次人口普查数据。

以下,我们给出所涉及主要变量的统计描述(如表4-2、表4-3所示)。

表 4－2　2008 年各变量统计描述①

变量	N	平均值	标准差	最小值	最大值
对他省的招生数(人)	930	790.2054	830.1238	0	8345
对他省的高等教育财政补贴(元)	930	5514061	6470652	0	5.25E+07
地方生产总值(亿元)	930	10555.48	8715.857	395.91	35696.46
地方年末人口数(万人)	930	4239.806	2682.833	292	9893
地方人均生产总值(元)	930	25176.34	13725.81	9269.744	63980.15
地方普通高校招生数(人)	930	155012.1	100632.6	8526	390709
地方高中毕业生数(人)	930	269696.5	186455.8	14383	749826
地方普通高校生均教育经费支出(元)	930	14961.66	5071.721	9484.15	31416.11
地方普通高校预算内生均教育经费支出(元)	930	8114.513	4948.621	3940.49	26181.8
两省物理距离(公里)	930	1369.766	721.9822	113.78	3552.5
两省公路距离(公里)	930	1779.446	977.2115	137.68	4886.33
人口迁移数(人)	930	34711.97	144271.6	20	2521330

表 4－3　2013 年各变量统计描述②

变量	N	平均值	标准差	最小值	最大值
对他省的招生数(人)	930	1100.359	1238.357	0	11450
对他省的高等教育财政补贴(元)	930	1.72E+07	2.34E+07	0	2.64E+08
地方生产总值(亿元)	930	20322.88	15352.05	807.67	62163.97
地方年末人口数(万人)	930	4371.484	2741.886	312	10644
地方人均生产总值(元)	930	46833.25	20190.26	22863.48	97623.37
地方普通高校招生数(人)	930	171007.7	107018.7	9404	407675
地方高中毕业生数(人)	930	257735.1	173763.7	14734	723659
地方普通高校生均教育经费支出(元)	930	23602.39	8636.901	16446.06	55382.48
地方普通高校预算内生均教育经费支出(元)	930	16444.1	8404.752	10214.81	48070.52
两省物理距离(公里)	930	1369.766	721.9822	113.78	3552.5
两省公路距离(公里)	930	1779.446	977.2115	137.68	4886.33
人口迁移数(人)	930	59133.24	196423.7	90	2929810

① 他省人口迁移数为 2005 年第五次人口普查数据。

② 他省人口迁移数为 2010 年第六次人口普查数据。

需要补充说明的是，由于提供补贴和接受补贴的各省在模型中是相互对称的，因此各省的统计描述中只显示了作为提供补贴省份的信息，而接受补贴相应省份的数据应该等同于提供补贴的省份。

三、实证结果

（一）基本结果

如表4－4所示，模型1、模型2利用传统引力模型，分别探讨2008年和2013年地方高等教育财政补贴提供方和接受方的相关因素，以及两地间距离对财政补贴的影响情况。模型3、模型4对传统引力模型进行校正，加入两地之间人口迁移数之后，考察各因素对财政补贴的影响情况。

从财政补贴提供地方的情况来看，地方经济发展水平越高，对于其他地方的高等教育财政补贴越大。提供补贴地方普通高校招生人数越多，相应补贴其他地方越多。而从财政补贴接受地方的情况来看，地方经济发展水平越高，对于其他地方的高等教育财政补贴需求就越小。而地方普通高中毕业生人数越多，对其他地方的高等教育财政补贴需求就越高。

从两地之间的相关变量来看，两地之间距离越大，相互间高等教育财政补贴就越小，符合引力模型的假设。而在引入两地间人口迁移数校正引力模型之后，从实证结果来看，人口迁移情况的引入，不仅很好地解释了地方高等教育财政补贴，说明补贴会伴随人口的地域迁移趋势，而且进一步提升了模型的解释程度，更好地解释了两地间高等教育财政补贴的机制。

表4－4　地方高等教育财政补贴对数的影响情况

	(1) 2008年	(2) 2013年	(3) 2008年	(4) 2013年
提供补贴地方人均GDP对数	0.7496*** (0.0563)	0.9155*** (0.0754)	0.5759*** (0.0594)	0.6934*** (0.0864)

（续表）

	(1) 2008 年	(2) 2013 年	(3) 2008 年	(4) 2013 年
提供补贴地方高校招生数对数	0.3905*** (0.0318)	0.5329*** (0.0344)	0.3031*** (0.0330)	0.4674*** (0.0363)
接受补贴地方人均 GDP 对数	-0.4441*** (0.0568)	-0.8476*** (0.0761)	0.3676*** (0.0561)	0.8118*** (0.0754)
接受补贴地方高中毕业生数对数	0.5972*** (0.0300)	0.6319*** (0.0332)	0.4481*** (0.0353)	0.5005*** (0.0418)
两省公路距离对数	-0.5806*** (0.0445)	-0.6058*** (0.0492)	0.4042*** (0.0492)	0.4540*** (0.0571)
人口迁移数对数	—	—	0.1811*** (0.0242)	0.1635*** (0.0323)
常数项	4.2822*** (1.1018)	5.6991*** (1.4895)	5.2006*** (1.0766)	7.3853*** (1.5070)
N	906	915	906	915
R^2	0.5838	0.5958	0.6082	0.6069
F	252.4549	267.9536	232.5899	233.6150

（注：括号内为标准误，*表示 $p < 0.05$，**表示 $p < 0.01$，***表示 $p < 0.001$。）

我们按照对外补贴率和接受补贴率的高低将省份分组，从而检验不同因素影响的程度和稳定性，发现各变量的影响效果均是稳定和显著的（如表 4－5、表 4－6 所示）。

表 4－5　按对外补贴强度分类地方高等教育财政补贴对数的影响情况

	(1) 2008 总体	(2) 2008 高强度	(3) 2008 低强度	(4) 2013 总体	(5) 2013 高强度	(6) 2013 低强度
提供补贴地方人均 GDP 对数	0.5759*** (0.0594)	0.5338*** (0.0942)	0.2633*** (0.0716)	0.6934*** (0.0864)	0.4025*** (0.1142)	0.2358* (0.0958)
提供补贴地方高校招生数对数	0.3031*** (0.0330)	0.3548*** (0.0544)	0.3989*** (0.0383)	0.4674*** (0.0363)	0.5422*** (0.0394)	0.8428*** (0.0458)
接受补贴地方人均 GDP 对数	0.3676*** (0.0561)	0.3225*** (0.0876)	0.3730*** (0.0634)	0.8118*** (0.0754)	0.7613*** (0.0930)	-0.7918*** (0.0767)
接受补贴地方高中毕业生数对数	0.4481*** (0.0353)	0.4438*** (0.0589)	0.3882*** (0.0395)	0.5005*** (0.0418)	0.2978*** (0.0536)	0.4771*** (0.0425)

（续表）

	(1) 2008 总体	(2) 2008 高强度	(3) 2008 低强度	(4) 2013 总体	(5) 2013 高强度	(6) 2013 低强度
两省公路距离对数	0.4042*** (0.0492)	0.3834*** (0.0890)	0.3730*** (0.0540)	0.4540*** (0.0571)	−0.0417 (0.0810)	−0.4619*** (0.0552)
人口迁移数对数	0.1811*** (0.0242)	0.2171*** (0.0471)	0.2382*** (0.0263)	0.1635*** (0.0323)	0.4498*** (0.0480)	0.1975*** (0.0312)
常数项	5.2006*** (1.0766)	4.6119** (1.6872)	7.0414*** (1.2235)	7.3853*** (1.5070)	6.4084*** (1.8701)	12.1491*** (1.5450)
N	906	267	639	915	379	536
R^2	0.6082	0.7067	0.6415	0.6069	0.7636	0.7321
F	232.5899	104.3941	188.4681	233.6150	200.2213	240.9498

（注：括号内为标准误，* 表示 $p < 0.05$，** 表示 $p < 0.01$，*** 表示 $p < 0.001$。）

表 4-6　按获得补贴强度分类地方高等教育财政补贴对数的影响情况

	(1) 2008 总体	(2) 2008 高强度	(3) 2008 低强度	(4) 2013 总体	(5) 2013 高强度	(6) 2013 低强度
提供补贴地方人均 GDP 对数	0.5759*** (0.0594)	0.6305*** (0.0934)	0.4947*** (0.0722)	0.6934*** (0.0864)	0.7852*** (0.1117)	0.5680*** (0.1244)
提供补贴地方高校招生数对数	0.3031*** (0.0330)	0.3771*** (0.0493)	0.2408*** (0.0411)	0.4674*** (0.0363)	0.5124*** (0.0446)	0.4034*** (0.0549)
接受补贴地方人均 GDP 对数	0.3676*** (0.0561)	0.3724** (0.1349)	−0.3677*** (0.0692)	−0.8118*** (0.0754)	−0.4886*** (0.1197)	−0.7917*** (0.1024)
接受补贴地方高中毕业生数对数	0.4481*** (0.0353)	0.3500*** (0.0578)	0.5360*** (0.0441)	0.5005*** (0.0418)	0.4115*** (0.0607)	0.5745*** (0.0553)
两省公路距离对数	0.4042*** (0.0492)	−0.2208** (0.0801)	−0.4862*** (0.0600)	−0.4540*** (0.0571)	−0.3613*** (0.0705)	−0.6019*** (0.0872)
人口迁移数对数	0.1811*** (0.0242)	0.1747*** (0.0358)	0.2116*** (0.0305)	0.1635*** (0.0323)	0.1881*** (0.0423)	0.1371** (0.0462)
常数项	5.2006*** (1.0766)	−3.3873 (1.8727)	5.8869*** (1.4567)	7.3853*** (1.5070)	2.8156 (2.0287)	9.4758*** (2.2145)
N	906	324	582	915	474	441
R^2	0.6082	0.5814	0.6705	0.6069	0.6281	0.6259
F	232.5899	73.3717	195.0487	233.6150	131.4473	121.0338

（注：括号内为标准误，* 表示 $p < 0.05$，** 表示 $p < 0.01$，*** 表示 $p < 0.001$。）

（二）进一步讨论

表4－7、表4－8进一步讨论了地方省属高校间学生迁移和财政补贴影响机制的异同。在此，我们分别以学生迁移数和财政补贴数值作为因变量。从实证结果来看，除2008年经济发展水平对学生迁移和财政补贴的效果不一致外，其他影响因素对二者的作用机制（反映在系数正负号、显著性上）几乎相同。而对于2008年和2013年提供补贴地方经济发展水平对地方高等教育财政补贴的效果不一致，本研究认为，生源结构的变化和从2008年开始实施的“支援中、西部地区招生协作计划”在一定情况下影响了2008年之后省属高校补贴其他各省的机制。在政策实施前或实施初期，经济发达省份同样面临本省强大的升学压力。他们愿意更多地招收本省学生，减少对外地的公共服务补贴。而在政策实施力度逐渐加大后，伴随本省生源减少同时必须完成中、西部招生计划，经济发达省份扩大了招生数同时提供了更多补贴给外部省份（尤其是高考大省和经济欠发达省份）。

表4－7　2008年地方高等教育学生迁移对数和财政补贴对数的影响情况

	(1) 迁移学生数	(2) 财政补贴数	(3) 迁移学生数	(4) 财政补贴数
提供补贴地方人均GDP对数	0.0916 (0.0581)	0.7496*** (0.0563)	−0.0225 (0.0624)	0.5759*** (0.0594)
提供补贴地方高校招生数对数	0.7058*** (0.0328)	0.3905*** (0.0318)	0.6484*** (0.0347)	0.3031*** (0.0330)
接受补贴地方人均GDP对数	−0.4357*** (0.0586)	−0.4441*** (0.0568)	−0.3854*** (0.0589)	−0.3676*** (0.0561)
接受补贴地方高中毕业生数对数	0.5950*** (0.0309)	0.5972*** (0.0300)	0.4970*** (0.0371)	0.4481*** (0.0353)
两省公路距离对数	−0.5918*** (0.0458)	−0.5806*** (0.0445)	−0.4759*** (0.0516)	−0.4042*** (0.0492)
人口迁移数对数	—	—	0.1190*** (0.0254)	0.1811*** (0.0242)

（续表）

	(1) 迁移学生数	(2) 财政补贴数	(3) 迁移学生数	(4) 财政补贴数
常数项	-1.6413 (1.1360)	4.2822*** (1.1018)	-1.0377 (1.1304)	5.2006*** (1.0766)
N	906	906	906	906
R^2	0.5944	0.5838	0.6041	0.6082
F	263.8153	252.4549	228.6261	232.5899

（注：括号内为标准误，* 表示 $p < 0.05$，** 表示 $p < 0.01$，*** 表示 $p < 0.001$。）

表 4-8　2013 年地方高等教育学生迁移对数和财政补贴对数的影响情况

	(1) 迁移学生数	(2) 财政补贴数	(3) 迁移学生数	(4) 财政补贴数
提供补贴地方人均 GDP 对数	0.4268*** (0.0707)	0.9155*** (0.0754)	0.2708*** (0.0815)	0.6934*** (0.0864)
提供补贴地方高校招生数对数	0.7875*** (0.0323)	0.5329*** (0.0344)	0.7414*** (0.0343)	0.4674*** (0.0363)
接受补贴地方人均 GDP 对数	0.8371*** (0.0713)	-0.8476*** (0.0761)	-0.8120*** (0.0711)	-0.8118*** (0.0754)
接受补贴地方高中毕业生数对数	0.6300*** (0.0312)	0.6319*** (0.0332)	0.5378*** (0.0395)	0.5005*** (0.0418)
两省公路距离对数	-0.5967*** (0.0462)	-0.6058*** (0.0492)	-0.4901*** (0.0539)	-0.4540*** (0.0571)
人口迁移数对数	—	—	0.1148*** (0.0305)	0.1635*** (0.0323)
常数项	-1.8548 (1.3970)	5.6991*** (1.4895)	-0.6705 (1.4221)	7.3853*** (1.5070)
N	915	915	915	915
R^2	0.6511	0.5958	0.6564	0.6069
F	339.2044	267.9536	289.1396	233.6150

（注：括号内为标准误，* 表示 $p < 0.05$，** 表示 $p < 0.01$，*** 表示 $p < 0.001$。）

第四节 小 结

基于2008年和2013年全国高校本、专科招生执行计划数据，本章从公共服务外溢的视角度量了省际间地方高校学生迁移带来的财政补贴效果及其区域模式。我们发现，从补贴规模来看，2013年相比2008年有明显增长，省际补贴部分占财政总支出的比例也有明显增加。中部高考大省为外溢的主要获得方，并与生源输出大省完全重合；而作为主要补贴提供方的东部直辖市，与生源输入大省并不重合。从补贴强度来看，各省模式差别不大，具有高度相似性。从补贴的流向来看，补贴获得方获得的补贴来源具有较为明显的地域性，而补贴提供方在补贴分配时的地域倾向性并不很明显。

本章在对引力模型修正的基础上，进一步检验了省际间高等教育财政补贴的影响因素，发现地方经济发展水平和教育发展水平对地方高等教育公共服务外溢的影响效果显著，对于不同地区其影响效果稳定。作为修正引力模型引入的地区间迁移变量，跨省人口迁移情况很好地解释了省际间的外溢。

本章的研究对地方政府度量高等教育公共服务外溢提供了参考。基于财政补贴的视角可以更好地衡量高等教育公共服务外溢的规模、强度和迁移方向，同时可以更好地评价在地方高校招生计划发生改变之后，省际间高等教育财政补贴的变化情况。另外，研究在引力模型基础上对省际间高等教育财政补贴影响因素的讨论，能更好地了解补贴的影响机制，从而为地方政府制定相应的财政补贴提供依据。

当然，我们的研究也存在一定的缺陷。研究对于地方政府高等教育财政补贴产生的深层机制缺乏分析。例如，地方政府在加大对省属高校财政投入的同时，是否会考虑到这种公共服务的外溢实际上是对他省相应的财政补贴，从而减少对本省普通高校的投入，或降低外省学生招生的招生比例。因此，研究有待进一步建立省际间地方高校财政补贴的理论模型，从而更好地解释补贴发生的机制。

参考文献

[1] Keen, M., Marchand, M. Fiscal competition and the pattern of public spending[J]. *Journal of public economics*, 1997, 66(1): 33 – 53.

[2] Qian, Y., Xu, C. Why China's economic reforms differ: the M - form hierarchy and entry/expansion of the non - state sector[J]. *Economics of Transition*, 1993, 1(2): 135 – 170.

[3] Romer, P. M. Increasing returns and long – run growth[J]. *Journal of political economy*, 1986, 94(5): 1002 – 1037.

[4] Lucas, R. E. On the mechanics of economic development[J]. *Journal of monetary economics*, 1988, 22(1): 3 – 42.

[5] Acemoglu, D. A microfoundation for social increasing returns in human capital accumulation[J]. *The Quarterly Journal of Economics*, 1996, 111(3): 779 – 804.

[6] 王桂新, 潘泽瀚, 陆燕秋. 中国省际人口迁移区域模式变化及其影响因素——基于 2000 和 2010 年人口普查资料的分析[J]. 中国人口科学, 2012(5): 2 – 13、111.

[7] Zipf, G. K. The P 1 P 2/D hypothesis: on the intercity movement of persons[J]. *American Sociological Review*, 1946, 11(6): 677 – 686.

[8] Simini, F., González, M. C., Maritan, A., Barabási, A. – L. A universal model for mobility and migration patterns[J]. *Nature*, 2012, 484(7392): 96 – 100.

[9] Balcan, D., Colizza, V., Gon? alves, B., Hu, H., Ramasco, J. J., Vespignani, A. Multiscale mobility networks and the spatial spreading of infectious diseases[J]. *Proceedings of the National Academy of Sciences*, 2009, 106(51): 21484 – 21489.

[10] Alm, J., Winters, J. V. Distance and intrastate college student migration[J]. *Economics of Education Review*, 2009, 28(6): 728 – 738.

[11] Sun, Y., Pan, K. Prediction of the intercity migration of Chinese graduates[J]. *Jour-*

nal of Statistical Mechanics: Theory and Experiment,2014(12):12022.

[12] 潘昆峰,马莉萍.央属高校跨省招生名额分配行为研究——引力模型假设及其验证[J].高等工程教育研究,2013(6):114-121.

第五章　央属高校跨省招生名额分配行为研究

本章利用引力模型描述我国央属高校本、专科招生名额的跨省投放问题。文章从理论上推导出了引力模型的数学形式，而后利用2006—2010年全国高校招生数据对央属高校招生名额分配行为进行了实证研究。研究发现，各地考生数量的多少、高校与各省份的距离远近会对高校招生名额分配产生显著影响。地方经济发展水平对不同地区、不同类型的央属高校招生名额分配行为产生的影响作用有较大差异。引力模型反映了高校招生名额分配模式的强大历史惯性。我国若仅通过减少央属高校的属地招生比例来试图平衡区域入学机会差距，可能难以达到预期效果。

第一节　引　言

长期以来，我国实行高校招生计划的分省配额制度，由各高校对全国各省分配招生名额，在各省内部按照高考分数录取考生。高校招生名额的分省分配意义重大：它决定着高校生源的地区来源结构，直接影响高校的生源多样性与生源质量；决定着各地区考生的高等教育入学机会，是实现教育公平的重要环节；也决定着我国高中毕业生跨区域流动的数量与结构,从而间接对全国范围内的人力资源分布与配置产生影响。

关于高校招生名额区域分配的关注焦点集中在央属高校(即中央政府各部委管理的高校)。一方面,因为央属高校的财政和管理都受中央部门统筹,因此在实际的运行和发展中,应更多地体现国家的整体发展需要和地区间的均衡;另一方面,央属高校集中了全国最好的高校,几乎所有的"985"高校和80%以上的"211"高校均为央属高校,各省从央属高校获得的招生名额将很大程度上决定该省学生获得优质高等教育入学机会的状况。

事实上,我国央属高校一般都将较大份额的招生计划投放在了属地地区。进入21世纪以来,中央政府加强对高校招生计划的调控,尤其是自2008年起,教育部出台政策要求央属高校属地招生比例原则上不得高于30%。政策的逐步落实,使得央属高校属地招生比例逐年下降,学校将更多招生计划投放到了属地外的各个地区。从实际数据来看,央属高校跨省招生名额数量和比例都在不断增加。2000年至2010年,80所主要的央属高校①中,外地生源占比从55%升高至71%,外地生源人数从17万上升至26万(如图5-1所示)。跨省招生名额的不断增加,使得这些名额的分配问题受到关注。那么,央属高校的这些跨省招生名额是如何分配的?什么因素影响了高校的分配行为?

---

① 数据来源:2004—2009年全国高校毕业生就业数据库,2006—2010年全国高校本专科招生执行计划数据库。仅统计中央直属"211"以上层次的高校(去掉其中民族类、艺术类以及个别不易界定属地的学校),共80所高校,学校名单见附件。

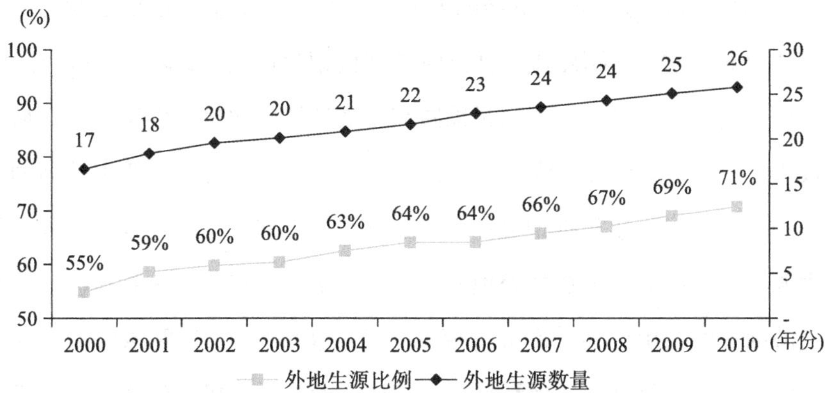

图 5-1 80 所央属高校本专科招生中的外地生源变化趋势图①

通过简单的数据统计，我们发现，不同央属高校的名额分配方式差异很大，但同一所高校在不同年份的分配模式却有很强的一致性②。这说明高校分配招生名额可能有其固定的模式和内在规律。本章通过建立跨省招生名额分配的"引力模型"，利用2006—2010 年我国招生计划执行数据来研究我国央属高校跨省招生名额投放的内在规律和影响因素。

第二节 相关研究

什么因素影响着高校招生名额的区域分配？目前关于我国高校招生名额区域分配的实证研究，主要可分为两类。第一类是通过展示高校招生名额分配的

① 统计央属"211"以上层次的高校（去掉其中民族类、艺术类高校以及个别不易界定属地的学校），共 80 所，学校名单见附件。

② 根据笔者统计，以上海某理工类央属高校为例，该校 2006 年属地招生比例与 2010 年属地招生比例分别为 53.87% 和 30.78%，虽有大幅下降，然而对比 2006 年、2010 年跨省招生数据，外地各省获得该校招生名额的配额比例（在该省招生名额/该校跨省招生名额总量）变化却很小，两组数据的相关系数为 0.907；以湖北某理工类央属高校为例，2006 年属地招生比例与 2010 年属地招生比例分别为 52.16% 和 42.15%，外地各省占招生配额比例的相关系数为 0.990。

实际结果，分析各地考生入学机会的差异。这类研究度量并指出了我国高等教育入学机会地区分布不均，其重要原因是高校招生的“属地化”特征明显，属地招生比例过高。研究者提出了通过缩减高校属地招生比例来促进招生区域公平的建议[1;2]。第二类是通过数学建模的方法辅助编制高校分省招生计划的具体方案。杨卫平等[3]提出根据地域因素、生源因素、政府因素和高校自身发展因素进行生源计划编制的模糊数学处理方法。郑庆华等[4]提出了一种带波动限制因子和衰减因子的招生计划二次分配模型。通过实际应用，证明该模型在提高入学机会的公平性和降低高校属地计划占有度方面具有积极的作用。潘昆峰等[5]提出以各地考生数为分配基准，综合考虑属地优惠、弱势补偿和损失补偿等原则的招生名额分配方案，并实际模拟了该方案在改善区域公平方面的效果。

国外的研究主要是从学生的跨区域就学行为入手研究高校的招生名额区域分布问题。很多研究从社会、经济背景变量来研究跨区域的高等教育就学行为。研究表明，当地的大学数量越多，平均教育质量越高，平均学费水平越低，大学生为就学而流出至外地的比例就越低[6;7]。经济发展水平对就学地选择有所影响：当地人均收入水平越高，学生到外地就学的可能性越大，原因是人均收入越高，说明家庭的支付能力越强，因此，愿意支付额外学费送孩子到外地就学的可能性也就越大[8]。近年来，关于地理因素对跨区域就学的影响成为研究热点。Frenette[9]发现，学生居住地距离某大学越远，申请该大学入学的可能性越低。相比较而言，来自低收入家庭的学生，距离对其就学行为的影响更大。Do[10]，Spiess & Wrohlich[11]测量了学生临近高水平大学的“邻居效应”。居住在高水平大学附近的学生进入大学的概率较大；而居住在离大学较远地方的学生进入大学的概率明显处于劣势地位。Alm & Winters[12]对美国佐治亚州各大学的录取状况研究发现，学生距离学校的距离远近，会显著影响该学生升入该学校的概率。然而，对于优秀的大学，距离的影响作用比一般大学要小。Sá，Florax & Rietveld[13]发现，荷兰的高中学生在做大学入学申请选择的时候，距离远近是最重要的变量，距离近带来的影响要高于学校的质量。

目前,虽然直接探讨我国高校招生名额分配的实证研究仍较为缺乏,但国内外的研究发现对探讨我国央属高校招生名额分配规律有很好的启发作用。《国家中长期教育改革与发展规划纲要(2010—2020)》在第十二章第36条中明确指出:"完善高等学校招生名额分配方式和招生录取办法"。高校招生名额的分省分配关系到国家人才培养的总体战略,是国家对高等教育资源调控的重要手段,也是维护高等教育的地区均衡,公平、公正,持续发展的重要方面[14]。本研究聚焦央属高校跨省招生名额的分配,以求厘清高校招生的内在逻辑,从社会、经济、地理等方面考察招生名额分配的影响因素。

第三节　模型设定

一、高校跨省招生的引力模型

引力模型(Gravity Model)起源于牛顿的万有引力定律。在牛顿创立该定律后大约200年,Tinbergen[15]和Poyhonen[16]第一次将其引入了国际贸易的研究领域。在教育研究领域,学者们借用引力模型来刻画学生的就学流动。利用Alm & Winters[12]给出的模型,用M_{ij}表示地区i到学校(或地区)j的就学人数,可以写出式(5-1):

$$M_{ij} = A_{ij} P_i^{\alpha 1} P_j^{\alpha 2} d_{ij}^{\beta} \qquad \text{式(5-1)}$$

其中,P_i表示i地的学生总人数,P_j表示学校(或地区)的在校学生总人数,d_{ij}表示i到j的地理距离,A_{ij}表示其他影响学生流动的因素总和。由于学生数越多的地区外流的学生越多,学生数越多的学校(或地区)可能接收的外地学生越多,因而$\alpha 1$和$\alpha 2$的预期符号为正。距离是影响学生流动的负面因素,因而,β的预期符号为负。

目前,对引力模型进行的计量验证表明:结果与模型假设符合得很好[12; 13]。然而,现有基于引力模型的学生流动研究大都仅是基于数据的统计分析,引力模型仅仅是纯粹的“经验公式”。教育研究学者们未能对该模型的来源作出推导和阐释,无法使引力模型成为一个理论模型。

我国央属高校招生中,高校作为资源分配方,主导着各地的名额分配。本研究试图以高校招生效用最大化为理论出发点,完成高校招生名额分配的引力模型的理论建构。

考虑任意一所高校对 N 个外地省份分配招生名额,省份用符号 j 表示。高校的跨省招生计划总量为 Q ,对各省分别投放 q_1 , q_2 ,… q_N 个招生名额,N 为省份数。将高校投放招生名额的效用函数用柯布—道格拉斯形式表示为式(5－2):

$$U(q_i) = \prod_{j=1}^{N} q_j^{\alpha_j} \qquad 式(5-2)$$

并假定效用函数满足经典的规模效益不变假设为式(5－3):

$$\sum_{j=1}^{N} \alpha_j = 1 \qquad 式(5-3)$$

其中, α_1 为 q_1 的效用弹性系数, α_2 为 q_2 的效用弹性系数,以此类推。易得式(5－4):

$$\alpha_j = \frac{\partial U}{U} / \frac{dq_j}{q_j} \qquad 式(5-4)$$

下面讨论弹性系数 α_j 的取值。首先,可以认为,在高校教育资源足够的前提下,多投放招生名额会带来高校效用的提升,因此, α_j 均大于零。其次,假定在其他条件不变的情况下,各省的学生智力水平相当且满足同样分布,考生对该高校的偏好程度也相同,那么显而易见,考生数越多的省份,高校在投放相同名额时的挑选范围越大,越容易招到优秀学生。因此,当两省招生名额变化同样比例时,投放在考生数较多的省份带来的效用增长更为明显。因此, α_j 与对应省份的考生数量正相关。也可以这样理解:高校对于两个省扩大相同的招生比例,考生数多的省份带来的效用增加值会较大。设各省考生分别为 M_j ,则有式(5－5):

$$\alpha_j \propto M_j^{\gamma} \qquad 式(5-5)$$

由于各省地理位置有差异，与学校的远近程度不同，这会使得高校在招生宣传、组织招生活动的成本不尽相同。距离越远的省份，高校组织招生的难度越大，使得高校招生的有效覆盖人群有所降低。现有的研究指出，距离会影响学生的参与报考情况。从经济学的角度讲，更远的距离，意味着更高的成本。这种成本分为两类：一是意味着经济上的就学迁移成本；二是意味着信息成本，距离该学校越近的学生，对该学校的信息掌握得越充分[11]。

由于这些原因，设各省距离高校所在地距离为 d_j，不妨假设 α_j 与对应省份的距离 d_j 呈负相关，如式(5-6)。

$$\alpha_j \propto d_j^{-\eta} \qquad 式(5-6)$$

合并上述两式，得式(5-7)：

$$\alpha_j = k_j \frac{M_j^{\gamma}}{d_j^{\eta}} \qquad 式(5-7)$$

其中，k_j 为系数。

现在假定学校决定在 j 省投放招生指标的数量 q_j，使得招生效用 U 最大化。学校面临的约束条件为式(5-8)：

$$\sum_j q_j = Q \qquad 式(5-8)$$

即各地招生的总数的加总等于可分配名额总数。

建立拉格朗日函数如式(5-9)：

$$L = \prod_j q_j^{\alpha_j} + \lambda(Q - \sum_j q_j) \qquad 式(5-9)$$

效用最大化的一阶条件为式(5-10)：

$$\begin{cases} \dfrac{\partial L}{\partial q_j} = \alpha_j q_j^{\alpha_j - 1} \prod_{i \neq j} q_i^{\alpha_i} - \lambda = 0 \\ \dfrac{\partial L}{\partial \lambda} = Q - \sum_j q_j = 0 \end{cases} \qquad 式(5-10)$$

上式共有 $N+1$ 个方程。前 N 个方程等式两边同除以 $\prod_j q_j^{\alpha_j}$，易得式(5-11)：

$$\frac{\alpha_1}{q_1} = \frac{\alpha_2}{q_2} = \cdots = \frac{\alpha_N}{q_N}$$ 式(5 - 11)

利用上式将 $q_2, q_3 \cdots q_N$ 全部用 q_1 来表示,可得式(5 - 12):

$$q_j = \frac{\alpha_j}{\alpha_1} q_1$$ 式(5 - 12)

将代入最后一个方程,得到式(5 - 13):

$$q_1 \frac{\alpha_1 + \alpha_2 + \cdots + \alpha_N}{\alpha_1} = Q$$ 式(5 - 13)

由此可知, $\alpha_1 + \alpha_2 + \cdots + \alpha_N = 1$,将其代入结果得到式(5 - 14):

$$q_1 = Q\alpha_1 = k_1 \frac{Q \cdot M_1^\gamma}{d_1^\eta}$$ 式(5 - 14)

同理,对所有 q_j 均可类似推演,普遍结果为式(5 - 15):

$$q_j = k_j \frac{Q \cdot M_j^\gamma}{d_j^\eta}$$ 式(5 - 15)

综上,我们得到了一般形式下的引力模型。上式代表了对于一所高校而言,决定跨省招生计划分配数量的内在方程形式。将上式再推广为多个高校的情况,即可写出式(5 - 16):

$$q_{ij} = k_{ij} \frac{Q_i \cdot M_j^\gamma}{d_{ij}^\eta}$$ 式(5 - 16)

q_{ij} 代表的是 i 高校对 j 省的招生名额分配数量, Q_i 代表 i 高校对外省招生名额的总量, M_j 代表 j 省考生人数, d_{ij} 代表 i 高校所在地与 j 省距离, k_{ij} 表示系数。这便是笔者推导出的适用于高校跨省招生名额分配的引力方程模型 。

二、计量模型

由等式两边同除以高校对外省的招生名额总量 Q_i ,得到式(5 - 17):

$$quota\backslash\_ratio_{ij} = \frac{q_{ij}}{Q_i} = k_{ij} \frac{M_j^\gamma}{d_{ij}^\eta}$$ (17)

方程左侧表示的是 i 高校对 j 省的分配名额数占据该高校跨省招生名额总数的比例，称作 $quota\_ratio_{ij}$，简称为“名额占比”。对上式两边求对数并添加随机误差项可得计量模型一（为直观起见，M_j 写作 $Population_j$，d_{ij} 写作 $dist_{ij}$）。

计量模型一如式（5－18）：

$$\ln quota\_ratio_{ij} = A_0 + \gamma \ln Population_j + \eta \ln dist_{ij} + \varepsilon_{ij} \quad \text{式}(5-18)$$

这便是本研究所要进行计量回归的基本模型。其中 $Population_j$ 表示的是 j 省的考生人数，简称为“考生数”；$dist_{ij}$ 表示的是 i 高校所在地——k 省与 j 省之间的物理距离，简称“距离”，本研究近似认为这个距离可由省会城市之间的距离表示。ε_{ij} 代表随机扰动项。值得指出的是，该模型虽然有经过推导了的理论基础，但是仍然较为简化。进一步地考虑各地不同经济条件的差异，将各地人均 GDP 加入计量模型，用 pgdp 表示。同时，我们对距离变量作进一步挖掘。由于我国幅员辽阔，省际之间的物理距离往往不能真实代表省与省之间的远近亲疏，地理上是否相邻也是表示亲疏关系的重要组成部分。比如，甘肃与新疆和宁夏都是相邻省份，但是兰州与乌鲁木齐跟兰州与银川的距离差距非常大。研究中，我们借鉴国际贸易中的“相邻国”效应，将省与省是否相邻的二值变量加入计量模型，写作 $nabor_{kj}$，为（0，1）虚拟变量，表示是否是相邻省。加入新变量的计量模型为如下。

计量模型二，如式（5－19）：

$$\ln quota\_ratio_{ij} = A_0 + \gamma \ln Population_j + A_1 \ln pgdp_j + \eta \ln dist_{kj} + A_2 nabor_{ij} + \varepsilon_{ij} \quad \text{式}(5-19)$$

第四节　数　据

本章选取 2006 年与 2010 年两年的数据进行研究。

研究所涉及的高校招生数据来自全国高校招生执行计划数据库。我们挑选出其中的中央直属“211”以上层次的高校，并去掉其中民族类、艺术类的学校，共80所高校作为研究对象①（这80所高校的名单见附件）。各省考生数采用的是2006年和2010年各省高考报名人数。高校与各省距离的处理采用的是省会城市之间的物理距离替代，具体做法是定位每个省会城市的经度纬度值，通过三角函数的方法，找出在地球上对应两点间的大圆弧弧长。各省2006年和2010年人均GDP数值来自国家统计局数据。相邻省份只计算陆地相邻，不算隔海相望（唯一的例外是海南省，我们姑且认为其与广东省是相邻省）。各变量的统计描述如表5－1所示。

表5－1　各变量的统计描述

	2006年				2010年			
变量	极小值	极大值	均值	标准差	极小值	极大值	均值	标准差
名额占比	0.00	0.29	0.03	0.02	0.00	0.25	0.03	0.02
考生数（人）	14337	785602	311025	201534	1845	855462	301071	200495
地理距离（km）	104	3558	1240.30	669	104	3558	1240.30	669
人均GDP（RMB）	62269	582499	18801	12178	13228	74537	33052	16408
相邻省（0,1）	0	1	0.13	0.33	0	1	0.13	0.34

第五节　计量分析结果

一、总体回归结果

表5－2中给出了在前述两种不同计量模型下的OLS回归结果。

在模型1中，考生数的回归系数的符号与预期一致，并且在统计上是高度显著的，显著性水平达到0.01。对比2006年与2010年情况，2010年考生数量的回归系数较大，这说明2010年相对2006年来说，高校对人口大省的招生名额分配更为倾

---

①　学校中不含华北电力大学。

斜。回归系数表示了变量的“弹性”。2010 年,对于各省份而言,考生数量每增长 1%,则该省在各央属高校占据的跨省招生名额比例就增长 0.454%。距离变量的回归系数全部为负值并且在统计上高度显著,同样达到 0.01 的显著性水平。2006 年与 2010 年的回归系数差别不大,说明距离对招生名额分配的影响相对稳定。模型 1 对应的经典引力模型的预言与实证结果高度一致,说明了引力模型对招生名额投放现象是具有相当解释力度的。

表 5-2　80 所央属高校总体回归结果

解释变量	2006 年($N=2371$)		2010 年($N=2387$)	
	模型 1	模型 2	模型 1	模型 2
考生数	0.447*** (0.013)	0.454*** (0.013)	0.497*** (0.013)	0.501*** (0.013)
距离(km)	-0.354*** (0.019)	-0.305*** (0.026)	-0.362*** (0.018)	-0.317*** (0.025)
人均 GDP	—	-0.069*** (0.024)	—	-0.015 (0.027)
相邻省(0,1)	—	0.178*** (0.044)	—	0.141** (0.043)
常数项	-6.696*** (0.245)	-6.484 (0.397)	-7.252*** (0.233)	-7.468*** (0.451)
F	1049.779	538.077	1214.624	612.835
模型显著性	0.000	0.000	0.000	0.000
调整 R^2	0.470	0.475	0.504	0.506

(注:括号内为标准误,*表示 $p < 0.05$,**表示 $p < 0.01$,***表示 $p < 0.001$。)

在模型 2 之中,除了经典模型中解释变量的回归系数符号与统计显著程度没有改变之外,新加入的解释变量也呈现一定的特点。首先,人均 GDP 的影响呈现不确定性,2006 年,省份的人均 GDP 对高校在该省投放名额占比有反向的影响,该影响在统计上是高度显著的,说明高校在招生名额投放时向经济不发达地区倾斜。而到了 2010 年,此效应不再明显。其次,相邻省效应非常明显,说明高校更加倾向于在相邻的省份多投放名额。

二、分院校所在地区的回归结果

高校所在地区不同,可能导致招生名额投放行为有所差异。按照2010年全国各省人均GDP的排名将地区进行分类。北京、天津、上海、江苏、浙江处于全国前5位,将这5个地区的央属高校归为发达地区高校,其余地区的高校为另外一类。对两类地区的高校的OLS回归结果见表5-3。

表5-3 分院校所在地区的回归结果

解释变量	发达地区高校		其他地区高校	
	2006年	2010年	2006年	2010年
考生数	0.459*** (0.019)	0.489*** (0.018)	0.456*** (0.020)	0.518*** (0.020)
距离(km)	-0.232*** (0.036)	-0.265*** (0.035)	-0.382*** (0.040)	-0.370*** (0.040)
人均GDP	0.042 (0.305)	0.081** (0.040)	-0.140*** (0.034)	-0.080** (0.040)
相邻省(0,1)	0.178** (0.079)	0.149** (0.075)	0.126** (0.060)	0.097 (0.060)
常数项	-8.110*** (0.079)	-8.667*** (0.653)	-5.279*** (0.564)	-6.634*** (0.756)
N	1215	1156	1156	1227
F	296.058	252.422	252.422	340.683
模型显著性	0.000	0.000	0.000	0.000
调整R^2	0.493	0.465	0.465	0.526

(注:括号内为标准误,*表示$p<0.05$,**表示$p<0.01$,***表示$p<0.001$。)

从回归结果中可见,考生数对高校分配行为的影响是显著的。距离对于不同地区高校招生名额分配的影响大小不同,对发达地区高校的影响作用小,对其他地区高校的影响作用大。这可能意味着发达地区高校的招生成本或各地考生对其的认可程度随距离增长的衰减程度较小。也可以认为,学生在跨省就学,面对离家同样远近的高校,更愿意选择发达地区的高校。

人均GDP对不同地区高校的作用完全相反。发达地区的高校更偏向于富裕地区的学生,人均 GDP 具有正向效应。以 2010 年为例,对于各省份而言,人均 GDP 每提高 1%,获得的发达地区央属高校的跨省招生名额配比就在原有基础上提高 0.08%。人均 GDP 对其他地区高校有负效应。这意味着,相比较发达地区而言,其他地区的高校更倾向于将招生名额投向不发达地区。

三、分院校类型的回归结果

在 80 所高校中,将其中典型的 3 类高校进行分析,如表 5-4 所示。

表 5-4　分院校类型的回归结果

解释变量	财经、语言、政法类		综合类		理工类	
	2006 年	2010 年	2006 年	2010 年	2006 年	2010 年
考生数	0.358*** (0.039)	0.358*** (0.039)	0.469*** (0.023)	0.528*** (0.023)	0.504*** (0.020)	0.562*** (0.020)
距离(km)	-0.069 (0.076)	-0.069 (0.076)	0.290*** (0.047)	0.251*** (0.045)	0.364*** (0.036)	0.386*** (0.037)
人均 GDP	0.262*** (0.072)	0.262*** (0.072)	-0.012 (0.040)	0.086* (0.046)	0.108*** (0.034)	-0.041 (0.042)
相邻省(0,1)	0.187 (0.151)	0.187 (0.151)	0.227*** (0.076)	0.240*** (0.074)	0.116 (0.064)	0.045 (0.065)
常数项	-10.082 (1.224)	-10.082 (1.224)	-7.342 (0.674)	9.314*** (0.765)	-6.314 (0.578)	7.491*** (0.680)
N	270	270	688	689	1030	1047
F	36.197	36.197	186.878	207.856	309.306	344.019
模型显著性	0.000	0.000	0.000	0.000	0.000	0.000
调整 R^2	0.344	0.344	0.519	0.546	0.545	0.567

(注:括号内为标准误,* 表示 $p < 0.05$,** 表示 $p < 0.01$,*** 表示 $p < 0.001$。)

对比 3 类高校的招生行为可以发现,理工类高校的考生数回归系数最大,综合类高校其次,财经、语言、政法类高校最小。这说明理工类高校的招生名额分配最为偏向人口大省。距离因素对理工类高校的影响最大,对财经、语言、政法类高校的招生名额分配行为影响最小,且不显著。人均 GDP 对财经、语言、政法类高校的影响是正向的,即越是经济发达地区,越容易获得这类高校的招生名额。理工类高校的招生名额分配则倾向于欠发达地区。经济越不发达,其获得的理工类高校招生名额配比越高。可见,理工类高校的招生名额分配具有一定程度的“纠偏”性。

由于我国教育部门强调中央直属学校应将更多的名额投放到中、西部欠发达省份和人口大省,可见,相比财经、语言、政法类高校和综合类高校,理工类高校在落实教育公平方面表现得更好。

第六节 距离效应与高校的区域定位

根据前述分析,距离因素始终在高校招生名额分配中起到重要的作用。

根据引力模型,省份距离高校越远,引力越小,高校对其投放名额会越少。实证计量分析也验证了这一假设。在建模中,我们从高校招生成本的角度来衡量距离的影响路径。这里,我们从高校服务于区域经济发展的定位上来进一步探讨距离效应。

我国高校服务区域经济的发展定位由来已久,央属高校的众多学校名称中含有“华中”“华南”“华东”等区域的名称,明确显示出,在中央政府设立这些高校之初就带有明显的区域定位的色彩。高校的区域性定位在一定程度上决定着高校在历史上招生主要面向的地区,对不少高校当前招生行为仍然存在广泛的影响。

中国大陆地区的大区域分法各不相同,本章按照7大行政区域将全国各省份进行划分①。2010年,央属80所高校在分配跨省招生名额时候,都为本区域的其他省份考生提供了相对更多的教育机会。我们引入“优惠度”指标,用以衡量该高校对某区域考生的优惠程度。

---

① 参考百度百科词条:行政区划。华北地区:北京市、天津市、河北省、山西省、内蒙古自治区;东北地区:辽宁省、吉林省、黑龙江省;华东地区:上海市、江苏省、浙江省、安徽省、福建省、江西省、山东省;华中地区:河南省、湖北省、湖南省;华南地区:广东省、广西壮族自治区、海南省、香港特别行政区、澳门特别行政区;西南地区:重庆市、四川省、贵州省、云南省、西藏自治区;西北地区:陕西省、甘肃省、青海省、宁夏回族自治区、新疆维吾尔自治区。

优惠度 =（高校在某区域招生人数占跨省招生总人数的比例 - 某区域考生数占全国考生数的比例）/某区域考生数占全国考生数的比例。

优惠度大于0,证明该高校对该区域的分配有所倾斜,数值越大,倾斜越大;而优惠度小于0,则正好相反。具体分析见表5-5。

表5-5 2010年各地央属高校跨省招生名额按大区域分配情况（单位:%）

高校属地	项目	招生区域						
		华北	东北	华东	华中	华南	西南	西北
北京（华北）	分配比例	17.10	13.43	25.46	14.00	6.24	11.54	12.23
	考生比例	12.38	6.78	28.30	18.57	10.84	13.07	10.06
	优惠度	38.19	97.91	-10.03	-24.64	-42.46	-11.67	21.59
辽宁（东北）	分配比例	22.43	12.56	27.41	13.49	5.47	9.48	9.16
	考生比例	13.50	4.18	28.81	18.91	11.04	13.31	10.24
	优惠度	66.07	200.54	-4.86	-28.65	-50.46	-28.77	-10.57
上海（华东）	分配比例	11.34	9.75	38.75	12.57	5.35	12.27	9.97
	考生比例	13.26	6.79	27.40	18.58	10.85	13.07	10.06
	优惠度	-14.52	43.71	41.41	-32.31	-50.63	-6.14	-0.90
湖北（华中）	分配比例	13.98	5.34	32.27	18.00	9.67	11.56	9.18
	考生比例	13.87	7.09	29.58	13.94	11.34	13.66	10.51
	优惠度	0.83	-24.73	9.07	29.13	-14.71	-15.39	-12.70
广东（华南）	分配比例	11.87	8.31	28.09	16.60	8.13	16.16	10.85
	考生比例	14.14	7.23	30.17	19.80	3.99	13.93	10.72
	优惠度	-16.08	14.92	-6.89	-16.18	103.44	15.96	1.16
四川（西南）	分配比例	15.61	7.36	24.51	13.75	6.02	18.73	14.01
	考生比例	13.91	7.12	29.68	19.48	11.38	7.88	10.55
	优惠度	12.23	3.46	-17.44	-29.45	-47.05	137.83	32.83
陕西（西北）	分配比例	18.60	7.13	26.31	17.77	4.93	11.54	13.71
	考生比例	13.71	7.01	29.25	19.20	11.21	13.51	6.11
	优惠度	35.69	1.70	-10.05	-7.46	-56.00	-14.55	124.54

从表5-5可见,各地的高校在对外省的招生名额分配中,普遍对本大区域内的省份有较大的优惠,而对较远区域的省区有所疏远。这是与高校的区域定位相符的,因此,距离效应与央属高校的区域定位是密不可分的。

第七节 结论与启示

本章推导并运用引力模型来研究我国央属高校本、专科招生名额的跨省投放问题。首先,本章在高校招生效用最大化的前提下,从理论上推导出跨省招生名额分配的引力模型。随后,本章用引力模型的计量形式讨论了央属高校对外省的招生名额分配问题——为什么一些省份得到的名额多而一些省份较少。对2006年和2010年的数据计量结果表明,各地考生数量、与高校距离远近是解释央属高校跨省招生名额分配行为的核心变量。高校在投放跨省招生计划时,对考生数量多、距离相对较近的地区有所倾斜。不同年份的计量结果有着很好的一致性。实证的结果验证了引力模型的理论假设,说明了引力模型在研究我国高校跨省招生名额分配问题上,毫无疑问是成功的。

在推广的引力模型实证研究时,我们验证了不同地区、不同类型高校在分配招生名额时对于“贫富”地区考生的偏好程度。对于发达地区(京、津、沪、江、浙)的央属高校、财经、政法、外语类的央属高校,其投放招生名额时向人均GDP较高的省份倾斜,即越是经济发达的地区,越能获得更多优惠;对于其他地区的央属高校、理工类高校,其招生名额投放时向人均GDP较低的地区倾斜,即越是经济不发达的地区,越能获得更多优惠。

引力模型的假设与验证意味着不同的高校虽然在招生名额投放行为上表现各异,但是在长期的招生实践中,都形成了自身惯例性的、固定的招生计划投放模式,这种惯例性的数学表现就是引力模型。若对2006年各高校对除属地外各省名额分配配比与2010年的情况作相关分析,两年数据的皮尔逊相关系数高达0.942。可见,在属地招生比例大幅减少之后,虽然高校对不同省份名额分配的数量有所增减,但是分配模式(各省的切块比例)上变化非常小,说明高校的行为具有强大的历史惯性。

这种惯性有可能消解政府对于平衡地区入学机会差距的政策努力。中央政府一直强调通过降低央属高校的属地招生比例来改善各地考生入学机会的差距。但是,事实上,高校招生名额的分配模式可能是导致各地入学机会差距的内在原因。对高校来说,不论对其对外省区分配的招生名额总数是增加还是减少,其分配模式都保持相对固定。那么可以预见,在央属高校属地招生比例进一步减少之后,原有的入学机会较低的省份不一定能够得到提升,而原有的入学机会较高的省份也不一定会有所降低。从实际数据来看,2006 年至 2010 年,央属 80 所高校的平均属地招生比例由 36% 降低到 29%,与此同时,各地考生进入央属高校概率的变异系数却由 0. 557 升高到 0. 568,入学机会的地区差距未有下降①。由此看来,如果政策的目标是平衡各地入学机会差距,单纯依靠减少高校属地招生比例而不对高校对外省招生名额分配作出具体调整的话,这种做法可能是难以奏效的。如果政策目标是改善各地区入学机会差距,则中央政府可能需要通过经济、财政、行政等综合手段,对高校跨省招生名额分配的具体行为做出指导和干预。

参考文献

[1] 刘希伟. 2006—2009 年“985 工程”高校招生区域公平问题的研究[J]. 中国高教研究,2010(3):41 -43.

[2] 乔锦忠. 优质高等教育入学机会分布的区域差异[J]. 北京师范大学学报(社会科学版),2007(1):23 -28.

[3] 杨卫平,段丹青,陈松岭. 基于模糊数学的高校招生来源计划编制模型研究[J]. 计算机应用研究,2009(2):580 -582.

[4] 郑庆华,罗京,王衍波,杨松,宋红霞. 普通高校分省招生计划编制模型研究[J]. 计算机应用研究,2012(7):2567 -2570.

[5] 潘昆峰,许申,陈彦,康乐,兰雅慧. 央属高校招生名额分配的原则和方案设计[J]. 北京大学教育评论,2010(2):43 -55、188.

---

① 根据 2006—2010 年全国高校招生执行计划数据和各省高考报名人数计算得出。

[6] Mixon Jr, F. G. Factors affecting college student migration across states[J]. *International Journal of Manpower*, 1992, 13(1): 25 – 32.

[7] Tuckman, H. P. Determinants of college student migration[J]. *Southern Economic Journal*, 1970: 184 – 189.

[8] Kyung, W. In – migration of college students to the state of New York[J]. *The Journal of Higher Education*, 1996, 67(3): 349 – 358.

[9] Frenette, M. Too far to go on? Distance to school and university participation[J]. *Education Economics*, 2006, 14(1): 31 – 58.

[10] Do, C. The effects of local colleges on the quality of college attended[J]. *Economics of Education Review*, 2004, 23(3): 249 – 257.

[11] Spiess, C. K. Wrohlich, K. Does distance determine who attends a university in Germany? [J]. *Economics of Education Review*, 2010, 29(3): 470 – 479. :

[12] Alm, J., Winters, J. V.. Distance and intrastate college student migration[J]. *Economics of Education Review*, 2009, 28(6): 728 – 738.

[13] Sa, C., Florax, R. J., Rietveld, P. Determinants of the regional demand for higher education in the Netherlands: A gravity model approach[J]. *Regional Studies*, 2004, 38(4): 375 – 392.

[14] 张爱萍,唐小平. 科学编制高校招生来源计划探讨[J]. 中国高等教育, 2004 (20): 45 – 46.

[15] Tinbergen, J. Shaping the world economy; suggestions for an international economic policy[J]: *Economic*, 1963, 31(123): 327.

[16] Pöyhönen, P. A tentative model for the volume of trade between countries[J]. *Weltwirtschaftliches Archiv*, 1963, (90): 93 – 100.

附表　央属高校研究对象名单(80所)

代码	学校名称	属地	代码	学校名称	属地
10001	北京大学	北京市	10290	中国矿业大学	江苏省
10002	中国人民大学	北京市	10294	河海大学	江苏省
10003	清华大学	北京市	10295	江南大学	江苏省
10004	北京交通大学	北京市	10307	南京农业大学	江苏省
10006	北京航空航天大学	北京市	10316	中国药科大学	江苏省
10007	北京理工大学	北京市	10335	浙江大学	浙江省
10008	北京科技大学	北京市	10358	中国科学技术大学	安徽省
10010	北京化工大学	北京市	10359	合肥工业大学	安徽省
10013	北京邮电大学	北京市	10384	厦门大学	福建省
10019	中国农业大学	北京市	10422	山东大学	山东省
10022	北京林业大学	北京市	10423	中国海洋大学	山东省
10026	北京中医药大学	北京市	10425	中国石油大学(华东)	山东省
10027	北京师范大学	北京市	10486	武汉大学	湖北省
10030	北京外国语大学	北京市	10487	华中科技大学	湖北省
10033	中国传媒大学	北京市	10491	中国地质大学	湖北省
10034	中央财经大学	北京市	10497	武汉理工大学	湖北省
10036	对外经济贸易大学	北京市	10504	华中农业大学	湖北省
10053	中国政法大学	北京市	10511	华中师范大学	湖北省
10055	南开大学	天津市	10520	中南财经政法大学	湖北省
10056	天津大学	天津市	10532	湖南大学	湖南省
10141	大连理工大学	辽宁省	10533	中南大学	湖南省
10145	东北大学	辽宁省	10558	中山大学	广东省
10151	大连海事大学	辽宁省	10559	暨南大学	广东省
10183	吉林大学	吉林省	10561	华南理工大学	广东省
10200	东北师范大学	吉林省	10610	四川大学	四川省
10213	哈尔滨工业大学	黑龙江	10611	重庆大学	重庆市
10217	哈尔滨工程大学	黑龙江	10613	西南交通大学	四川省
10225	东北林业大学	黑龙江	10614	电子科技大学	四川省
10246	复旦大学	上海市	10635	西南大学	重庆市
10247	同济大学	上海市	10651	西南财经大学	四川省
10248	上海交通大学	上海市	10698	西安交通大学	陕西省
10251	华东理工大学	上海市	10699	西北工业大学	陕西省
10255	东华大学	上海市	10701	西安电子科技大学	陕西省
10269	华东师范大学	上海市	10710	长安大学	陕西省
10271	上海外国语大学	上海市	10712	西北农林科技大学	陕西省
10272	上海财经大学	上海市	10718	陕西师范大学	陕西省
10284	南京大学	江苏省	10730	兰州大学	甘肃省
10286	东南大学	江苏省	11413	中国矿业大学(北京)	北京市
10287	南京航空航天大学	江苏省	11414	中国石油大学	北京市
10288	南京理工大学	江苏省	11415	中国地质大学(北京)	北京市

跨国就学迁移篇

第六章　中国学生出国留学状况

经济合作与发展组织(OECD)的报告显示,2015年全球有500多万学生出国留学,比2005年增长了67%。其中,我国的海外留学生有126万人,约占全球留学生总数的25%。以当前趋势预测,到2022年,我国留学生数量将突破千万人,留学生群体正在成为我国经济社会发展中一支不可忽视的重要力量。

在出国留学不断发展、留学群体持续扩大的大背景下,2013年,习近平总书记提出"支持留学、鼓励回国、来去自由、发挥作用"的16字方针;同年,"一带一路"战略构想正式提出;2015年,中央统战工作会议提出要将留学人员作为"统战工作新的着力点"。在中央的持续关注和政策推动下,留学生群体在经济社会发展、深化对外开放中的作用日益突显。

出国留学包含了"出国"和"留学"两个概念,前者是对人口区域变动的描述;后者是教育,尤其是高等教育的一个重要组成部分。关注出国留学对于研究高等教育中的跨国变动以及这种流动所带来的影响具有积极意义。本章将分两部分分析近年来我国出国留学状况:第一,出国留学总体情况,包括出国留学现状和留学回国人员现状;第二,中国学生在主要留学国家的留学情况,涉及的主要留学国家共7个,分别是美国、英国、法国、德国、澳大利亚、日本和韩国,分析涵盖中国留学生在他国的规模、变化与特点。

第一节　留学的总体情况

一、出国留学现状

(一)出国人数不断增加,增长速度逐年放缓

2006—2015 年的 10 年间,当年新增出国留学人数总体呈上升趋势,从 2006 年的 13.4 万人增加到 2015 年的 52.37 万人。累积出国人数也不断增加,从 106.7 万人增长至 404.15 万人(如图 6-1 所示)。出国人数的增长率(当年新增人数/截至上一年的累积人数)经历了“上升—平稳—下降”3 个过程,2007—2010 年出国人数的增长率从 13.50% 不断上升,到 2010 年达到 17.57%;2010—2012 年间增长率相对平稳,总体略有波动;从 2012 年开始这一增长率不断下降,到 2015 年降至 14.89%,出国人数的增速在近几年不断放缓(如图 6-2 所示)①。

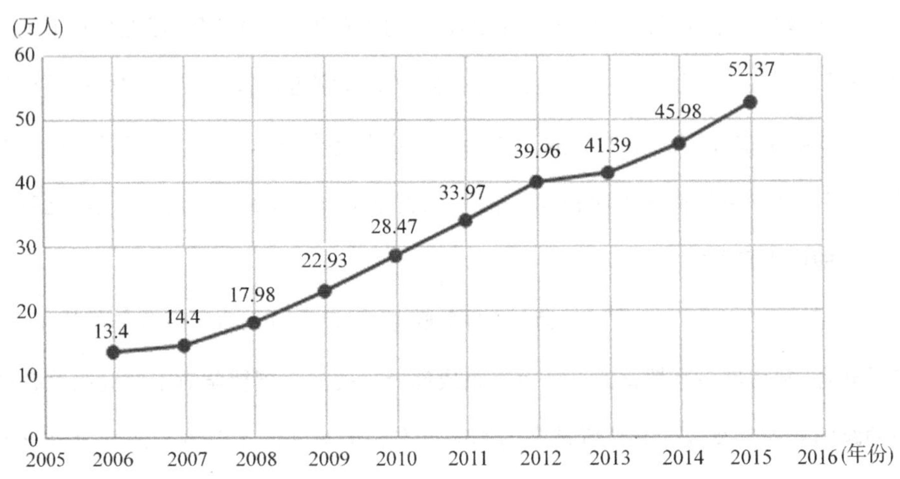

图 6-1　当年新增出国留学人数

① 2005—2010 年数据来自《中国统计年鉴(2010)》,2010—2015 年数据来自教育部。

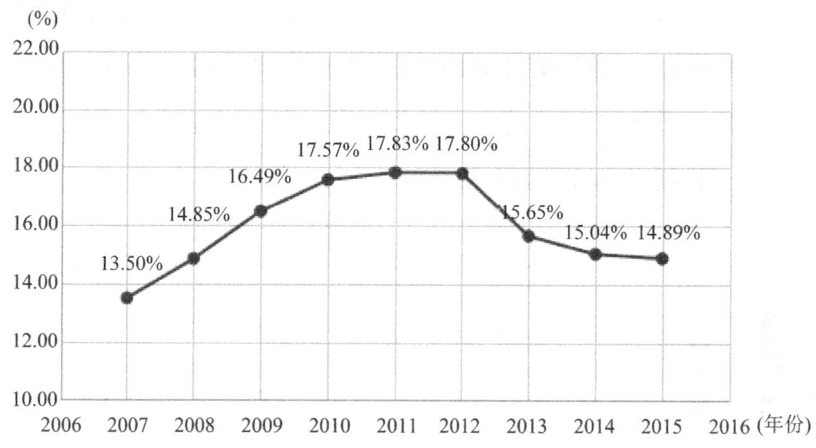

图 6－2　出国留学人数增长率

（二）连续多年成为最大的国际学生来源国

中国近年来持续向各国输送了大量的留学生，成为多个国家国际学生的最主要来源国。在亚洲范围内，2015 年中国留学生在韩国和日本的国际学生中分别占比 62. 0% 和 55. 9%，比例显著高于其他国家；在世界教育资源比较丰富的美国、澳大利亚、英国、德国和法国，中国学生在其国际学生中的占比也很高（分别为 31. 2%、27. 3%、18. 8%、10. 1% 和 10. 0%，如图 6－3 所示），是美国、澳大利亚、英国和德国最大的国际学生来源国，是法国国际学生的第二大来源国①。

（三）自费留学比例高，多依靠家庭资助

从 2006—2015 年的统计数据（如图 6－4 所示）可以看出，我国留学生中自费留学占据绝大部分②，比例略有波动但总体上仍在升高，自 2009 年至今，自费留学比例持续超过九成。留学的经济来源方面③（如图 6－5 所示），占比最高的是父母、亲友资助，这类资助的比例近年来又有所增长；占比次之的是国外大学

① 数据来源自各国教育部网站公布的报告。

② 数据来自教育部公布的各类留学人员情况统计。

③ 数据来自麦可思－中国《2010—2015 届大学毕业生社会需求与培养质量调查》。

或机构资助，该项资助的比例近年来逐年下降，外国经济不景气与我国留学生数量的增多是造成该项比例不断下降的原因；占比第三高的是国外打工收入，该项比例近年来略有增加，但总体处于较低水平；占比最小的是中国政府、高校或机构资助，该比例近年来也呈下降趋势。

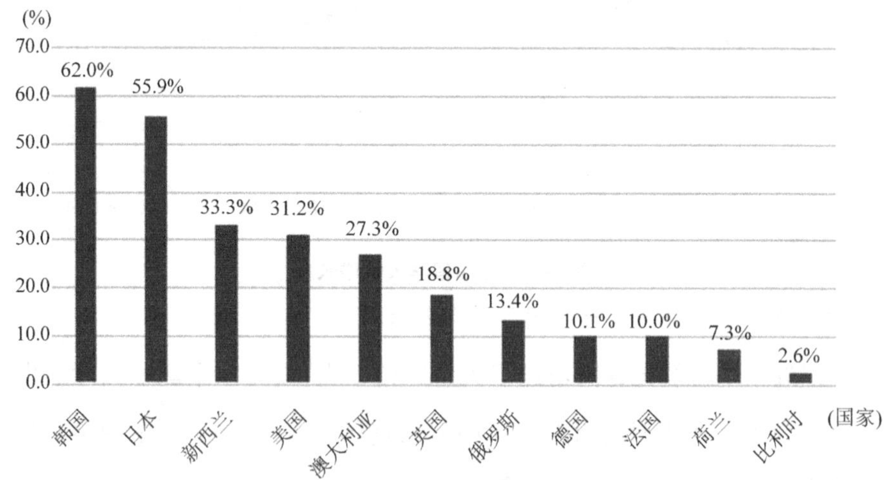

图 6－3　2015 年中国学生占该国国际学生比例

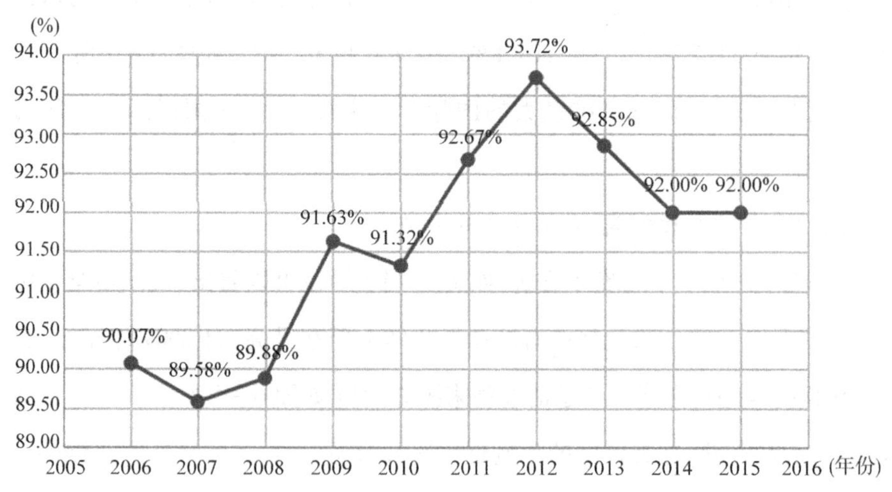

图 6－4　自费留学比例

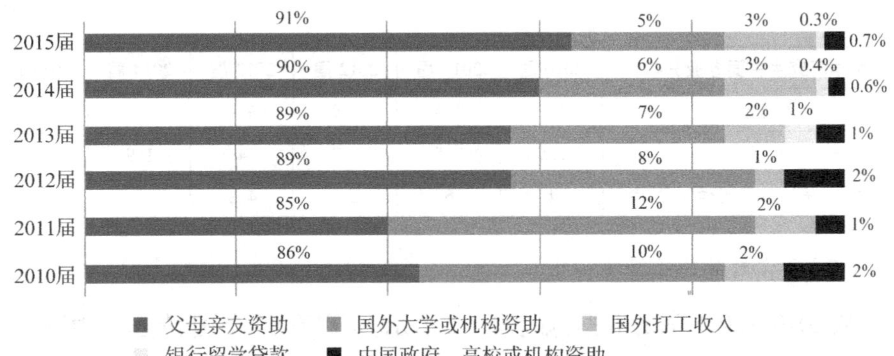

图 6－5　留学的经济来源

（四）专业选择多样化

从 2010—2015 届的数据（如表 6－1 所示）可以看出，在留学的研究生所选择的专业中，商科、理工科和社科文科专业都占一定的比例。其中，工商管理学占比一直最高，但近年来比例不断下降，不复往日备受追捧的辉煌；工科类专业（包括表格中的工程科学、计算机信息科学和工程技术）和数学与统计学等 STEM 专业受到热捧，尤其是计算机与信息科学专业的学习人数比例不断攀升，在 2015 届学生中该比例达到近四成，表明我国理工类人才的国际化水平在不断提高；学习社会科学和人文科学专业的学生也占据一定的比例，这一比例在近几年略有波动，总体仍处于较低水平①。

表 6－1　留学研究生主要专业分布比例（单位：%）

留学研究生主要专业分布	2010 届	2011 届	2012 届	2013 届	2014 届	2015 届
工程科学	13.5	10.3	12.5	19.2	26.6	19.4
工商管理学	45.1	34.7	36.6	28.3	25.5	20
计算机与信息科学	4.4	6.7	6.1	6.4	9	11.4
工程技术	6	2.9	5.4	7.1	7.9	5.2
数学与统计学	1.9	3.4	2.9	2.2	2.7	3.7
社会科学	6.2	6.5	7.2	4.7	2.4	5.2

① 数据来自麦可思－中国《2010—2015 届大学毕业生社会需求与培养质量调查》。

（续表）

留学研究生主要专业分布	2010 届	2011 届	2012 届	2013 届	2014 届	2015 届
外国语言文学	1.2	3.6	3.9	3.1	2.4	2.6
教育学	2.5	4.5	5.7	4	1.9	3.6
传播与新闻学	4	6	2.5	4.3	—	3

（五）留学目的地选择多样化

从2010—2015届的数据（如表6－2所示）可以看出，美国、英国和中国香港是中国留学生最倾向选择的国家和地区。其中，赴北美（以美国为主）的比例始终最高，呈不断波动状态，赴英国学习的比例则呈下降趋势，赴中国香港学习的比例在波动中略有上升。主要留学目的地国覆盖北美、欧洲、亚洲和大洋洲，除上述3个国家和地区外，留学生赴其他国家学习的比例在3%～8%，相对平均，略有变动，留学地点的选择多样化特征十分明显①。

表6－2　留学生去向国家（地区）所占比例（单位：%）

<table>
<tr><th>国家和地区</th><th>2010 届</th><th>2011 届</th><th>2012 届</th><th>2013 届</th><th>2014 届</th><th>2015 届</th></tr>
<tr><td>美国</td><td rowspan="2">28.2</td><td rowspan="2">28.6</td><td rowspan="2">32.7</td><td rowspan="2">31.4</td><td>20.9</td><td>26.5</td></tr>
<tr><td>加拿大</td><td>2.5</td><td>3.1</td></tr>
<tr><td>英国</td><td>24.3</td><td>24</td><td>25.7</td><td>24.5</td><td>17.3</td><td>18.3</td></tr>
<tr><td>中国香港</td><td>10.7</td><td>13.3</td><td>10.8</td><td>10.9</td><td>16.4</td><td>12</td></tr>
<tr><td>日本</td><td>4.6</td><td>5.1</td><td>4.4</td><td>4.8</td><td>7.5</td><td>6.4</td></tr>
<tr><td>澳大利亚</td><td>6.3</td><td>4.4</td><td>7.3</td><td>7.7</td><td>7.4</td><td>7.7</td></tr>
<tr><td>韩国</td><td>4</td><td>1.9</td><td>1.3</td><td>2.2</td><td>6.1</td><td>3.4</td></tr>
<tr><td>德国</td><td>4.8</td><td>3.9</td><td>3.2</td><td>3.4</td><td>4.9</td><td>5.6</td></tr>
<tr><td>中国澳门</td><td>—</td><td>1.5</td><td>1.7</td><td>2.6</td><td>4.9</td><td>—</td></tr>
<tr><td>法国</td><td>5</td><td>4.9</td><td>4.8</td><td>4.2</td><td>3.7</td><td>5.4</td></tr>
<tr><td>新加坡</td><td>2.6</td><td>2.9</td><td>1.9</td><td>1.6</td><td>2.3</td><td>2.7</td></tr>
<tr><td>其他</td><td>8</td><td>9.3</td><td>7.9</td><td>6.7</td><td>6.1</td><td>8.9</td></tr>
</table>

① 数据来自麦可思－中国《2010—2015届大学毕业生社会需求与培养质量调查》。

二、留学回国人员现状

（一）回国人数增加

2006—2015年的10年间，当年回国的留学人员数量总体呈上升趋势，从2006年的4.2万人增至2015年的40.91万人（如图6－6所示）。累积留学回国人员数量也不断增加，从27.5万人增至221.79万人（如图6－7所示）。回国人员的增长率（当年新增人数/截至上一年的累积人数）经历了“间断上升—不断下降”两个过程，以2009年的略有回落为分界，回国人员增长率从2007年到2009年和2010年到2012年经历了两次上升过程，从2007年的16.00%升至2012年的33.38%，达到历史高点；随后，从2013年开始，这一增长率不断下降，到2015年降至22.62%，回国人员累计数量不断扩大可能是造成增长率不断下降的原因①。

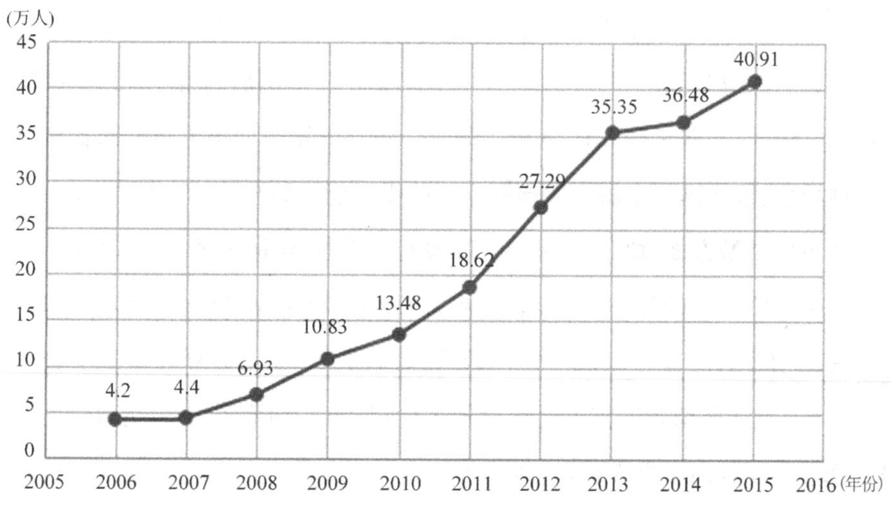

图6－6　当年回国的留学人员

① 2005—2010年数据来自《中国统计年鉴（2010）》，2010—2015年数据来自教育部。

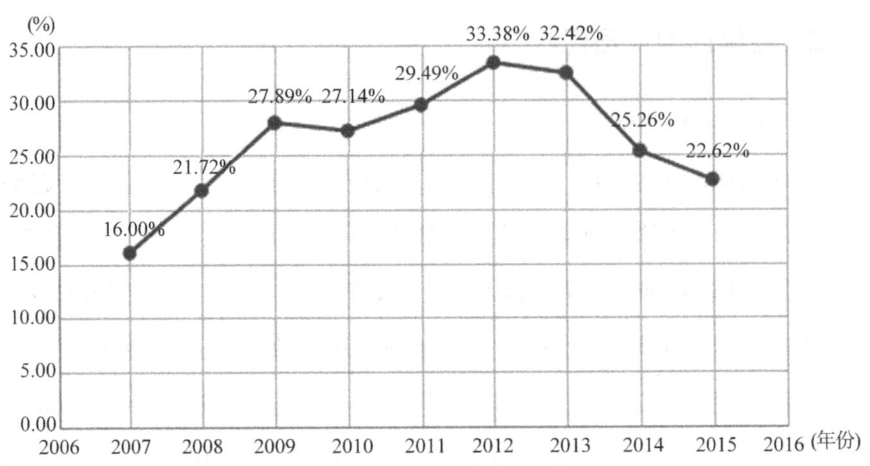

图 6－7　回国人员增长

(二)就业的地区与单位偏好

留学回国人员在图 6－8 中的 12 个城市中分布的人数占回国总人数的比例均超过 2%，属于留学生归国后选择的重点城市，这些城市绝大部分处于东部发达地区，只有成都、武汉和西安处于中、西部，留学生回国后的就业地区选择偏好明显。具体而言，北京(29.1%)和上海(11.5%)的留学回国人员分布比例远高于其他城市，说明这两个城市对国际人才的吸引能力和吸纳能力较强。

在单位类型方面，留学回国人员最倾向于选择本土民营企业(35.8%)，之后依次是外资企业(20.9%)、国有企业(16.9%)和事业单位(11.5%)；倾向于选择海归创业的民营企业(2.4%)、政府部门(2.4%)以及 NGO 等社会公益组织(1.1%)就业的留学回国人员相对较少(如图 6－9 所示)。表明留学回国人员在择业方面倾向于进入企业，对于传统观念中工作比较稳定的事业单位和政府部门兴趣一般[①]。

① 王辉耀，苗绿．国际人才蓝皮书：中国留学发展报告(2016)[M]．北京：社会科学文献出版社，2016：64.

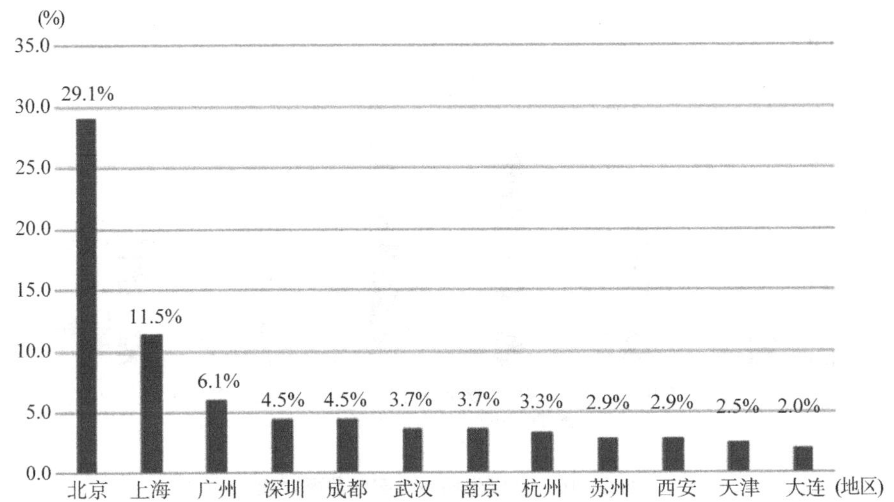

图 6－8　主要城市分布比例

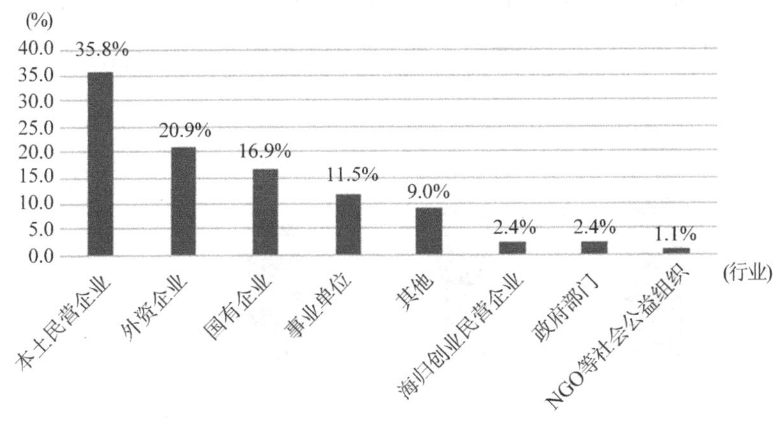

图 6－9　留学生行业选择比例

(三)就业的薪资与满意度

留学回国人员的期望薪酬与实际薪酬有一定差距。28.2% 和 25.6% 的留学生认为自己的薪酬应该在 7 万～10 万元和 10 万～15 万元,但实际薪酬达到这两个区间的回国留学生仅占比 15.8% 和 9.6%;实际薪酬在 7 万元及 7 万元以下的回国就业留学生占比高达 67.4%,远高于期望薪酬在这一区间的留学生比例。

回国的留学生与国内学生的起薪对比方面,43.2% 的回国留学生表示二者

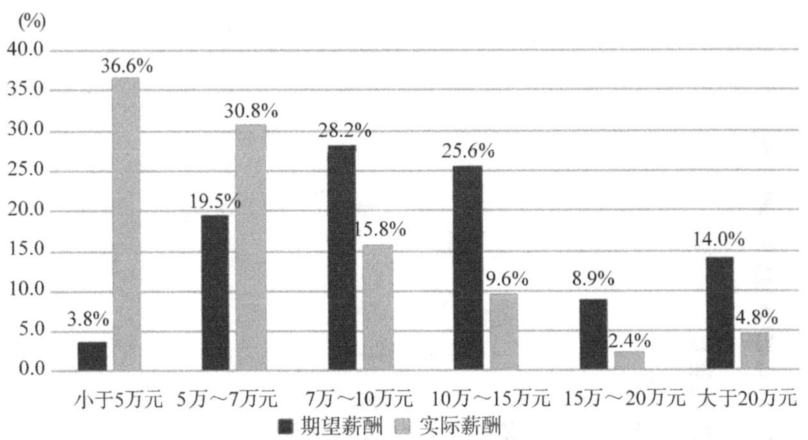

图 6－10　留学生期望与实际薪酬对比

起薪相同，26.4%的表示高于一起进入单位的国内学生，7.9%的低于国内学生，另外有22.6%的留学生表示不清楚（如图6－11所示）。说明回国留学生的起薪水平略优于国内学生，一般情况下等于或大于国内学生的起薪水平。

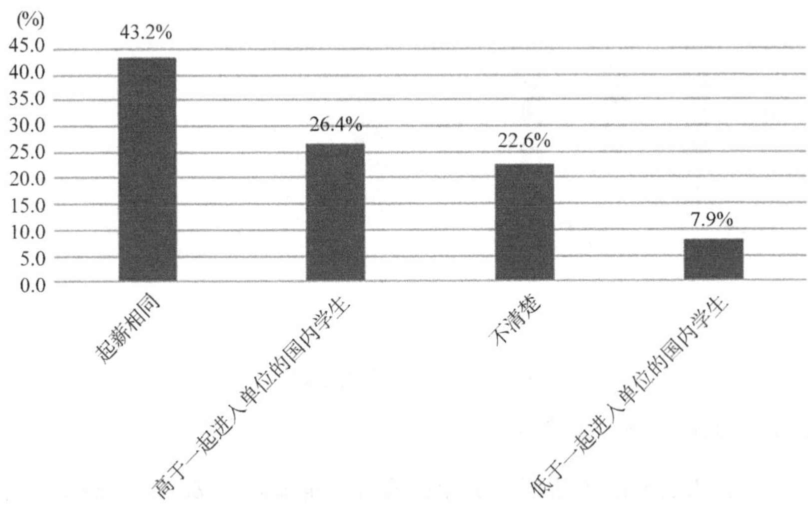

图 6－11　留学生与国内学生的起薪对比

回国留学生的工作满意度方面，38.3%的留学生表示不满意，表示说不清和满意的比例分别为29.1%和27.1%，表示非常满意和非常不满意的比例均较低,分别为3.5%和2.0%,留学回国人员的工作满意度总体偏低(如图6-12所示),这可能与实际薪资和期望薪资之间存在差距等因素有关①。

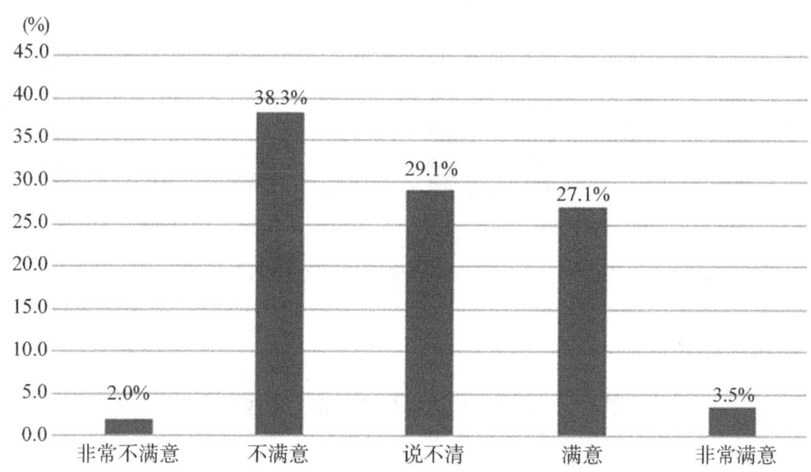

图6-12　留学生工作满意度

(四)创业情况

激烈的就业竞争环境使得一些回国留学生开始投身创业大军,因为出国留学以家庭资助的自费为主,所以留学生的家庭经济环境、社会地位相对占据优势,这也为其创业提供了一定的支持。与就业的城市分布类似,北京和上海也同样是留学回国人员进行创业时选择最多的城市。

留学回国人员在选择创业城市时所考虑的因素多种多样,15.3%的留学生认为市场前景好很重要,看重城市环境和当地教育人才水平的比例同为13.6%,10.2%的看重城市的产业基础,相对不被考虑的因素是城市房价、运营成本和配套设施,考虑前者的留学生仅占比6.8%,考虑后者的占比3.2%。

① 王辉耀,苗绿.国际人才蓝皮书:中国留学发展报告(2016)[M].北京:社会科学文献出版社,2016:69-71.

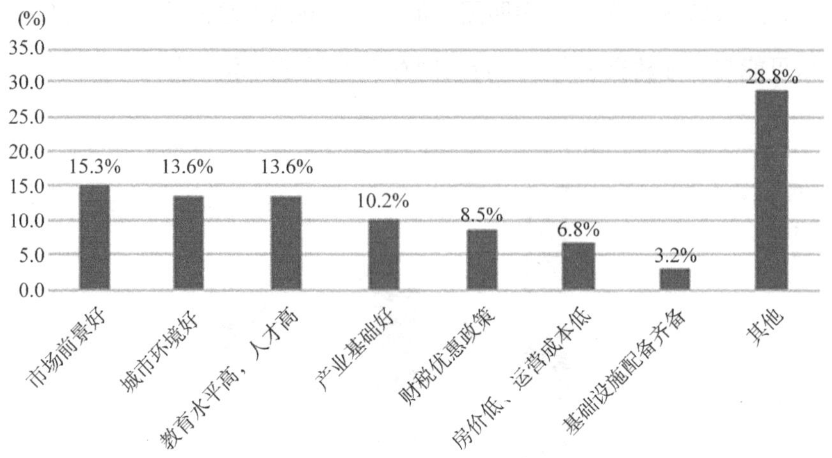

图 6－13 留学生选择创业城市的考虑因素

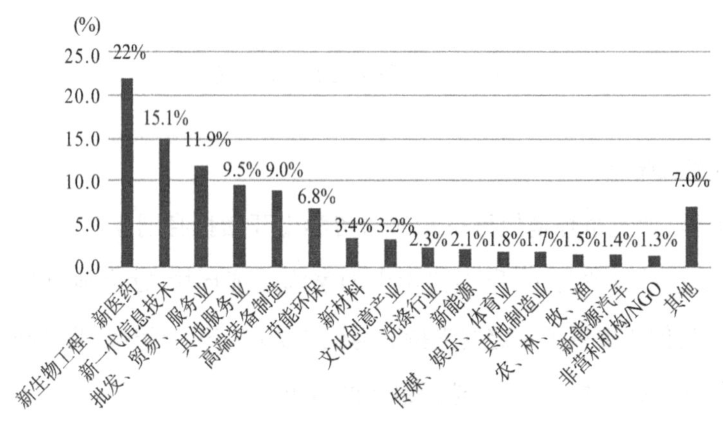

图 6－14 留学回国人员创业行业

从图 6－14 可知，留学回国人员创业所选择的行业方面，新生物工程和新医药、新一代信息技术和批发贸易服务业是比例最高的 3 个行业，分别占比 22.0%、15.1% 和 11.9%，回国人员的创业领域集中在高新技术和商业贸易等行业，第三产业所占的比重较大。创业领域所占比例较小的有传媒娱乐体育业（1.8%）、其他制造业（1.7%）、农林牧渔（1.5%）、新能源汽车（1.4%）和非营利组织/NGO（1.3%），这些产业在中国尚处于发展初期或在结构调整之中，在整个国民经济中比重不大，因此，在留学回国创业人员的行业选择中占比也相对较小。

从图6－15可知，留学回国人员在创业中遇到的最大困难各有不同，占比最高的是运营成本高，比例达到26.9%。之后的几类困难分别是融资困难（16.4%）、人才流失（15.5%）、创业服务不到位（14.9%）、配套政策不到位（13.5%）、不够了解国内市场（11.5%）和科技成果难转化（9.6%），这些困难所占比例相对接近，均在一成左右，表明留学回国人员在创业中所遇到的困难比较多样，涉及经济、人才、政策、市场等多方面的问题，海归的创业工作还需要全社会的共同努力与推进①。

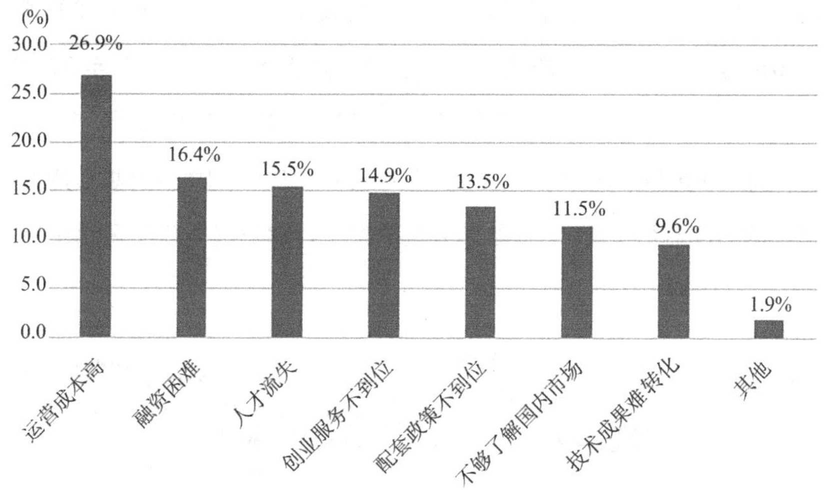

图6－15　创业最大困难

① 王辉耀，苗绿．国际人才蓝皮书：中国留学发展报告（2016）[M]．北京：社会科学文献出版社，2016：71－75．

第二节　中国学生在主要留学国家的留学情况

一、美国

（一）近7年最大国际学生来源国

从2006－2007学年到2014－2015学年的数据（如图6－16所示）显示，中国留学生赴美人数在不断增长，从2006－2007学年的67223人到2014－2015学年的304040人，10年间增长数量巨大。增长率方面，从2006－2007学年到2009－2010学年，赴美人数的增长率呈波动上升趋势，从8.2%升至29.9%，每年新增的赴美留学生人数逐年攀升，但是从2010－2011学年开始，该增长率逐年平稳下降，到2014－2015学年，增长率降至10.8%，与10年前基本持平，表明赴美留学的热度有所下降，出国留学人员的留学目的地选择趋向多元化。

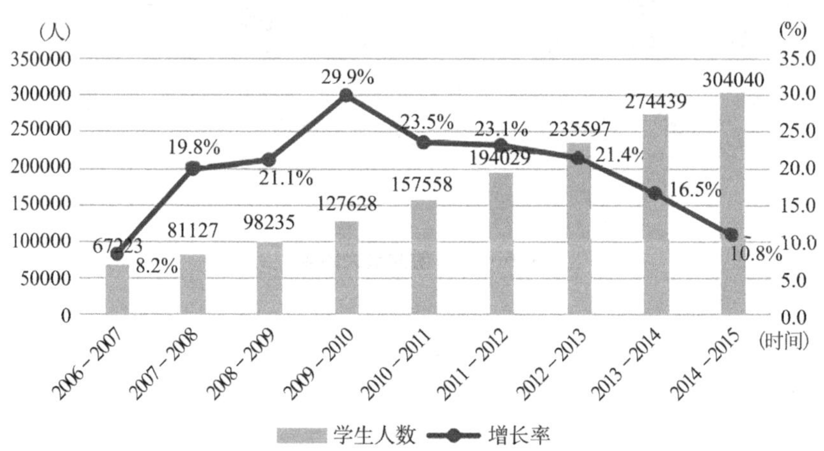

图6－16　近10年中国留学生赴美人数与增长率

中国留学生占美国国际学生总数的比例如图6－17所示，这一比例在逐年上升，从2006－2007学年的11.6%升至2014－2015学年的31.2%，上升幅度较大，其中2006－2007学年到2012－2013学年的中国留学生占比处于快速上升阶段，从 2012 - 2013 学年开始，占比呈现稳中有升的趋势。中国从 2008 - 2009 学年开始，近几年来一直是美国国际学生的最大来源国，在 2014 - 2015 学年，中国在美留学生人数比排在第二位的印度多一倍以上，表明中国作为美国第一大国际学生来源国的现状在短期内还不会改变①。

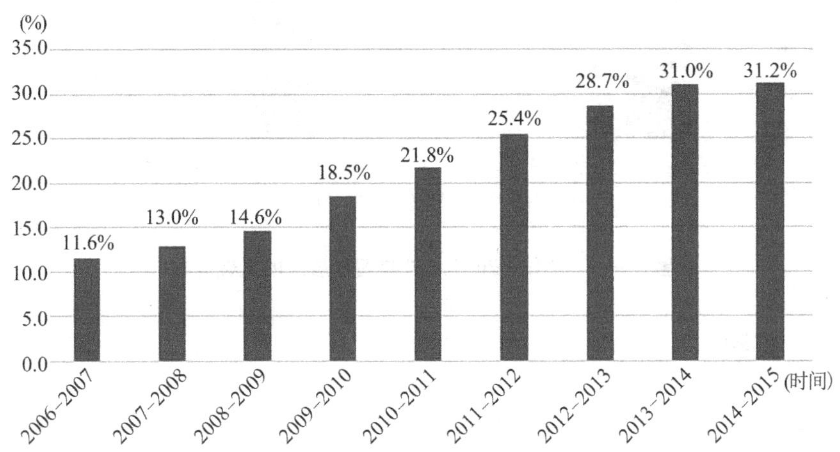

图 6 - 17　近 10 年中国学生占美国国际学生比例

（二）赴美就读本科的人数首超研究生

一直以来，赴美的留学生中，以接受研究生教育为主。近年来，赴美留学生低龄化趋向日益明显，不少高中生赴美就读本科，甚至不少中国学生在初中、高中阶段就赴美留学，这就使美国本科层次的中国留学生数量不断增长，在2014 - 2015 学年，赴美就读本科的中国学生达到 124552 人，首次超过当年赴美就读研究生的中国学生数量（120331 人）。本科成为中国赴美留学群体中占比最大的一个学习层次（如图 6 - 18 所示）。另外，赴美接受非学历教育的人数也在增加，表明中国赴美留学人员接受教育的形式更加灵活多样。

① 数据来自美国国际教育协会《2015 年门户开放报告》。

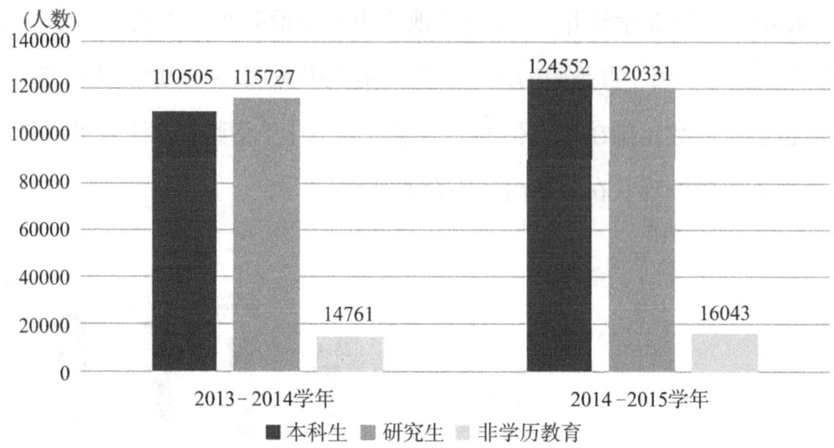

图 6-18　2013—2015 年赴美留学层次的人数分布

二、英国

(一)最大来源国,学生增速减缓

从 2013-2015 两个学年的数据(如图 6-19 所示)可以看出,中国已经是英国国际学生的最大来源国,且留英学生人数远远超过其他国家,2013-2014 学年,中国留英学生共 87895 人,同期排在第二的印度仅有 19750 名留英学生①。

2010-2011 学年到 2014-2015 学年的数据(如图 6-20 所示)显示,赴英的中国留学生人数在不断增长,从 2010-2011 学年的 67325 人增至 2014-2015 学年的 89540 人;与英国国际学生的其他来源国相比,中国留英学生数量连续多年持续增加,而其他来源国和地区人数则在波动中略有变化(见图 6-19 中的印度、尼日利亚、德国、爱尔兰人数略有下降,马来西亚、美国、中国香港特区、法国和意大利则略有上升);赴英留学人数的增长率方面,5 年间该增长率呈下降趋势,且降幅较大,

① 英国高等教育统计署,http://www.hesa.ac.uk/dox/pressOffice/sfr224/061046_student_sfr224_1415_table_8.xlsx.

http://www.hesa.ac.uk/dox/pressOffice/sfr224/061046_student_sfr224_1415_table_9.xlsx.

从21.3%下降到了1.9%，其中，尤以2011－2012学年到2012－2013学年间下降幅度最大，从近两成的增长率降至个位数，并在之后继续下降（如图6－20所示）①。

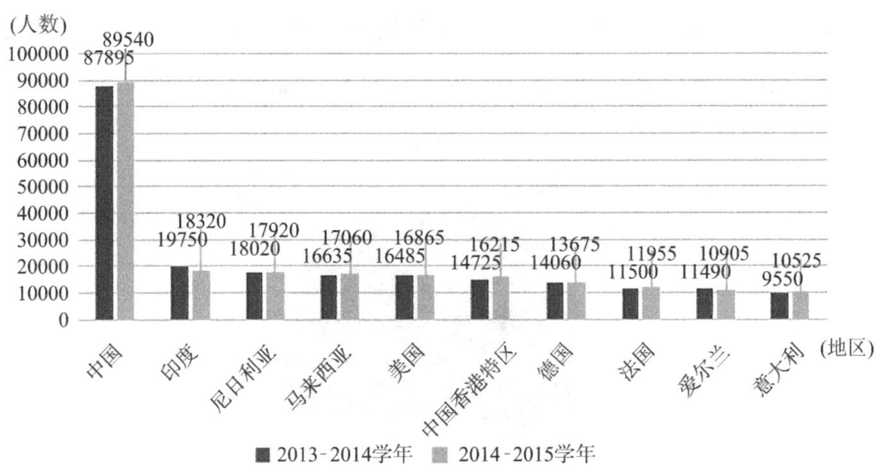

图6－19　2013—2015年英国国际学生主要来源国分布

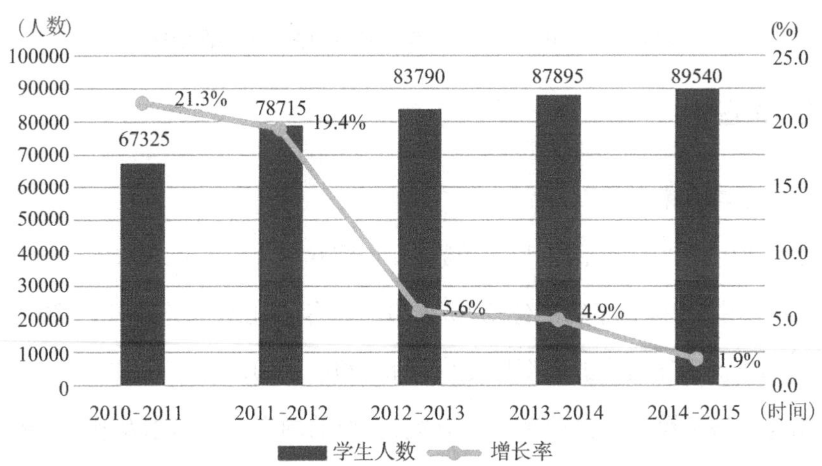

图6－20　近5年中国留学生赴英人数与增长率

① 数据来自英国高等教育统计署，Statistical First Release 224. http://www.hesa.ac.uk/dox/pressOffice/sfr224/061046_student_sfr224_1415_table_9.

(二)倾向选择英格兰学校

在2014－2015学年赴英留学的中国学生中,83.9%的学生选择了位于英格兰的学校,占据赴英中国留学生中的绝大部分,对于英格兰地区学校的倾向性可见一斑。选择苏格兰、威尔士地区学校的学生比例分别为9.4%和5.9%,选择北爱尔兰地区学校的中国留学生最少,在当年仅占比0.8%(如图6－21所示)①。

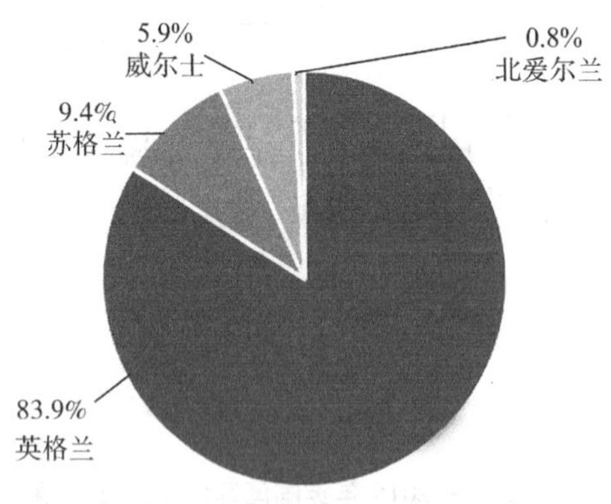

图6－21　2014－2015学年赴英中国留学生地区选择

三、法国

(一)第二大来源国

综合2013－2015年两个学年的数据(如图6－22所示),在法国国际学生的主要来源国中,中国处于第二位,2013－2014学年占比10.2%,2014－2015学年占比10.0%。占比最多的来源国是摩洛哥,2014－2015学年的比例为11.8%,这可能与摩洛哥属于法国前殖民地有关,类似的国家还有阿尔及利亚、突尼斯、塞内加尔、喀麦隆和越南。

从2010－2015 5个学年的数据(如图6－23所示)可以看出,中国赴法留学的留学生数量相对稳定,始终处在3万人左右的水平,在法国所有国际学生中的

① 数据来自英国高等教育统计署,Statistical First Release 224.

占比也稳定在10%左右，表明中国留学生赴法留学的状况比较固定，没有出现类似赴美留学的热潮，留学人数相对于赴英美留学的也较少①。

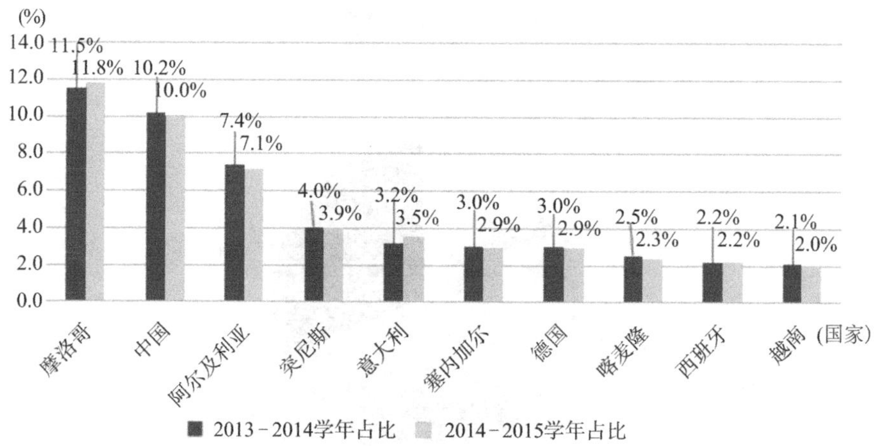

图6-22　2013-2015年法国国际学生主要来源国

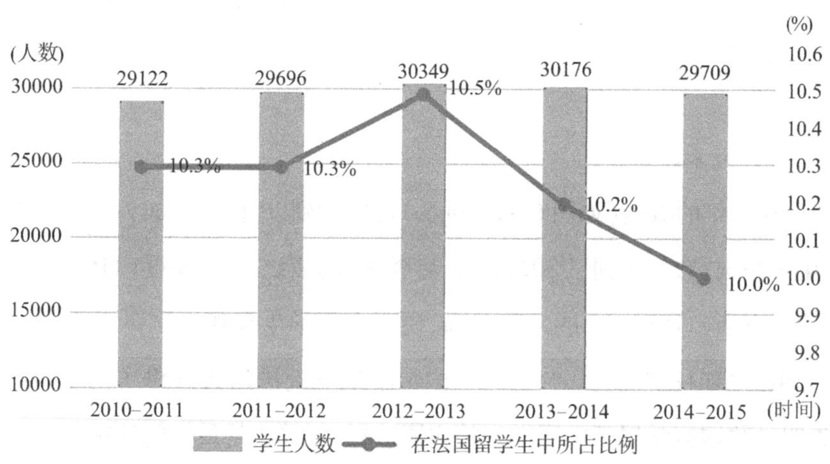

图6-23　近5年中国留学生赴法人数与所占比例

(二)倾向选择商科与人文类专业

中国留法学生的专业选择方面，以2010-2011学年的数据(如图6-24所示)为例，中国学生的选择相对集中在3类专业上，分别是商科(31.5%)、人文

① 数据来自国际教育协会，Project Atlas：International Student in France.

类(30.6%)和社科类(27.5%),选择这3类专业的赴法中国留学生占比总和接近九成,中国学生到法国高校学习人文类专业和商科专业的倾向性比较明显,总体以文科专业为主,工程类和理科专业相对较少①。

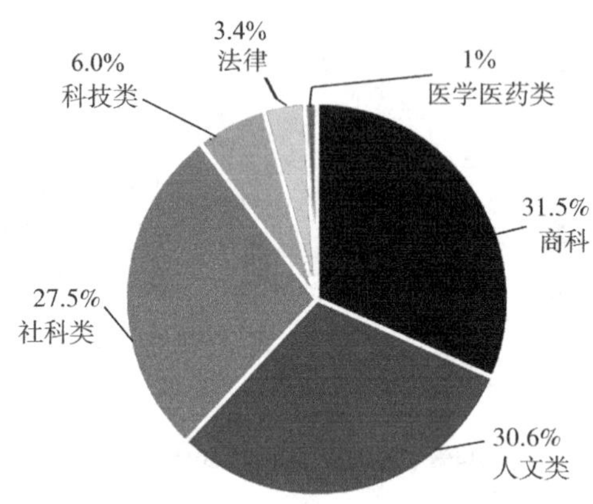

图6-24 2010-2011学年中国留法学生专业分布

四、德国

(一)最大来源国

从2015年的数据(如图6-25所示)可以看到,中国已经成为德国最大的国际学生来源国,数量达到了30259人,甚至超过了第二位的印度(11655人)和第三位的俄罗斯(11534人)的人数总和,说明中国学生在德国国际学生中占据相当的比例。横向比较而言,赴德的中国留学生与赴法的数量相当,少于英、美两国,表明赴德国留学属于中国学生的主流选择,但并非是最热门选择②。

从2011-2015年近几年的数据(如图6-26所示)可以看到,中国留学生赴德国留学的人数比较稳定,保持在两万余人左右,几年间人数略有上升,从2011年的22828人升至2015年的30259人,持续的增长表明中国学生赴德留学的意

① 数据来自欧盟委员会,Immigration of International Student of France.

② 数据来自联邦统计局,DZHW Calculation,http://www.wissenschaftweltoffen.de/kompakt/wwo2016_kompakt_en.pdf.

愿在不断增强[①]。

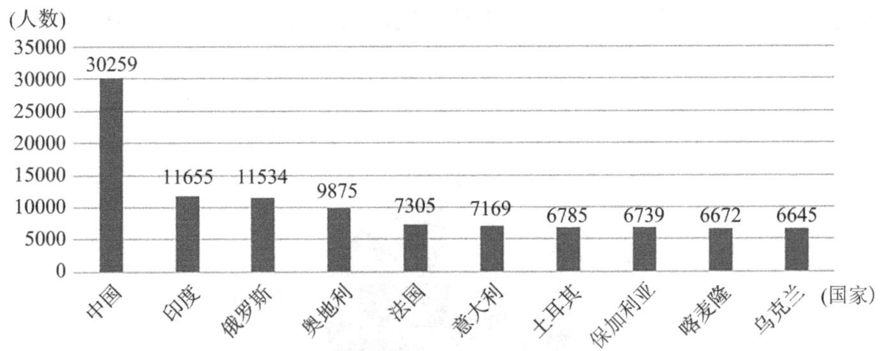

图 6－25　2015 年德国国际学生主要来源国分布

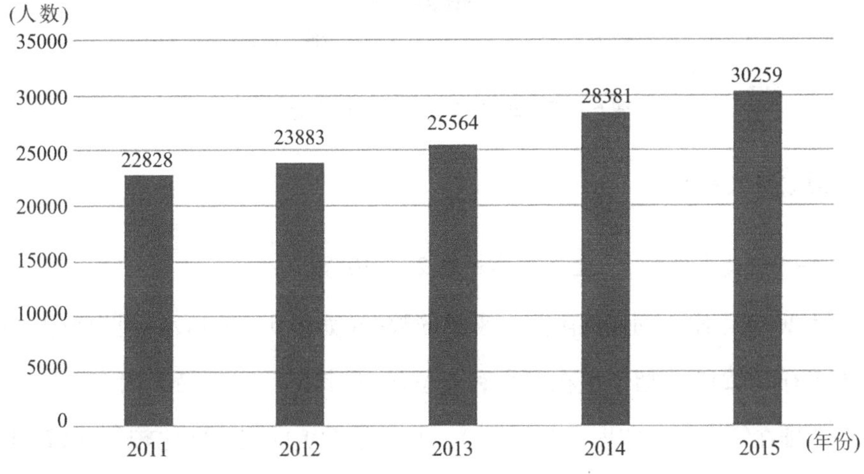

图 6－26　2011－2015 年中国留学生赴德人数

（二）倾向选择机械与社科类专业

从 2014 年中国学生赴德国留学的专业选择情况（如图 6－27 所示）可以看到，德国高校中最受中国学生青睐的是机械工程，学习该专业的中国留学生占当年总人数的 41%，比例远高于其他专业类别；第二受欢迎的专业是法律、商科、社会科

---

① 联邦统计局，http://www.wissenschaftweltoffen.de/kompakt/wwo2016_kompakt_en.pdf.

学，学生比例达到了21%；之后是数学、自然科学和语言文学，这两类专业的学生比例分别为17%和12%。以上4类专业占据赴德中国留学生中的九成。

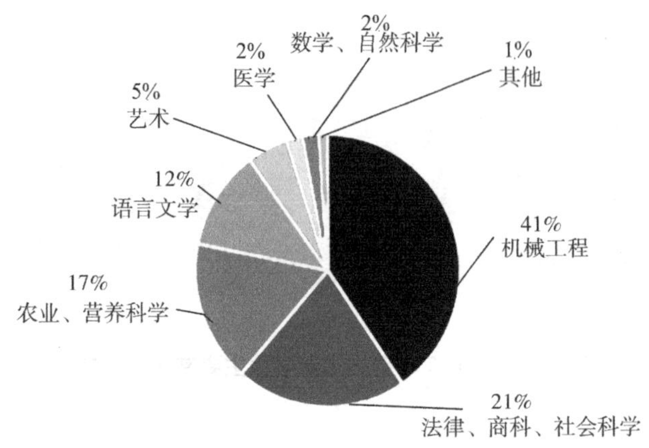

图6－27　2014年中国留德学生专业分布

五、澳大利亚

（一）最大来源国，学生年龄集中在20～30岁

从2015年澳大利亚国际学生来源的数据（如图6－28所示）可以看出，中国在当年有170212名留学生在澳大利亚留学，是其国际学生最大的来源国，人数也远超排在第二名的印度（72504人）。与其他欧美国家横向比较，可以看到，中国赴澳大利亚留学的人数超过英国、法国和德国，且超出幅度较大，表明在中国留学生的选择中，澳大利亚是比欧洲国家更受欢迎的留学目的地，中国留学生除"美国热"之外，"澳洲热"的倾向也很明显①。

由2015年赴澳大利亚留学的中国学生的数据（如图6－29所示）可以看到，该国中国留学生中处于20～24岁年龄段的比例最高，达到了53.0%；比例第二高的是25～29岁年龄段，占比24.3%，这两个年龄段共占据当年在澳

① 数据来自澳大利亚教育部，End of Year Summary of International Student Enrolment Datal－Australia，2015.

大利亚学习的中国学生的近八成,因此,赴澳学习的中国留学生以 20 ~ 30 岁的青年为主。另外,18 岁以下和 18 ~ 19 岁年龄段的学生分别占比 6. 9% 和 12. 5% ,这部分学生大多赴澳就读初中、高中,因此,赴澳学习的中国学生年轻化特征非常明显[①]。

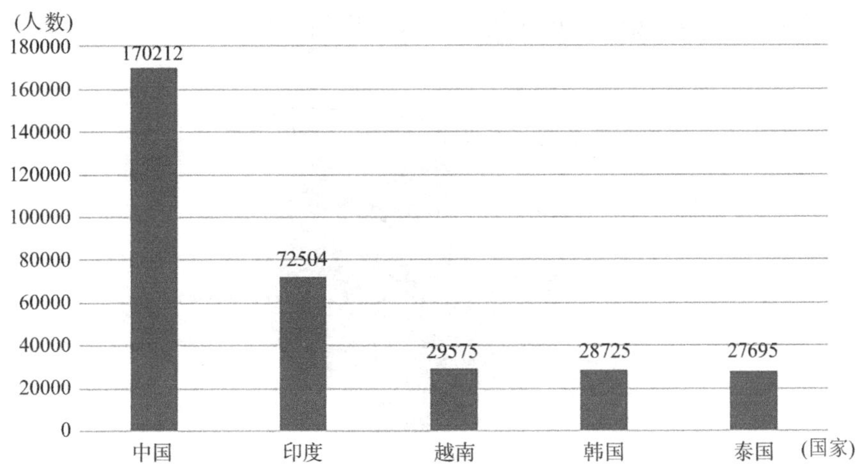

图 6 - 28　2015 年澳大利亚国际学生主要来源国分布

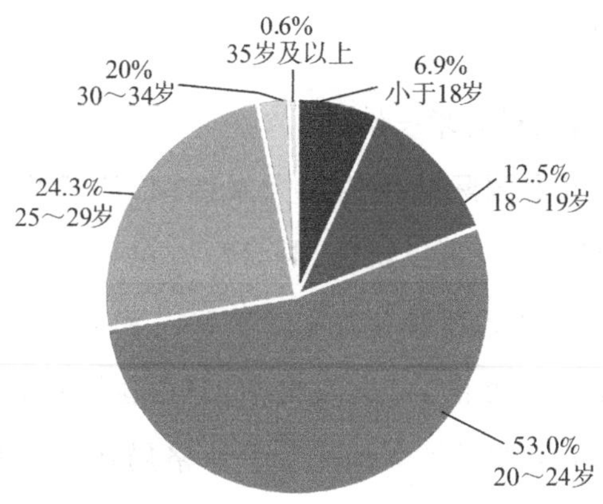

图 6 - 29　2015 年赴澳中国留学生年龄段分布

① 数据来自澳大利亚教育部网站, http://internationaleducation. gov. au/research/Research - Snapshots/Documents/Student% 20Number% 202015. pdf.

(二)以高等教育和语言学习为主

2015 年中国赴澳大利亚学习的学生中，进行高等教育阶段学习的学生比例最高，达到了 57%，其次是参与国际英语精读研修的学生，占比 23%，高等教育和语言学习是赴澳中国留学生的主要学习层次，职业教育(8%)、中学(6%)和学历课程(6%)也占据一定的比例(如图 6－30 所示)①。

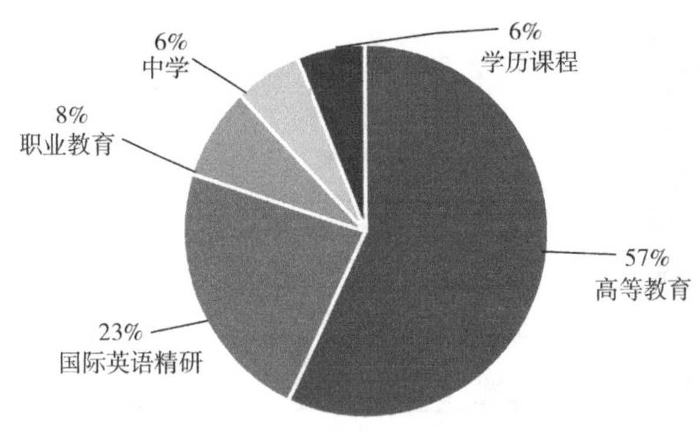

图 6－30　2016 年中国赴澳学生学习层次

六、日本和韩国

(一)赴日中国学生的负增长倾向

中国已经成为日本国际学生的最大来源国，从近几年赴日中国留学生的数据(如图 6－31 所示)可以看出，赴日学生在 8 万到 10 万人之间有较大的波动。在 2013 年，赴日留学生增长 11.8%，而到了 2014 年该比例迅速下降到 －3.6%，下降幅度很大，反映出中、日两国在政治、经济和文化方面的冲突与合作，"政冷经热"的中日关系总体格局在中国赴日留学生数量及增长率上有比较明显的体现。近几年都处在负增长的状态，表明赴日留学在中国学生的选择中正在被忽略，与赴欧美国家留学生持续增长的现象形

① 数据来自澳大利亚教育部网站，http://internationaleducation.gov.au/research/Research－Snapshots/pages/default.aspx.

成鲜明对比[①]。

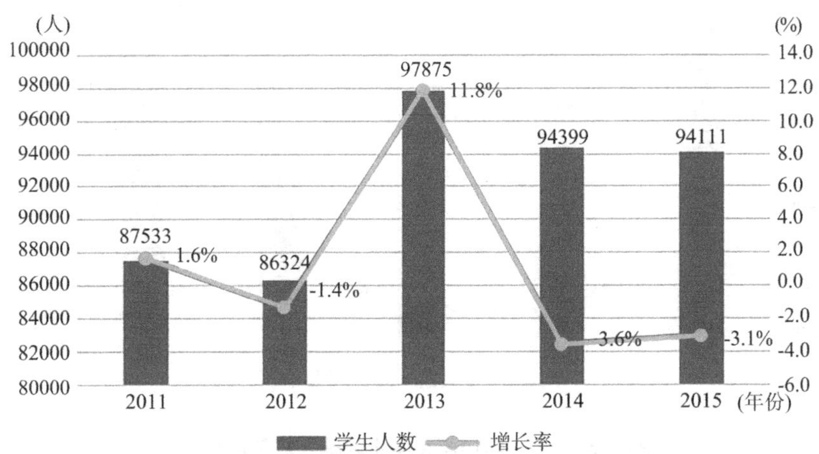

图 6-31　近 5 年中国留学生赴日人数与增长率

（二）韩国国际学生的最大来源国

中国是韩国国际学生的最主要来源国。近几年的数据（如图 6-32 所示）表明，中国学生赴韩国留学的热潮有所减退，但近两年又有所回升，2011—2013 年，中国赴韩学生连续 3 年经历负增长，人数从 2011 年的 63059 人降至 2013 年的 53251 人；之后的 2014 和 2015 年赴韩中国留学生人数经历了两年的连续增长，尤其是 2015 年，增长率达到了 12.1%，该年度赴韩学习的人数达到了 60934 人，与 2011 年相差不大。韩国教育水平与欧美国家有一定差距，使得中国学生赴韩学习的动力不强，赴韩人数波动较大[②]。

---

① 资料来自日本学生支援机构（Japan Student Services Organization，JASSO）。

② 资料来自韩国法务部（Korea Immigration Service），http://www.immigration.go.kr/doc_html/attach/imm/f2016//20160527256544_1_1.hwp.files/Sections1.html.，2016 年 4 月统计月报。

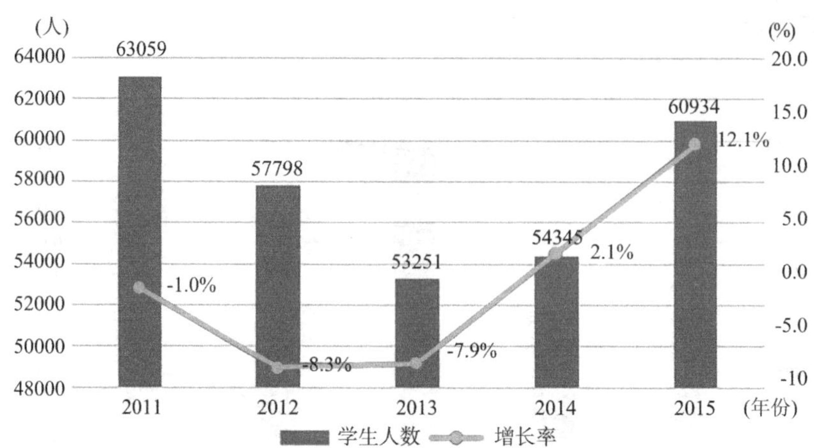

图 6－32　近 5 年中国留学生赴韩人数与增长率

第三节　小　结

本章重点介绍了出国留学方面的情况。随着我国改革开放的不断推进和经济社会的持续发展，越来越多的学生有意愿、有能力走出国门，去国外接受教育。因此，我国的出国留学人数不断增加，成为多个主要留学国家国际学生的最大来源国，出国留学的大多数学生以家庭资助为主要经济来源，在专业选择和留学目的地选择方面呈现出的多样化的倾向性。本章结合中国与全 A 球化智库在 2016 年针对留学回国人员的调研，介绍了留学回国人员的就业情况，归国留学生倾向于东部地区和大城市，偏好在民营企业工作，实际薪资与期望薪资存在一定差距，对工作的满意度略低；同时，归国学生的创业意愿要高于国内学生，其创业过程中最看重市场前景，创业行业集中在新生物工程、新医药和新一代信息技术等高新技术行业，显示出较强的技术性和创新性。

在第一节的基础上，本章在第二节以案例的形式，汇总了中国学生在 7 个主要留学国家的留学情况，对中国去往不同国家的留学生情况进行具体描述。涉及的 7 个国家覆盖了北美洲、欧洲、大洋洲和亚洲。其中，除法国外，中国已经成为其他 6 个国家国际学生的最大来源国（法国为第二大来源国），且前往美国、英国、法国、德国和澳大利亚的中国留学生还在不断增加，赴美国和澳大利亚留学的中国学生人数最多，是中国学生出国留学的热门选择；法国的商科和人文类专业、德国的机械和社科类专业受到中国学生的青睐，就读比例较高；去往日本和韩国留学的中国学生数量在近几年波动较大，总体热度在下降。

第七章 我国大学生留学选择的影响因素分析*

随着我国出国留学热潮的涌现,留学选择问题成为学界和政策界关注的热点话题,但留学选择的影响因素远未被充分揭示。本章通过2012年北京高校学生调查数据,采用Logit回归方法,研究了大学生个人特征、家庭背景、学校特征、学业参与表现、个体价值观念对留学选择的影响。研究发现:家庭经济状况越好、就读院校层次越高、学业表现越好的学生,出国留学的可能性越大。本研究结论对政府引导大学生进行合理就学选择具有一定的借鉴意义。

第一节 引 言

随着我国学生赴外留学热潮的不断涌现,关于留学问题的研究,越来越成为学术界和政策界关注的话题。

当前,我国融入国际社会的步伐日益加快,教育国际化进程不断提速,出国留学热急剧升温。数据显示,2003—2013年11年间,我国出国留学人数逐年递

---

* 本章内容同名论文发表于《中国高教研究》2015年第3期,作者:潘昆峰、蒋承。为适应本书,对论文做了一定程度的调整。

增，特别是从2008年以来，上升速度突然加快。2008年我国有18万人选择留学，到2013年这一数字变为41.39万。在留学大潮中，自费留学比例基本都保持在90%以上[①]。

目前，我国已是世界上留学生输出第一大国。根据UNESCO(2009)[②]的报告，2007年全世界共有超过280万留学生在海外接受高等教育，其中中国留学生占据了全球总量的15%，远远超过排名第二的印度的占比量6%。根据OECD的报告[③]，2008年，中国大陆留学生占到了OECD全部国际学生的17.1%。他们选择的第一留学目的国是美国，第二是日本，分别占到了中国国际学生总数的21.6%和15.3%。该OECD报告还显示，来自中国的留学生占据了许多发达国家高等教育机构接收国际学生的最大比例[④]。

我国留学生中，大学毕业后出国留学的学生是最大群体。根据美国《门户开放报告》[⑤]，2011—2012年，我国赴美就读研究生为88429人，就读本科的学生为74516人。与低龄留学不同，大学毕业后选择留学的学生大都在中国接受了从基础教育到高等教育的完整教育，年龄与心智相对成熟，使其在留学选择的问题上相对独立、理性。那么，为什么有些大学生比另一些学生更倾向于留学？影响留学选择的因素到底是什么？这既是教育研究领域关注的科学问题，也能为政策制定者提供有益的参考。本研究通过2012年北京高校学生调查微观数据，采用计量模型，分析了影响大学生留学意愿和实际留学选择的个体因素，以期为我国高等教育适应国际化竞争，合理引导学生流动，提供坚实的实证依据。

---

① http://www.moe.gov.cn/publicfiles/business/htmlfiles/moe/moe_851/index.html.

② UNESCO,2009, Global Education Digest 2009, UNESCO Institute for Statistics, Montreal.

③ OECD, 2011, Education at a Glance 2011, OECD, Paris.

④ 我国留学生占据韩国接收外国留学生比例的75.8%，日本的61.6%，新西兰的31.2%，澳大利亚的25.0%，加拿大的22.7%，美国的17.7%，英国的13.5%，德国的12.4%。

⑤ Institute of International Education. (2012). "International Students by Academic Level and Place of Origin, 2011/12." Open Doors Report on International Educational Exchange. Retrieved fromhttp://www.iie.org/opendoors.

第二节 文献综述

学生为什么出国留学,他们选择何处留学,受到多重因素的影响。现有研究主要从影响学生选择的外界宏观因素(国家、地理、自然、经济、教育)与个体微观因素(个人特征、家庭背景、价值观念)两个方面进行探索。

宏观因素方面,现有文献提出了"推拉理论",用以解释国家学生的跨境流动,特别是国家间的留学生数量与方向。其中,"推"因素位于输出国与输出机构,它使学生选择接受国外教育而非本国教育;"拉"因素位于接收国与接收机构,它使学生选择某一特定国家与特定机构接受教育,而非其他国家与其他机构。这一类研究主要关注留学生的集群行为,采用宏观数据,通过对推拉因素的定量化,找寻这些因素对留学选择的实际影响。

具体研究中,学者们通常讨论发展中国家向欧美发达国家的学生流动[1-3]。研究普遍发现,目的国通过对外援助或文化交流而对输出国产生的政治利益、通过奖学金或其他援助为国际学生提供的支持等因素、学费水平等是决定留学生从发展中国家向发达国家流动的关键拉动因素;而诸如发展中国家与发达国家之间的历史联系、语言是否相通、国内教育机会状况、来源国本身的高等教育供给能力、来源国人均收入、全球经济的参与程度、该国政府对教育优先发展的重视程度等是重要推动因素,影响到本国学生出国留学数量和方向。对推拉理论进行的模型化尝试,起源于人口迁移的"引力模型"在留学问题中的运用。留学行为本质上可以被看作人口的跨国迁移流动行为,而空间的作用越来越被认为是影响人口迁移的重要因素,被纳入"引力模型"之中。"引力模型"作为解释人口迁移标准形式的模型,在模型中,原始地与目的地的特征变量,两者之间的空间距离成为重要解释变量。Karemera 等[4]发现"引力模型"可以很好地揭示跨国人口流动。而在留学问题研究中,研究者也发现,距离因素对影响留学生流向有至关重要作用[5-7]。

微观研究主要关注个体的留学选择,为什么个体选择留学。就学行为的经济学解释认为包括留学在内的教育选择实质是个体最大化个人或家庭的效用函数以及考虑成本与收益之后作出的理性选择。微观研究主要遵循两条路径展开。一条路径聚焦于教育选择行为与家庭社会经济背景之间的关系。典型的研究结论是,学生家庭的经济状况、父母的受教育情况显著地影响学生的教育选择行为[8;9]。另一条研究路径聚焦教育选择行为的经济激励性。这些研究聚焦预期工资和学生资助对教育选择行为的影响。研究发现,高等教育的投资回报率对高等教育选择有显著的正影响[10],学生资助对就学有正向影响[11]。针对我国学生留学选择的微观研究较为缺乏,且多集中在高中毕业生的留学选择。在为数不多的实证研究中,研究者发现,家庭收入、学生家庭所在城市的城市化程度、父亲受教育程度、家中是否有海外关系成为影响学生赴外留学的正向影响因素[12],被国内著名高校录取,则成为影响自费出国留学的负向因素[13]。

现有研究在影响留学选择的外部变量(如家庭因素、经济因素、地理条件、宏观政策等)因素的发掘上,已经做了相当多的工作。然而,留学作为一种自选择过程,既受外部变量的影响,又受到个体内部因素,如学生学业参与、个人价值观念等因素的作用,而这些内部因素对留学的影响作用有待进一步揭示。本研究即通过微观实证的方法,把内、外部因素共同纳入影响因素的模型中去,以求理解我国当代大学生留学选择的内在逻辑。

第三节 研究方法

为研究大学生留学选择的影响因素,本研究采用 Logit 模型。

将大学生选择留学的概率记为 P,选择不留学的概率为 $1-P$。P 与自变量 $x_1, x_2 \cdots x_k$ 的 Logit 回归模型为式(7-1):

$$P = \frac{\exp(\beta_0 + \beta_1 x_1 + \beta_2 x_2 + \cdots \beta_k x_k)}{1 + \exp(\beta_0 + \beta_1 x_1 + \beta_2 x_2 + \cdots \beta_k x_k)} \qquad 式(7-1)$$

经数学变换得到式(7－2)：

$$\ln(\frac{P}{1-P}) = \beta_0 + \beta_1 x_1 + \beta_2 x_2 + \cdots + \beta_k x_k \qquad 式(7-2)$$

定义 $\mathrm{Logit}(P) = \ln(\frac{P}{1-P})$，(2)式便是我们将要采用的回归模型。运用上述回归模型可以分析具有不同特征的学生选择留学或不留学的概率，分析什么样的学生更可能选择留学。方程中，$\frac{P}{1-P}$ 称为发生比(odds)，即某事件出现的概率与不出现的概率之比，在本研究中就是选择留学与不选择留学的发生比。在回归模型中，回归系数 β_i 是影响因素 x_i 增加一个单位时发生比(odds)的对数增量，反映了其对 y 的影响大小。比如，当自变量 x_i 为二值变量(1,0)，其他条件不变的情况下，表示为式(7－3)

$$\begin{aligned}\mathrm{Logit}(P_1) - \mathrm{Logit}(P_0) &= (\beta_0 + \beta_1 x_1 + \cdots \beta_i * 1 + \cdots \beta_k x_k) \\ &- (\beta_0 + \beta_1 x_1 + \cdots \beta_i * 0 + \cdots \beta_k x_k) = \beta_i\end{aligned} \qquad 式(7-3)$$

定义机会比率(odds ratio，OR)为不同情形下的事件发生比的比值表示式(7－4)：

$$OR = \frac{P_1/(1-P_1)}{P_0/(1-P_0)} \qquad 式(7-4)$$

由此显然可知，$OR = \exp(\beta_i)$。

在此研究中，β_i 表示的是自变量每变化一个单位时的比数比，即大学生选择留学与不选择留学的发生比是变化前的相应比值的倍数。当 $\beta_i = 0$，$OR = 1$ 时，说明自变量与因变量无关。当 $\beta_i > 0$，$OR > 1$ 时；该自变量是因变量的促进因素；当 $\beta_i < 0$，$OR < 1$ 时，该自变量是因变量的制约因素。本研究中，若大学生中选择留学的比率较小时(一般认为小于10%)，机会比率 OR 值和变化前后留学的发生概率之比 P_1/P_0 是非常接近的，因此，就可以近似地认为自变量变化后，留学的发生概率为变化前的 OR 值倍。对参数 β_i 的估计采用最大似然函数的方法。

第四节 数据与变量

本研究采用的数据来自2012年5月北京大学教育学院与北京市教工委联合进行的“2012首都高校学生发展状况调查”。该调查在北京市辖区内的各大高校进行,调查对象涉及专科、本科、研究生。调查问卷内容包括学生基本信息、经济状况、学业发展、教学评价、课余生活五大部分问题,共45道大题,400余道小题。2012年当年的调查共包括北京市内68所央属和市属高校,每所高校根据学生学科和学历层次按一定比例发放200 ~1000份问卷。调查共回收本、专科生有效问卷32714份。其中,大一占51.6%,大二占6.7%,大三占7.6%,大四占33.3%,大四以上占0.9%。回收问卷的学科专业分布涵盖了我国各大专业类别①。

本研究聚焦的是大学生是否会选择留学,本章界定的留学选择包括两个部分:留学意愿与实际留学选择。对学生大学毕业后的留学意愿这一变量,2012年本专科学生调查问卷要求学生以意愿排序形式回答毕业之后的就业打算,问题选项有“国内升学”“出国留学”“进入国家机关和事业单位”“进入参军入伍”等。本研究将第一选项定为“留学”的取值为1,其他选项均取值为0,这样,能够有效识别出留学意愿最强的学生。除去缺失值,样本中有17.1%的学生第一意愿选择为出国留学,其余82.9%的学生第一选择在国内发展。对实际留学选择这一变量,2012年的问卷设计了对于已落实大学毕业后去向的问题,如果学生选择“留学”,我们则将变量取值为1,其他选择取值为0。在本章中,我们只选取了本科生毕业年级的样本进行实际留学状况的研究。本科大四的调查样本

① 其中,哲学类占比0.3%;经济学类占6.9%;法政类占9.0%;教育类占4.1%;文学类占13.5%;历史类占0.7%;理学类占6.2%;工学类占35.5%;农学类占2.0%;医学类占3.1%,管理学类占18.7%。

量共4236人，其中本科毕业后实际选择出国留学人数523人，占12.3%。

本研究选取的留学选择影响因素主要包括个体特征与家庭背景、学校特征及满意度、学业参与和学业表现、学生价值观念4类。本研究包含的各类变量取值说明及其描述统计见表7－1。

表7－1　自变量及取值

类别	变量	取值说明	案例数	均值	标准差
个体属性与家庭背景	A1 性别	男＝1，女＝0	31744	0.483	0.500
	A2 政治面貌	党内（党员或积极分子）＝1，党外（共青团员、群众）＝0	32499	0.353	0.478
	A3 宗教信仰	基督教或天主教＝1，其他宗教或无信仰＝0	32416	0.021	0.145
	A4 家庭所在地级别	直辖市、省会城市＝1，地级市＝2，县级市＝3，镇＝4，农村＝5	31989	2.676	1.515
	A5 父亲受教育年限	对应父亲各级教育的受教育年限（年）	32387	12.353	3.651
	A6 家庭年收入	（万元）	26269	9.459	16.045
	A7 兄弟姐妹个数	（个）	29513	1.445	0.739
学校特征及满意度	B1 院校类别	高职高专＝1，独立学院＝2，普通本科院校＝3，211高校＝4，985高校＝5	32701	3.214	1.255
	B2 对任课教师的整体评价	不满意＝1，不太满意＝2，比较满意＝3，满意＝4，非常满意＝5	29901	3.791	1.027
	B3 对所在院系教学情况的整体评价	不满意＝1，不太满意＝2，比较满意＝3，满意＝4，非常满意＝5	29923	3.761	1.054
	B4 对所在大学教学情况的整体评价	不满意＝1，不太满意＝2，比较满意＝3，满意＝4，非常满意＝5	29946	3.720	1.076
	B5 是否会推荐他人报考所在高校	绝对不会＝1，也许不会＝2，也许会＝3，绝对会＝4	25953	2.822	0.836

（续表）

类别	变量	取值说明	案例数	均值	标准差
学业参与和表现	C1 成绩排名	<10% =1,11% ~25% =2,26% ~50% =3,51% ~75% =4,76% ~100% =5;	25783	2.474	1.177
	C2 参加研究课题数目	（项）	25592	0.777	1.935
	C3 学术发表	是 =1,否 =0	26440	0.088	0.284
	C4 学术竞赛获奖	是 =1,否 =0	24753	0.102	0.303
	C5 参与交流访学	是 =1,否 =0	30810	0.510	0.500
	C6 参与外教教学	是 =1,否 =0	30754	0.656	0.475
学生价值观念	D1 我国现行国体和政体具有优越性	不赞成 =1,比较不赞成 =2,比较赞成 =3,赞成 =4,非常赞成 =5	30398	3.271	1.236
	D2 中国社会目前存在各种矛盾和不公平	不赞成 =1,比较不赞成 =2,比较赞成 =3,赞成 =4,非常赞成 =5	30361	3.797	1.100
	D3 未来中国社会将是经济富裕、安定团结的	不赞成 =1,比较不赞成 =2,比较赞成 =3,赞成 =4,非常赞成 =5	30249	3.643	1.081
	D4 青年人更倾向于自我价值实现,与国家振兴和社会发展无太多联系	不赞成 =1,比较不赞成 =2,比较赞成 =3,赞成 =4,非常赞成 =5	30381	3.061	1.301

第五节　实证结果

一、留学意愿的影响因素

本章首先利用二元 Logit 模型,对大学生毕业后留学意愿的影响因素进行研究。对回归方程(7 -2),我们选择两种模型,模型 1 为变量全部进入的方法,模型 2 采用逐步回归的方法筛选变量。

表 7 -2 的回归结果显示,留学意愿与个人特征、家庭背景关联最为明显,与学校特征、学业表现、价值观念中的部分变量关系明显。

从个人特征变量看,在模型 1 中,男生选择留学的发生比率是女生选择留学发生比率的84.5%,意味着女生更倾向于选择留学。对于政治面貌而言,党员和入党积极分子选择留学的可能性只是党外学生的75.1%。宗教信仰能够非常显著地影响留学意愿,信仰天主教、基督教的学生的留学发生比率是不信仰这些宗教学生的1.41倍。回归模型2中的性别、宗教信仰对留学意愿的影响基本保持不变。

从家庭背景看,家境越好的学生留学意愿越强。在模型1中,家庭所在地的层级分类直接影响留学意愿。以农村为参照组,直辖市/省会城市的学生留学意愿发生比例是农村学生的1.78倍,地级市学生的学生留学意愿发生比例是农村学生的1.65倍,县级市的学生留学意愿发生比率是农村学生的1.26倍。父亲的受教育年限对子女的留学意愿有非常显著的影响。父亲的受教育年限每提高一年,子女留学的发生比率会提高9.2%。家庭兄弟姐妹数是留学意愿的负面影响因素,兄弟姐妹数每增加一个,留学意愿发生比率降低约14%。家庭的经济环境也是影响留学意愿的正面因素,家庭年收入每提高10000元,留学概率提升约0.9%。

从学校层次看,学生所在的学校层次越高,学生留学意愿越强。以高职高专为参照组,"211"学校学生留学意愿发生比率约为高职高专的1.68倍,"985"学校学生留学意愿发生比率约为高职高专的2.76倍。学生对学校满意程度与学生留学意愿的关联不明显。

从学生学业参与情况看,学生学业水平越高留学意愿越强。在模型1中,专业排名每低一个层次的学生(如从前10%降低到25%),留学发生比率降低7.5%(在模型2中约为7%)。有学术发表的学生的出国留学意愿较强,有发表者的留学意愿发生比率比无发表者高23%左右。从回归分析中,能够明显看出,学业较为优秀的学生倾向于出国留学。学生的学业参与特别是参与过外教的教学,对留学意愿也有显著的正向作用。

表 7-2　大学生留学意愿影响因素的 Logit 回归结果

变量名		模型 1 回归系数β	模型 1 机会比率 Exp(β)	模型 2 回归系数β	模型 2 机会比率 Exp(β)
性别		-0.169***	0.845	-0.169***	0.844
政治面貌		-0.287**	0.751	-0.284***	0.753
宗教信仰		0.345*	1.412	0.344*	1.410
家庭所在地级别：农村为基准组	直辖市与省会	0.575***	1.778	0.602***	1.826
	地级市	0.503***	1.653	0.528***	1.695
	县级市	0.236**	1.266	0.258***	1.294
	镇	-0.047	0.954	—	—
父亲受教育年限		0.088***	1.092	0.089***	1.093
家庭收入（万元）		0.091***	1.009	0.089***	1.009
兄弟姐妹数		-0.147***	0.864	-0.147***	0.864
院校类别（高职高专为基准组）	独立学院	0.083	1.087	—	—
	一般本科	0.145	1.156	—	—
	211 学校	0.520***	1.682	0.406***	1.501
	985 学校	1.0160***	2.762	0.885***	2.423
对任课教师的整体评价		-0.039	0.962	—	—
对所在院系教学情况的整体评价		0.062	1.064	—	—
对所在大学教学情况的整体评价		-0.015	0.985	—	—
是否会推荐他人报考所在高校		-0.050	0.951	—	—
成绩排名		-0.078***	0.925	-0.073***	0.930
参加研究课题数目		-0.009	0.991	—	—
学术发表		0.204**	1.227	0.191*	1.210
学术竞赛获奖		-0.017	0.983	—	—
参与交流访学		0.032	1.032	—	—
参与外教教学		0.124*	1.132	0.140**	1.150
我国现行国体和政体具有优越性		-0.109***	0.897	-0.108***	0.898

（续表）

	模型 1		模型 2	
变量名	回归系数 β	机会比率 Exp(β)	回归系数 β	机会比率 Exp(β)
中国社会目前存在各种矛盾和不公平	0.065**	1.068	0.066**	1.069
未来中国社会将是经济富裕、安定团结	0.013	1.013	—	—
青年人更倾向于自我价值实现，与国家振兴和社会发展无太多联系	-0.003	0.997	—	—
常数项	-2.972***	0.051	-2.981***	0.051
模型卡方值	767.41	760.37		
Pseudo R^2	0.075	0.075		

（注：* 表示 $p<0.05$，** 表示 $p<0.01$，*** 表示 $p<0.001$。）

二、实际留学选择的影响因素

将大学生毕业后实际选择留学的情况与留学意愿进行对比，能够更有效地识别出留学影响因素，并判断各因素影响的稳定性。为此，我们筛选了数据中已落实毕业去向的本科大四学生进行研究，因变量为学生在毕业后是否确定出国留学。模型1为变量全部进入的方法，模型2采用逐步回归的方法筛选变量（如表7-3所示）。

表7-3　实际出国留学影响因素的二元逻辑回归结果

		模型 1		模型 2	
变量名		回归系数 β	机会比率 Exp(β)	回归系数 β	机会比率 Exp(β)
性别		-0.244	0.783	-0.288*	0.750
政治面貌		-0.552***	0.576	-0.503***	0.604
宗教信仰		0.166	1.180	—	
家庭所在地级别：农村为基准组	直辖市与省会	1.468***	4.343	0.963***	2.618
	地级市	1.214***	3.368	0.703***	2.020
	县级市	0.652	1.920	—	—
	镇	0.363	1.438	—	—
父亲受教育年限		0.129***	1.137	0.138***	1.148

（续表）

变量名		模型1		模型2	
		回归系数β	机会比率Exp（β）	回归系数β	机会比率Exp（β）
家庭收入（万元）		0.012***	1.012	0.013***	1.013
兄弟姐妹数		-0.295*	0.745	-0.363**	0.696
院校类别（高职高专为基准组）	独立学院	0.643*	1.901	0.681**	1.976
	211学校	0.556***	1.745	0.561***	1.752
	985学校	0.977***	2.656	1.007***	2.737
对任课教师的整体评价		0.065	1.067	—	—
对所在院系教学情况的整体评价		-0.088	0.915	—	—
对所在大学教学情况的整体评价		0.137	1.147	—	—
是否会推荐他人报考所在高校		0.101	1.106	—	—
成绩排名		-0.100	0.905	—	—
参加研究课题数目		-0.054	0.947	—	—
学术发表		0.366*	1.441	0.328*	1.388
学术竞赛获奖		-0.019	0.981	—	—
参与交流访学		0.398**	1.489	0.472***	1.603
参与外教教学		0.086	1.090	—	—
我国现行国体和政体具有优越性		-0.135*	0.873	-0.128***	0.880
中国社会目前存在各种矛盾和不公平		0.001	1.001	—	—
未来中国社会将是经济富裕、安定团结		-0.027	0.973	—	—
青年人更倾向于自我价值实现，与国家振兴和社会发展无太多联系		0.033	1.034	—	—
常数项		-5.082	0.006	-4.714***	0.009
模型卡方值		241.80	233.33		
Pseudo R^2		0.157	0.152		

（注：*表示 $p < 0.05$，**表示 $p < 0.01$，***表示 $p < 0.001$。）

通过实际留学与留学意愿的分析对比,我们发现二者的影响因素有较大的相似性,只是一些变量的影响作用幅度有所差异。总结起来,第一,在实际留学选择中,家庭背景的影响作用更加明显。以家庭所在地为例,相比农村学生,直辖市/省会城市学生的留学发生比率是农村学生的 4.34 倍,明显高于留学意愿分析中的发生比率。父亲受教育程度、家庭收入、兄弟姐妹数对实际留学选择的影响程度更大。同时,个人背景是否是党员和性别的差异也更加明显,例如,党员(包括入党积极分子)能够降低40%的留学发生率。第二,院校影响因素仍然明显,优秀院校的学生的留学发生比率明显更高。第三,学生的学业水平对实际留学选择的影响要略小于对留学意愿的影响。成绩排名的影响作用不再显著。第四,学生的海外学习经历对留学选择的影响因素更加凸显。到过国外访学的学生,最终选择留学的发生比率是没有此经历学生的 1.5 倍左右。

第六节 结论与讨论

在我国留学大潮中,本、专科学生毕业后留学构成了其中最主要的部分。本章利用北京市高校本、专科学生的调查数据,建立了 Logit 回归模型找寻与大学生留学选择有直接关联的解释因素,研究主要有两点结论:

第一,家庭的经济社会背景显著影响学生的留学选择。父亲的受教育水平越高、家庭收入水平越高、家庭所在城市越发达,学生选择留学的可能性越大。家庭背景对实际留学的影响要大于对留学意愿的影响。这一结论的出现,意味着未来我国留学大潮可能会愈加凶猛。随着我国城镇化水平的进程不断加快以及大中城市的人口不断增加,会有越来越多的大学生出身于城市家庭甚至大、中城市家庭;随着我国经济持续增长,全国普通家庭收入水平不断提升;随着我国教育的快速发展及高等教育的普及化,人口的受教育水平不断提高。在我们的实证模型中,这 3 个因素都是导致留学意愿增加的重要因素。可以预期,在今后一个时期内,由于经济、社会、教育的发展,我国大学生留学意愿将会持续走高,这或许会成为不可避免的趋势。

第二,学生学习状况对学生留学选择产生影响。研究发现,越是优质高校的优质学生,选择出国留学的概率越大。学生对所在高校的满意度对留学影响作用不大。这一结论说明目前我国出国留学趋势呈现一定的层次性,也说明了目前我国大学生留学大潮主要表现为优秀人才外流的趋势。这一结论实际反映了我国高等教育的发展仍滞后于学生、家长和社会对优质高等教育的需求。

未来的研究可从以下 3 个方面进行拓展。第一,考虑留学国多样性,找寻其多元化的影响因素。第二,分析和对比不同层次留学的影响因素差异。与低龄留学相比,大学生留学更加理性,而低龄留学由于受到高考限制、移民情绪等多重影响,二者影响因素的差别究竟有多大,仍需进一步探索。第三,采用面板数据,对多年的数据进行分析,识别出若干重大政策、特殊事件对留学选择的影响效应。

参考文献

[1] Agarwal, V. B. , Winkler, D. R. Foreign demand for United States higher education: a study of developing countries in the eastern hemisphere[J]. *Economic Development and Cultural Change*, 1985, 33(3): 623 - 644.

[2] Lee, K. H. , Tan, J. P. The international flow of third level lesser developed country students to developed countries: Determinants and implications[J]. *Higher education*, 1984, 13(6): 687 - 707.

[3] McMahon, M. E. Higher education in a world market[J]. *Higher education*, 1992, 24(4): 465 - 482.

[4] Karemera, D. , Oguledo, V. I. , Davis, B. A gravity model analysis of international migration to North America[J]. *Applied Economics*, 2000, 32(13): 1745 - 1755.

[5] Alm, J. , Winters, J. V. Distance and intrastate college student migration[J]. *Economics of Education Review*, 2009, 28(6): 728 - 738.

[6] Kyung, W. In - migration of college students to the state of New York[J]. *The Journal*

of Higher Education,1996,67(3):349 - 358.

[7] Spiess,C. K. ,Wrohlich,K. Does distance determine who attends a university in Germany? [J]. *Economics of Education Review*,2010,29(3):470 - 479.

[8] Acemoglu, D. , Pischke, J. - S. Changes in the wage structure, family income, and children's education[J]. *European Economic Review*,2001,45(4):890 - 904.

[9] Shea, J. Does parents' money matter? [J]. *Journal of public Economics*, 2000, 77(2):155 - 184.

[10] Lauer, C. Participation in higher education: the role of cost and return expectations [J]. *International Journal of Manpower*,2002,23(5):443 - 457.

[11] Hoxby, C. M. . *College choices: The economics of where to go, when to go, and how to pay for it*[M]. Chicago: University of Chicago Press,2007.

[12] 周金燕,钟宇平,孔繁盛. 全球化背景下的教育不平等:中国高中生留学意愿影响因素的研究[J]. 清华大学教育研究,2009 (6):28 - 35.

[13] 刘扬,孔繁盛,钟宇平. 我国高中生自费出国留学意愿调查研究——基于7个城市的抽样调查数据[J]. 教育研究,2012 (10):59 - 63.

第八章 出国读研对就业起薪的影响及其机制

本章基于“首都大学生成长追踪调查”数据，以其中2006级本科生中继续读研的学生作为研究对象，结果发现英语能力较强，来自城镇，家庭条件较好，本科就读于“211”院校的学生更倾向于选择出国读研。随后，本章基于这些探讨了出国经历对毕业生就业起薪的影响，结果表明，出国读研学生的就业起薪比国内读研学生高约25%。在此基础上，本章进一步揭示了出国留学影响个人起薪的机制，即国外研究生教育质量高于国内，出国学生因为接受了比国内学生更优质的研究生教育，因而在毕业后进入就业市场时享有更高的工作起薪。

第一节 引 言

随着经济全球化和科学技术的进步，教育的全球流动也在不断加强，越来越多的学生选择走出国门，赴外国接受教育。经济合作与发展组织(OECD)的报告显示，截至2015年，全球出国留学的学生人数较2005年增长了67%，数量超过500万，其中，出国接受高等教育的留学生数量增长较快，教育全球化的趋势日益显著[1]。改革开放以来，我国出国留学事业逐步恢复并不断走向繁荣，早期以国家公派和单位公派为主，人数较少；以1992年的《关于出国留学人员工作的若干暂行规定》为标志，我国出国留学进入新阶段，出国留学人数不断增加，自费留学人数与所占比例持续上升[2]。到2015年，我国出国留学学生有126万人，占全球留学生总数的比例达25%[3]。

尽管近年来出国留学群体的低龄化趋势日渐明显，但出国读研的学生仍然占据多数，这些学生在国内完成本科学习后出国攻读硕士或博士学位，其学历水平和所处层次相对较高，多为学习较好的优秀本科生，具有"准人才"的特点[4]。在人才竞争日趋激烈的今天，学界对于这部分留学生的关注度普遍较高，主要视角可分为两类，一是分析学生出国留学选择的影响因素，二是将出国读研与国内读研的学生进行比较，评估出国留学经历对于个人能力的影响。

对出国选择的影响因素研究多从家庭、学校和对国内教育与发展的认可度方面入手，一般采用微观调查数据进行分析。有研究认为，家庭收入较高、家庭所在地位于城镇、在校成绩较好、本科就读于"211"院校的学生更倾向于出国留学[5]。而有的研究发现，本科阶段是否就读于"211"院校对出国留学影响不显著，说明外国大学吸引的中国生源在学校层次上没有显著差别，只是更多地来自中国的优势阶层[6]。苗丹国则从宏观政策入手，认为我国公民对优质教育资源的需求激增与国内优质教育资源的不足是学生选择出国留学的重要原因[4]。对此持有类似观点的还有陆根书等，其研究发现，出国意愿较强的大四学生对中国教育的满意度评价较低，满意度与出国意愿负相关，此外，男生的留学意愿显著高于女生，母亲接受过高等教育对子女出国留学有正向影响[7]。

在出国留学对个人能力的影响研究方面，因为能力难以量化，因此，很多研究都从不同的角度考察了出国留学和国内读研学生的能力差别。有学者将创造力作为能力进行研究，运用心理学的共感评价技术，结果发现中国留学生并没有表现出比国内学生更强的艺术创造力[8]；但在工科创造力方面，有留学经历的工科学生的创造力分数高于本土培养的工科生[9]。也有的研究将能力具体化为科研能力，结果表明，留学归国的科研人员比相同专业、同等学力的本土人才拥有更高的收入、更多的科研成果和更高的工作满意度[10;11]。更多的研究将个人能力与就业市场上的表现对接起来，有研究认为海外学习经历对创业者的企业业绩有显著的正向影响，其国际视野和企业内部经营管理能力比本土创业者更强，业绩优势可能就来源于此[12]。韩威等对比了企业对国内一流大学与国外大学毕业生的满意度，前者在专业知识、信息技术和学习能力上占优，后者在国际视野、知识与技能、英语水平、商务知识技能方面占优，二者各具优势，但后者薪资高于前者[13]，这与许家云等的研究结论一致，他发现海外留学比国内就学具有更高的经济回报，留学生中的男性比女性、公费比自费的回报率更高[14]。

综上所述，由于各研究之间采用的样本和方法各有不同，因而结论各异，且使用的数据大多是截面数据，只能观测到大四阶段的出国留学意愿，或已回国人员的就业情况，缺乏针对同一个体的持续追踪；针对出国留学对个人能力的影响研究大多停留在呈现差异的层面，对于差异形成的原因和机制缺乏定量研究。本章采用的"首都大学生成长追踪调查"数据涵盖了被调查者的本科状况、国内或国外读研的实际选择、教育满意度打分以及毕业后的薪资等重要变量，实现了持续追踪，将分析误差降到最低。本章将从以下几个层次展开：首先介绍研究模型与数据；然后研究出国选择的影响因素；之后将就业起薪作为个人能力的代理变量，评估出国留学对个人能力的作用；最后将读研学生对研究生教育的满意度打分作为研究生教育质量的代理变量，分析国内外研究生教育质量的差异，并通过教育质量的差异揭示出国留学对就业薪酬的影响机制。

第二节　数据来源与描述统计

一、数据来源

本章运用的是中国人民大学中国调查与数据中心推动的"中国教育追踪调查"（CEPS）中的"首都大学生成长追踪调查"数据。该数据以 2009 年为基年，以北京市所有公立大学的在校本科生资料库为抽样框，分学校、专业和学生实施三阶抽样，最后选取了15所高校①的255个专业，有2536名2006级学生，2564名2008级学生参与了2009年的调查。从2010年到2013年，针对这批学生又进行了4轮追踪调查，2006级学生的数据包含其本科三年级到读研（或本科毕业后工作）再到研究生毕业工作的全过程，2008级学生的数据包括其整个大学本科和毕业后一年的情况。这份数据保持了比较理想的追访成功率，有针对2006级学生数据的分析表明，在2012年即本科毕业后的第二年调查的追访成功率仍有78.46%，且数据中不同性别、民族、学校和专业的学生样本丢失不明显[15]。

由于本章涉及的变量横跨本科、研究生和就业3个阶段，所以以2006级中选择出国读研或国内读研的本科生为研究对象。

二、描述统计

描述统计结果如表8－1所示，与国内读研的学生相比，出国读研学生更多地来自城镇，家庭收入较高，父母接受过高等教育的比例高，总体家境优越。出国学生的在校表现方面，除了英语成绩和高考成绩优于国内读研学生，在是否有学生干部经历和本科学业排名等方面相差不大。两类学生在就业方面存在一定差异，出国读研学生更多地从事第三产业，进入个体私营外资单位的较多，留京工作的比例低于国内读研学生；就业起薪方面，出国读研学生明显高于国内读研学生，但前者起薪波动幅度较大，起薪的标准差和全距均大于后者。

① 这15所学校为北京大学、中国人民大学、清华大学、北京航空航天大学、北京理工大学、北方工业大学、北京化工大学、北京邮电大学、北京石油化工学院、北京农学院、北京语言大学、中国传媒大学、首都经济贸易大学、中央民族大学、中国矿业大学（北京）。

表 8-1　各变量的统计描述

变量	出国读研学生					国内读研学生				
	样本量	均值	标准差	最小值	最大值	样本量	均值	标准差	最小值	最大值
性别（男 =1）	169	0.4733728	0.5007743	0	1	660	0.5757576	0.4946023	0	1
户籍（城镇 =1）	167	0.9401198	0.2379784	0	1	652	0.6641104	0.4726631	0	1
家庭收入对数	168	13.16083	3.182284	9.141348	23.24905	660	11.98956	3.215891	8.070906	51.86084
父亲高等教育水平（大专及以上 =1）	169	0.7869822	0.4106569	0	1	660	0.4560606	0.4984433	0	1
母亲高等教育水平（大专及以上 =1）	168	0.6845238	0.4660945	0	1	658	0.3465046	0.4762182	0	1
高考标准分	143	0.6051161	0.6902336	−1.46917	2.095792	625	0.4985523	0.6546116	−3.435626	2.02269
高考英语标准分	140	0.6264065	0.5119455	−1.667016	1.391374	621	0.4004032	0.5780717	−2.185388	1.495049
四级标准分	155	0.6479567	0.9309979	−5.997814	2.4152	630	0.262365	0.8109933	−5.914517	2.567912
六级标准分	141	0.7468465	0.8859526	−2.554915	2.546839	582	0.1409876	0.8227283	−2.076626	2.374124
本科学业排名	169	0.3428967	0.2095245	.0126272	.9047619	660	0.3255876	0.1807917	0.0324448	0.9333333
政治面貌（党员 =1）	169	0.2840237	0.4522883	0	1	660	0.5727273	0.4950577	0	1
学生干部（是 =1）	169	0.6213018	0.4865043	0	1	658	0.6580547	0.4747222	0	1
实习（是 =1）	169	0.6331361	0.4833812	0	1	660	0.7636364	0.4251703	0	1
本科专业类别（理工农医 =1；人文社科 =0）	169	0.5976331	0.4918324	0	1	660	0.6575758	0.4748806	0	1
学校类别（211 院校 =1）	169	0.8757396	0.3308587	0	1	660	0.7893939	0.4080483	0	1
工作是否留京（是 =1）	36	0.5277778	0.5063094	0	1	258	0.6821705	0.4665378	0	1
就业行业（第三产业 =1；第一第二产业 =0）	33	0.8787879	0.331434	0	1	246	0.7723577	0.4201653	0	1
企业性质（国有单位 =1；个体私营外资单位 =0）	34	0.5588235	0.5039947	0	1	256	0.7382813	0.4404314	0	1
本科教学质量打分	153	78.2549	12.94448	9	100	632	78.68196	12.85671	6	100
研究生教学质量打分	168	81.98313	10.09382	35	100	660	75.36162	12.18009	15	99.5
工作起薪（元）	36	11054.17	8746.357	3000	40000	258	6192.601	2824.137	0	18000

第三节　决定出国读研的影响因素

一、实证模型

哪些因素在本科生选择出国或国内读研的过程中发挥了作用，为了全面地考察这个问题，本研究在综合相关成果的基础上，确定了个人因素、家庭条件、在校表现、学校因素4类变量[5-7]，采用二元 Logistic 方法建立计量模型，具体模型如式(8-1)：

$$gabo_{y=1}=\beta_0+\gamma\cdot X_i+\varepsilon_i \qquad 式(8-1)$$

其中，读研究生选择（*gabo*，出国读研 =1，国内读研 =0）为因变量，X_i 为自变量，包括上述4类，具体而言，个人因素包括性别和户籍（城镇、农村）；家庭条件包括家庭收入对数，父亲高等教育水平和母亲高等教育水平；在校表现包括高考标准分、四级标准分、六级标准分、本科学业排名（排在本班的前百分之几，取值范围0到1），政治面貌、学生干部经历和实习经历；学校因素包括本科专业类别（理工农医、人文社科）和学校类别（是否为“211”院校）。

需要特别说明的是，尽管高考分数是本科生能力的较好代理变量[16]，但是数据样本中的学生来自全国各地，高考分数无法直接进行跨省比较，因此本章进行了分数转换。首先将所有省份的高考成绩都按照满分750分，语文、数学、英语单科满分150分进行数值范围的统一①，然后计算2006级所有学生高考总分和各科分数的均值与标准差，最后生成高考总分和3门主课的标准分，此标准分代表了学生个体的高考分数在参与调查的2006级全体学生中的相对位次，借以判断学生之间的能力差别。学生的四级和六级考试成绩同样也是英语能力的较高代理变量，为了让其具有更好的可比性，也在2006级学生内部进行了类似的标准分处理。

---

① 2006年高考中，上海卷总分630分，广东卷和海南卷采用标准分，总分900分。

二、实证结果

表8－2给出了二元Logistic回归的基本结果。其中，模型(1)至模型(3)分别使用了四级标准分、六级标准分和高考英语标准分作为英语能力的代理变量，结果显示四级和六级成绩均对出国读研有显著正向影响，六级成绩的影响作用更大，而高考英语成绩影响不显著，可能是由于高考英语成绩更多地代表了初入大学时的英语水平，而学生在本科阶段仍在学习英语，所以四级、六级成绩对出国读研的影响更加显著。模型(3)至模型(5)将父母双方的高等教育程度和其中一方的分别加入模型，发现分别加入一方时，父亲或母亲的高等教育程度均对学生出国读研有显著正向影响，而将父母双方都加入模型后，则均不显著，经计算，二者相关系数达0.6678，因此，一些研究建立的模型中父母高等教育程度仅一方显著的情况可能与两个变量高度相关，形成多重共线性有关。

从回归结果中还可以看到，来自城镇，家庭收入较高，家境较好，且本科就读于"211"院校的学生更倾向于出国读研；党员更多选择国内读研，与之前的研究形成呼应；另外，出国读研学生的实习经历也少于国内学生，可能因为实习和出国申请主要都在大四进行，出国学生忙于申请，无暇实习。

表8－2　影响出国读研决定的因素

变量	(1) 读研选择	(2) 读研选择	(3) 读研选择	(4) 读研选择	(5) 读研选择
性别	-0.257 (0.234)	-0.0938 (0.253)	-0.165 (0.231)	-0.111 (0.251)	-0.111 (0.252)
户籍	1.358*** (0.416)	1.388*** (0.447)	1.332*** (0.412)	1.505*** (0.442)	1.498*** (0.438)
家庭收入对数	0.0656** (0.0306)	0.0837*** (0.0319)	0.0666** (0.0304)	0.0803** (0.0315)	0.0892*** (0.0317)
父亲高等教育水平	0.442 (0.306)	0.424 (0.332)	0.399 (0.298)	0.773*** (0.279)	—
母亲高等教育水平	0.598** (0.273)	0.585** (0.296)	0.651** (0.268)	—	0.794*** (0.251)

（续表）

变量	(1) 读研选择	(2) 读研选择	(3) 读研选择	(4) 读研选择	(5) 读研选择
高考标准分	0.0306 (0.205)	-0.405* (0.237)	—	-0.403* (0.236)	-0.420* (0.237)
高考英语标准分	0.440*** (0.153)	—	—	—	—
本科学业排名	0.623 (0.601)	1.114* (0.674)	0.301 (0.594)	1.117* (0.673)	1.157* (0.672)
政治面貌	-1.331*** (0.240)	-1.334*** (0.263)	-1.301*** (0.236)	-1.349*** (0.261)	-1.328*** (0.262)
学生干部	0.281 (0.238)	0.136 (0.252)	0.122 (0.231)	0.178 (0.250)	0.116 (0.251)
实习	-0.684*** (0.250)	-0.752*** (0.270)	-0.653*** (0.243)	-0.775*** (0.268)	-0.740*** (0.270)
本科专业类别	-0.280 (0.247)	-0.100 (0.269)	-0.260 (0.243)	-0.115 (0.267)	-0.0757 (0.269)
学校类别	0.172 (0.337)	0.477 (0.362)	0.118 (0.309)	0.504 (0.360)	0.492 (0.362)
六级标准分	—	0.855*** (0.171)	—	0.858*** (0.171)	0.868*** (0.171)
高考英语标准分	—	—	0.693*** (0.227)	—	—
截距	-3.411*** (0.675)	-4.090*** (0.734)	-3.410*** (0.670)	-4.078*** (0.730)	-4.114*** (0.735)
样本量	729	673	751	674	673

（注：括号内为标准误，*表示 $p < 0.05$，**表示 $p < 0.01$，***表示 $p < 0.001$。）

第四节　出国留学对个人起薪的影响

一、实证模型

目前对国内高校毕业生起薪的实证研究较多，而关注出国留学学生归国后起薪的相对较少，综合这些已有研究，本章计划采用多元线性回归模型探究这一问题，具

体模型如式(8 -2):

$$\ln W = \beta_0 + \beta_1 \cdot gabo_i + \gamma \cdot X_i + \varepsilon_i \qquad 式(8-2)$$

因变量 $\ln W$ 是国内外高校研究生毕业后第一年工资的对数,即就业起薪的对数;读研选择,即 $gabo_i$ 为核心解释变量,X_i 为控制变量,具体包括 5 类,前 4 类与第三节的 Logistic 回归的 4 类控制变量一致,即个人因素、家庭条件、在校表现和学校因素,新增加的第五类控制变量为就业状况变量[10-12;14],包括就业地点(留京 =1;不留京 =0)、就业行业(第三产业 =1;第一第二产业 =0)、企业性质(国有单位 =1;个体私营外资单位 =0)3 个变量。

另外,还应该注意到的是,此模型只能探讨读研后有工资数据的毕业生,对于继续读博、待就业等未进入就业市场、没有工资数据的毕业生未能充分度量,利用当前群体的工资起薪作为因变量可能导致典型的样本选择偏差。为处理这一问题,本章先运用海克曼(Heckman)提出的"两步估计法"计算逆米尔斯比率(MillsLambda),判断是否存在样本选择偏差,如果不存在则直接使用 OLS 回归估计结果,如果存在选择偏差,则使用"两步估计法"的计算结果。

二、实证结果

经计算,其逆米尔斯比率为 0.224,标准误 3.560,p 值为 0.95,不存在样本选择偏差,表 8 -3 展示了 OLS 方法对模型各项系数的估计结果。

模型(1)至模型(4)呈现了在控制个人因素和家庭条件的前提下,依次加入在校表现、学校因素和就业状况 3 组控制变量后的估计情况。结果显示,核心解释变量"读研选择"在控制了不同变量的情形下均对毕业生起薪有非常显著的正向影响,说明出国读研比国内读研更能提高毕业生的就业起薪,提升幅度在 25% 左右。另外,无论出国与否,男生均比女生的工资高出约 26%;代表学生英语能力的六级标准分在模型中也呈正向显著,说明英语能力强的学生,就业起薪更高,与之前的研究成果相吻合[16]。本科就读于"211"院校、留在北京工作均对工资有显著的正向影响,而在国企工作的学生起薪少于在个体私营外资单位工作的学生起薪(具体如表 8 -3 所示)。

表 8-3 读研选择对就业起薪的影响

变量	(1) 起薪对数	(2) 起薪对数	(3) 起薪对数	(4) 起薪对数
读研选择	0.428*** (0.0922)	0.277*** (0.102)	0.263** (0.101)	0.252** (0.105)
性别	0.223*** (0.0572)	0.223*** (0.0636)	0.214*** (0.0644)	0.258*** (0.0657)
户籍	0.0335 (0.0695)	0.00425 (0.0707)	0.00276 (0.0702)	-0.00765 (0.0710)
家庭收入对数	0.00533 (0.0110)	0.00446 (0.0113)	0.00106 (0.0113)	0.00327 (0.0114)
父亲高等教育水平	-0.0632 (0.0827)	-0.0626 (0.0884)	-0.0614 (0.0874)	-0.0432 (0.0868)
母亲高等教育水平	0.0996 (0.0830)	0.1000 (0.0885)	0.103 (0.0877)	0.0549 (0.0879)
高考标准分	—	0.137** (0.0583)	0.0545 (0.0654)	0.0750 (0.0660)
六级标准分	—	0.0965** (0.0391)	0.113*** (0.0411)	0.135*** (0.0406)
本科学业排名	—	-0.306 (0.197)	-0.296 (0.195)	-0.173 (0.200)
政治面貌	—	0.0420 (0.0648)	0.0387 (0.0643)	0.0352 (0.0649)
学生干部	—	-0.100 (0.0653)	-0.0908 (0.0646)	-0.0891 (0.0650)
实习	—	0.0330 (0.0871)	0.0500 (0.0884)	0.0651 (0.0895)
本科专业类别	—	—	0.0516 (0.0684)	0.0262 (0.0686)
学校类别	—	—	0.187** (0.0738)	0.194** (0.0756)
工作是否留京	—	—	—	0.145** (0.0614)
就业行业	—	—	—	0.0588 (0.0707)
企业性质	—	—	—	-0.329*** (0.0670)

（续表）

变量	(1) 起薪对数	(2) 起薪对数	(3) 起薪对数	(4) 起薪对数
截距	8.438*** (0.137)	8.488*** (0.180)	8.384*** (0.191)	8.403*** (0.211)
样本量	287	246	246	230
调整后 R^2	0.120	0.132	0.151	0.238

（注：括号内为标准误，* 表示 $p < 0.05$，** 表示 $p < 0.01$，*** 表示 $p < 0.001$。）

第五节　出国留学影响个人起薪的机制

出国读研或国内读研接受的都是研究生教育，而上述研究在设置了大量控制变量的前提下，证实出国读研学生比国内读研学生拥有更高的起薪，因此，这种起薪的差距可以认为是国内研究生教育和国外研究生教育的差距所造成的，本章据此提出假设，出国留学对个人起薪的影响机制在于国外研究生教育质量更优，出国读研学生比国内读研学生接受了更好的研究生教育，综合素质和个人能力更强，因此起薪高于国内学生。下面本章将对这一假设进行量化检验。

由于教育的成果多元且复杂，对于教育质量的评估也缺乏公认的统一标准，因此，本章采用读研学生对自己所接受的研究生教育的打分这一变量作为教育质量的代表①，采用多元线性回归方法建立模型，如式（8－3）：

$$\text{Score} = \beta_0 + \beta_1 \cdot gabo_i + \gamma \cdot X_i + \varepsilon_i \qquad \text{式}(8-3)$$

其中，Score 是研究生教育打分，代表教育质量纳入模型作为因变量，核心解释变量是读研选择 $gabo_i$，控制变量 X_i 选取个人因素、家庭条件、在校表现、学校因素 4 类，该模型旨在考察出国读研学生与国内读研学生在研究生教育满意度打分上的差异。估计结果如表 8－4 模型（1）所示，出国读研学生对研究生教育的满意度打分显

① CEPS 调查问卷中针对读研学生（包括出国读研和国内读研两部分学生）专门设置了一道的题目，即"对你自己所接受的研究生教育进行打分"，打分范围 0～100 分，是数值型连续变量，其具体统计描述可见表 8－1。

著高于国内读研学生的打分，分差达到了6.11分，表明国外研究生教育质量明显高于国内。

由经典线性模型假定可以推知，在遗漏变量的情况下，如果被遗漏变量与核心解释变量相关，则核心解释变量的估计值有偏，具体而言，如果被遗漏变量与核心解释变量显著正相关，则核心解释变量的估计值会发生向上的偏误，即被高估。因此，可以建立模型如式(8-4)：

$$\ln W = \beta_0 + \beta_1 \cdot gabo_i + \beta_2 \cdot score_i + \gamma \cdot X_i + \varepsilon_i \qquad 式(8-4)$$

该模型将研究生教育满意度打分代入之前的工资方程，并观察核心解释变量“读研选择”的系数 β_1 的变化，以进一步研究出国读研学生是否是因为接受了更高水平的教育所以起薪才高于国内读研学生。

表8-4的模型(2)至模型(5)展示了加入研究生教育满意度打分后的工资方程各项估计结果。在控制变量相同，仅增加了满意度打分这一个变量后，4个模型中的核心解释变量——“读研选择”的系数均出现了明显的下降，这表明满意度打分“分担”了读研选择在模型中的一部分作用，之前对于读研选择在工资方程中的系数估计是偏高的，通过将其一部分深层机制——教育质量（教育满意度）剥离出来，使其系数降低以更加接近在工资方程中的真实水平；结果显示在加入了满意度打分后，模型的拟合优度得到了一定的提升，这种添加使得模型自变量对因变量的解释更加充分。

以上结果验证了本章关于出国读研影响个人起薪的假设，即国外的研究生教育质量更优，出国读研学生接受了更高质量的研究生教育，因而个人综合能力得到比国内学生更大的提升，表现在就业市场上就是更强的就业竞争力和更高的就业起薪。这一结论对于客观评价国内外研究生教育的水平差距，进一步提升我国研究生教育水平具有重要意义。

表 8-4　满意度打分对“出国读研影响就业起薪”的机制解释

变量	(1) 满意度打分	(2) 起薪对数	(3) 起薪对数	(4) 起薪对数	(5) 起薪对数
读研选择	6.130*** (1.345)	0.397*** (0.0931)	0.254** (0.103)	0.245** (0.103)	0.232** (0.106)
满意度打分	—	0.00503* (0.00259)	0.00377 (0.00291)	0.00300 (0.00290)	0.00369 (0.00286)
性别	-1.376 (1.015)	0.224*** (0.0569)	0.222*** (0.0635)	0.214*** (0.0644)	0.258*** (0.0656)
户籍	0.544 (1.197)	0.0322 (0.0692)	0.00514 (0.0706)	0.00345 (0.0702)	-0.00914 (0.0709)
家庭收入对数	0.110 (0.147)	0.00470 (0.0110)	0.00396 (0.0113)	0.000791 (0.0113)	0.00317 (0.0113)
父亲高等教育水平	-2.881** (1.313)	-0.0546 (0.0824)	-0.0567 (0.0884)	-0.0567 (0.0875)	-0.0383 (0.0867)
母亲高等教育水平	1.171 (1.306)	0.101 (0.0826)	0.0985 (0.0883)	0.102 (0.0877)	0.0527 (0.0878)
高考标准分	0.721 (0.944)	—	0.138** (0.0582)	0.0586 (0.0655)	0.0830 (0.0662)
六级标准分	1.267* (0.666)	—	0.0918** (0.0393)	0.109*** (0.0414)	0.129*** (0.0408)
本科学业排名	-4.846* (2.854)	—	-0.304 (0.197)	-0.295 (0.195)	-0.172 (0.200)
政治面貌	0.317 (1.035)	—	0.0373 (0.0649)	0.0351 (0.0644)	0.0296 (0.0650)
学生干部	0.815 (1.037)	—	-0.0929 (0.0654)	-0.0852 (0.0649)	-0.0842 (0.0650)
实习	0.493 (1.150)	—	0.0148 (0.0881)	0.0346 (0.0897)	0.0479 (0.0903)
本科专业类别	0.463 (1.108)	—	—	0.0488 (0.0685)	0.0225 (0.0685)
学校类别	1.357 (1.302)	—	—	0.180** (0.0741)	0.185** (0.0758)
工作是否留京	—	—	—	—	0.148** (0.0613)
就业行业	—	—	—	—	0.0612 (0.0707)

（续表）

变量	(1) 满意度打分	(2) 起薪对数	(3) 起薪对数	(4) 起薪对数	(5) 起薪对数
企业性质	—	—	—	—	-0.330*** (0.0669)
截距	73.70*** (2.667)	8.063*** (0.236)	8.221*** (0.273)	8.177*** (0.277)	8.143*** (0.291)
样本量	672	287	246	246	230
调整后 R^2	0.057	0.128	0.135	0.152	0.241

（注：括号内为标准误，* 表示 $p<0.05$，** 表示 $p<0.01$，*** 表示 $p<0.001$。）

第六节　结论与讨论

本章基于“首都大学生成长追踪调查”数据，以其中2006级本科生中继续读研的学生作为研究对象，探究其选择出国或国内读研的影响因素，结果发现英语能力较强，来自城镇，家庭条件较好，本科就读于“211”院校的学生更倾向于选择出国读研。政治面貌为党员和有实习经历的学生不倾向于出国读研。然后，本章以这些研究生毕业后的就业起薪的对数为因变量，建立多元线性模型研究出国经历对毕业生就业起薪的影响，结果表明，出国读研学生的就业起薪显著高于国内读研的学生，大约是国内读研学生起薪水平的125%。在此基础上，本章进一步探讨了出国留学影响个人起薪的机制，结果发现出国读研学生对所接受的研究生教育的满意度明显高于国内读研学生，表明国外研究生教育质量高于国内，出国学生因为接受了比国内学生更优质的研究生教育，因而在毕业后进入就业市场时享有更高的工作起薪。

本章运用长达5年的个体追踪调查数据，关注2006级本科生从大三到读研再到工作的全过程，综合考察其选择出国或国内读研的影响因素以及这一选择对其就业起薪的影响，并运用定量研究方法揭示了出国读研影响个人起薪的深层机制，突破了以往文献运用截面数据，仅对上述问题做单一研究，缺乏量化研究深层机制的局限。

2015年，国务院印发《统筹推进世界一流大学和一流学科建设总体方案》，正式启动“双一流”建设。本章通过研究明确了国内外研究生教育质量的差距现状,并发现这种差距对学生能力和未来发展具有明显影响,这对于在“双一流”建设中坚持“中国特色,世界一流”的核心要求,坚持对接学习世界一流高等教育经验具有一定的启示意义。

本章虽然揭示了教育质量差异是影响国内外读研学生就业起薪差异的原因,但受数据所限,对于具体是教育质量中的哪个环节对学生工作起薪乃至学生能力产生较大影响则分析不足。同时,出国读研经历对于毕业生薪资持续变化的跟踪调查也有待进一步研究。

参考文献

[1] OECD [EB/OL]. http://www.oecd.org/edu/educationataglance2015indicators.htm.

[2] 刘艳. 当代中国出国留学政策变迁的动因分析[J]. 清华大学教育研究,2016(2):91 – 95.

[3] 王辉耀,苗绿. 国际人才蓝皮书:中国留学发展报告(2016)[M]. 北京:社会科学文献出版社,2016.

[4] 苗丹国. 出国留学教育的政策目标——我国吸引在外留学人员的基本状况及对策研究[J]. 清华大学教育研究,2003(2):20 – 28.

[5] 潘昆峰,蒋承. 我国大学生留学选择的影响因素分析[J]. 中国高教研究,2015(3):15 – 20.

[6] 李忠路. 家庭背景、学业表现与研究生教育机会获得[J]. 社会,2016(3):86 – 109.

[7] 陆根书,田美,黎万红. 大学生出国留学意愿的影响因素分析[J]. 复旦教育论坛,2014(5):36 – 44.

[8] 衣新发,林崇德,蔡曙山,黄四林,陈桄,罗良,唐敏. 留学经验与艺术创造力[J]. 心理科学,2011(1):190 – 195.

[9] 郑尧丽,陈劲,周盈盈. 国外留学经历与大学工科生创造力的关系研究[J]. 高等

工程教育研究,2013(1):122-126、138.

[10] 王东明,张文霞.留学回国人员的职业发展优势分析——以科技工作者群体为例[J].中国科技论坛,2010(12):117-122.

[11] 苏一凡.广东省高校留学归国人员绩效及其影响因素研究——以广州十所高校为例[J].华南师范大学学报(社会科学版),2012(4):40-45、158.

[12] 刘青,张超,吕若思,卢进勇."海归"创业经营业绩是否更优:来自中国民营企业的证据[J].世界经济,2013(12):70-89.

[13] 韩威,谢梦.用人单位对中外高校毕业生的满意度调查研究——基于清华大学2010年雇主调查结果[J].中国青年研究,2011(10):81-85.

[14] 许家云,刘廷华,李平.海外留学经历是否提高了个人收入?[J].经济科学,2014(1):90-101.

[15] 李路路.中国大学生成长报告2014[M].北京:中国人民大学出版社,2014.

[16] 潘昆峰,崔盛.语言能力与大学毕业生的工资溢价[J].北京大学教育评论,2016(2):99-112、190.

国内就业迁移篇

第九章　高校毕业生就业迁移的基本现状

本章利用麦可思公司自主研发的“麦可思中国高等教育供需追踪系统”(CHEFS)对2010—2015届连续6届毕业生的样本数据进行研究,基于Faggian毕业生迁移模型,从总体和分类型两方面分析了高校毕业生就业迁移的基本现状,并为区域协调发展提出政策性启示。

第一节　背景介绍

大学生就业如今早已不再是一个新话题了,反而近年来成了一种社会性难题,似乎每一年都是史上“最难就业年”。就业难同“上学难、看病难、安居难”一起共同成为社会热议话题。从原来计划经济体制下的“毕业分配”到如今“自主择业”的就业制度,无论上到国家、社会层面,还是下到学校、家庭层面,“就业”一词受到了前所未有的重视:《教育部关于做好2017届全国普通高等学校毕业生就业创业工作的通知》从5个大方面、19个小方面为全国毕业生的就业创业工作进行了宏观层面上的规范和指导。各高校也为全面指导毕业生就业创业工作,成立就业指导中心,统一整理和发布就业信息,同时,为了系统地反映毕业生就业创业工作实际、完善毕业生就业状况反馈机制,每年发布《毕业生就业质量年度报告》,促进高校人才培养、社会需求和就业的良性互动。

对于每一位毕业生而言，就业地的选择大致可以分为3类：返回生源地工作，在大学所在地工作，去另外一个城市工作。为了更好地构建并模拟各种类型迁移的行为模型，Faggian等人将毕业生的迁移分为5种：两次迁移（Repeat Migrant）、返回迁移（Return Migrant）、前期迁移（Sticker）、后期迁移（Late Mover）和不迁移（Stayer）。[1]其中，两次迁移是指学生的生源地、大学所在地和工作地均不相同；返回迁移是指学生不在生源地上学，但工作时却返回了生源地；前期迁移是指学生生源地和大学所在地不同，但工作地和大学所在地相同；后期迁移是指学生生源地和大学所在地相同，但工作地和大学所在地不同；最后一种不迁移是指学生的生源地、大学所在地和工作地均相同。

我们使用麦可思公司自主研发的“麦可思中国高等教育供需追踪系统”（CHEFS）对2010—2015届连续6届毕业生的样本数据进行研究。CHEFS是“以社会需求信息为依据的就业导向”的评价系统，通过跟踪大学毕业生的社会需求满足、就业质量与读研学术准备的结果，把分析结果反馈给高等教育机构，以帮助高等教育机构按社会需求来改进招生、专业设置、课程设置、课程内容、教学方式和求职服务，实现以社会需求和培养结果评价为重要依据的高校管理过程控制。囿于数据，我们把中国内地31个省、自治区和直辖市分为8个经济体系区域（如表9－1所示）。余下部分将依据Faggian迁移行为模型，从总体和分类型两方面对毕业生就业迁移状况进行细致的描述。

表9－1　八大经济体系区域表

经济区域	省份
东北区域经济体	黑龙江、吉林、辽宁
泛渤海湾区域经济体	北京、天津、山东、河北、内蒙古、山西
陕甘宁青区域经济体	陕西、甘肃、宁夏、青海
中原区域经济体	河南、湖北、湖南
泛长江三角洲区域经济体	上海、江苏、浙江、江西、安徽
泛珠江三角洲区域经济体	广东、广西、福建、海南
西南区域经济体	重庆、四川、贵州、云南
西部生态经济区	西藏、新疆

第二节　总体高校毕业生就业迁移的基本现状

该部分依据 Faggian 5 种迁移行为模型，从总体的角度，从 2010—2015 届连续 6 届毕业生变化的角度，对毕业生就业迁移状况进行细致的描述。

就总体迁移情况而言，调查中有 50% 的毕业生不迁移，26% 返回迁移，5% 前期迁移，14% 后期迁移，5% 两次迁移（如图 9－1 所示）。

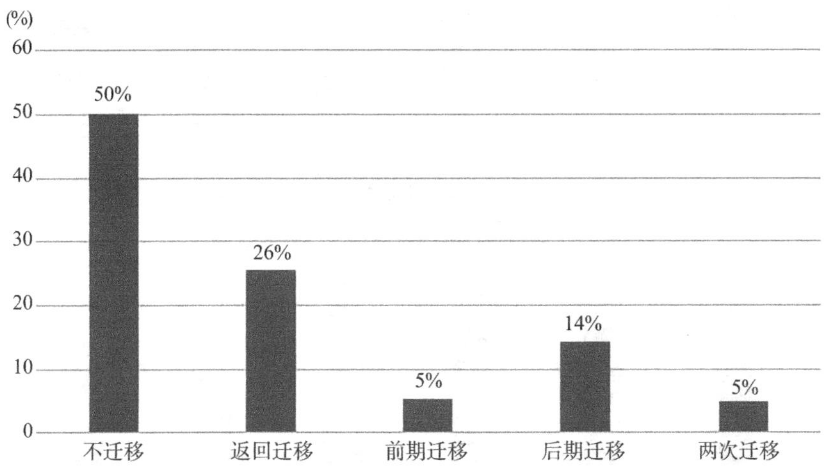

图 9－1　总体迁移情况

在总体“不迁移”类型的统计结果（如图 9－2 所示）中，2015 届不迁移的毕业生占该届毕业生总体的比率为 48%，2014 届不迁移的毕业生占该届毕业生总体的比率为 50%，2013 届不迁移的毕业生占该届毕业生总体的比率为 53%，2012 届不迁移的毕业生占该届毕业生总体的比率为 50%，2011 届不迁移的毕业生占该届毕业生总体的比率为 50%，2010 届不迁移的毕业生占该届毕业生总体的比率为 49%。

在总体“返回迁移”类型的统计结果（如图 9－3 所示）中，2015 届返回迁移的毕业生占该届毕业生总体的比率为 27%，2014 届返回迁移的毕业生占该届毕业生总体的比率为 25%，2013 届返回迁移的毕业生占该届毕业生总体的比率为 30%，2012 届返回迁移的毕业生占该届毕业生总体的比率为 27%，2011 届返回迁移的毕业生占该届毕业生总体的比率为23%，2010届返回迁移的毕业生占该届毕业生总体的比率为22%。

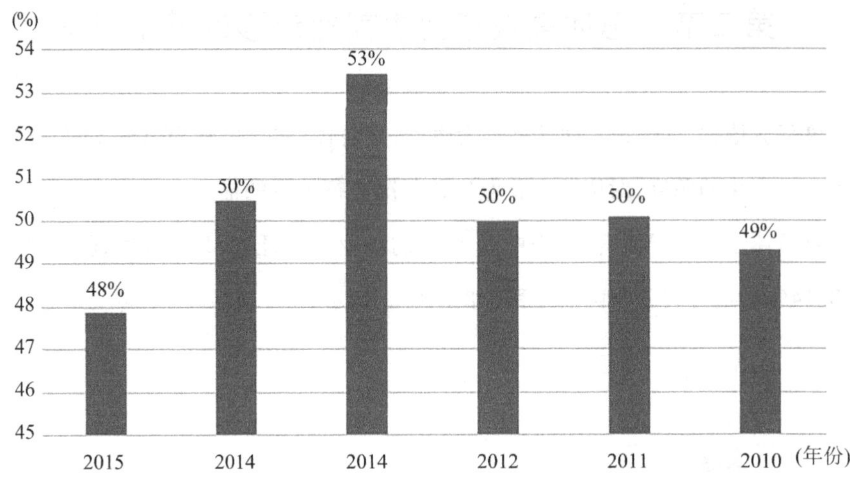

图9－2　不迁移情况

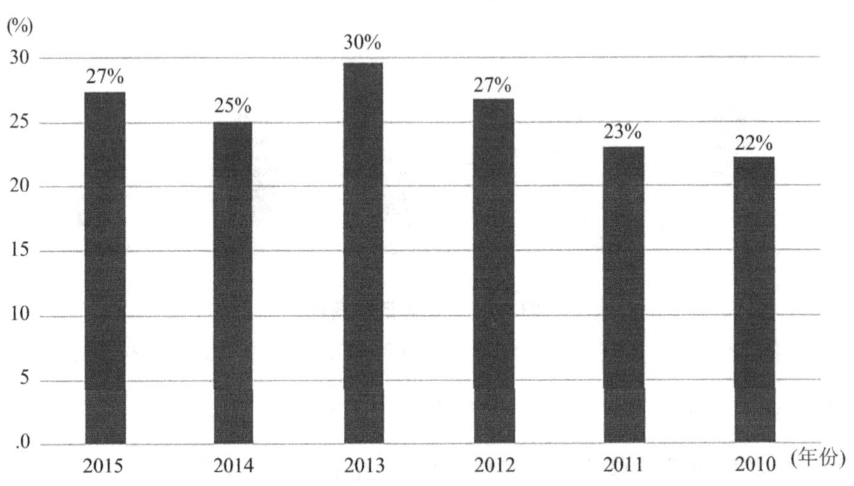

图9－3　返回迁移情况

在总体“前期迁移”类型的统计结果（如图9－4所示）中，2015届前期迁移的毕业生占该届毕业生总体的比率为5%，2014届前期迁移的毕业生占该届毕业生总体的比率为5%，2013届前期迁移的毕业生占该届毕业生总体的比率为4%，2012届前期迁移的毕业生占该届毕业生总体的比率为5%，2011届前期迁移的毕业生占该届毕业生总体的比率为6%，2010届前期迁移的毕业生占该届毕业生总体的比率为6%。

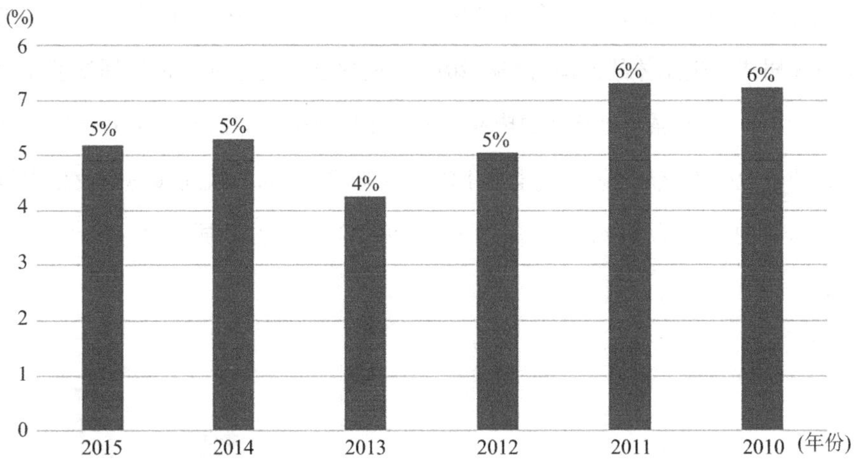

图 9－4　前期迁移情况

在总体“后期迁移”类型的统计结果(如图 9－5 所示)中,2015 届后期迁移的毕业生占该届毕业生总体的比率为 15%,2014 届后期迁移的毕业生占该届毕业生总体的比率为 15%,2013 届后期迁移的毕业生占该届毕业生总体的比率为 10%,2012 届后期迁移的毕业生占该届毕业生总体的比率为 14%,2011 届后期迁移的毕业生占该届毕业生总体的比率为 15%,2010 届后期迁移的毕业生占该届毕业生总体的比率为 15%。

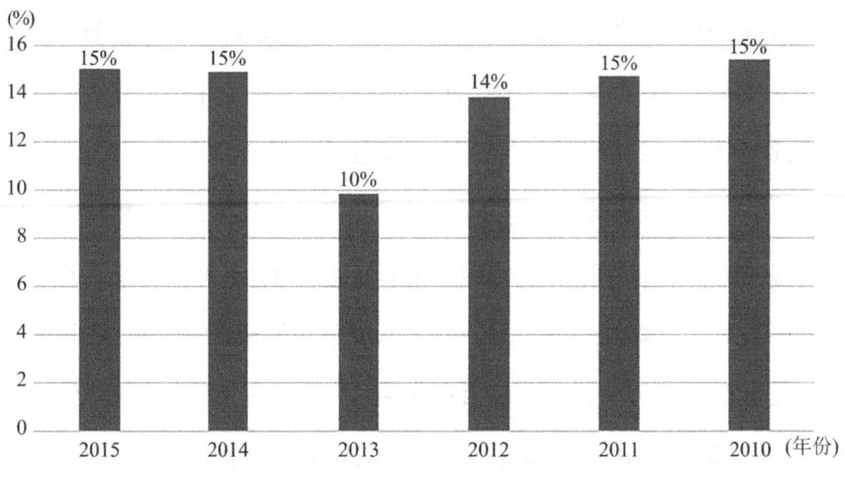

图 9－5　后期迁移情况

在总体“两次迁移”类型的统计结果(如图9－6所示)中,2015届两次迁移的毕业生占该届毕业生总体的比率为5%,2014届两次迁移的毕业生占该届毕业生总体的比率为4%,2013届两次迁移的毕业生占该届毕业生总体的比率为3%,2012届两次迁移的毕业生占该届毕业生总体的比率为4%,2011届两次迁移的毕业生占该届毕业生总体的比率为6%,2010届两次迁移的毕业生占该届毕业生总体的比率为7%。

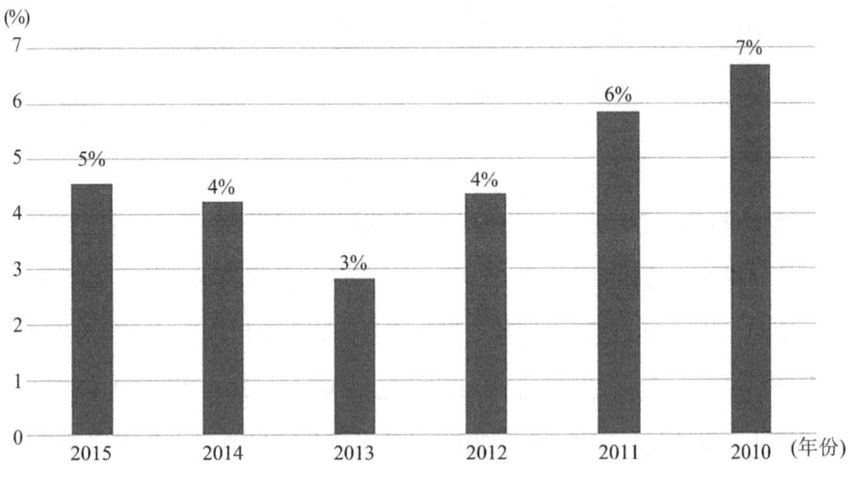

图9－6　两次迁移情况

在各届迁移情况的统计结果(如图9－7所示)中,2013届不迁移的毕业生占该届毕业生总体的比率最高,为53%。2015届不迁移的毕业生占该届毕业生总体的比率最低,为48%。2013届返回迁移的毕业生占该届毕业生总体的比率最高,为30%。2010届返回迁移的毕业生占该届毕业生总体的比率最低,为22%。2011届前期迁移的毕业生占该届毕业生总体的比率最高,为6%。2013届前期迁移的毕业生占该届毕业生总体的比率最低,为4%。2010届后期迁移的毕业生占该届毕业生总体的比率最高,为15%。2013届后期迁移的毕业生占该届毕业生总体的比率最低,为10%。2010届两次迁移的毕业生占该届毕业生总体的比率最高,为7%。2013届两次迁移的毕业生占该届毕业生总体的比率最低,为3%。

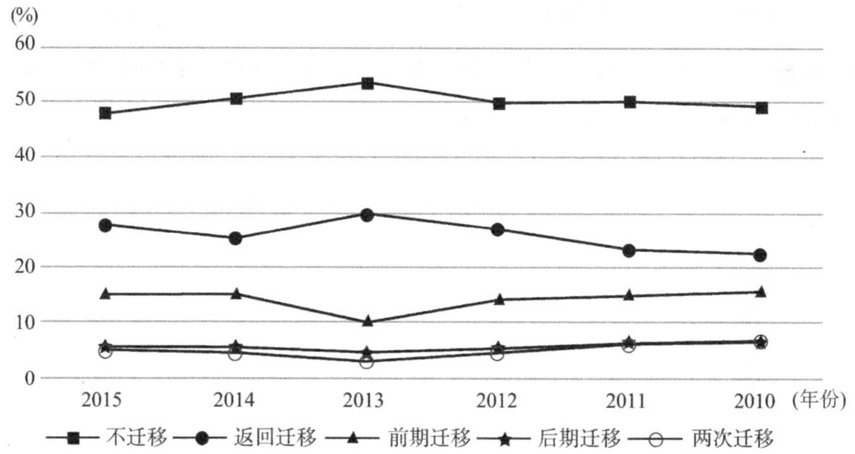

图 9－7　各届迁移情况

第三节　不同类别毕业生就业迁移的基本现状

该部分依据 Faggian 5 种迁移行为模型，从性别、学校类型、父母受教育程度、大学所在地和生源地共 5 个角度，对不同类别毕业生就业迁移状况进行细致的描述。

在分性别毕业生迁移情况的统计结果（如图 9－8 所示）中，调查中女生不迁移占女生总体的 63%，男生不迁移占男生总体的 52%。女生返回迁移占女生总体的 14%，男生返回迁移占男生总体的 16%。女生前期迁移占女生总体的 6%，男生前期迁移占男生总体的 7%。女生后期迁移占女生总体的 14%，男生后期迁移占男生总体的 18%。女生两次迁移占女生总体的 4%，男生两次迁移占男生总体的 7%。

在分学校类型毕业生迁移情况的统计结果（如图 9－9 所示）中，调查中“211”高校毕业生不迁移占该学校类型毕业生总体的 33%，非“211”本科毕业生不迁移占该学校类型毕业生总体的 52%。“211”高校毕业生返回迁移占该学校类型毕业生总体的 28%，非“211”本科毕业生返回迁移占该学校类型毕业生总体的 24%。“211”高校毕业生前期迁移占该学校类型毕业生总体的 10%，非“211”本科毕业生前期迁移占该学校类型毕业生总体的 5%。“211”高校毕业生后期迁移占该学校类型毕业生总体的16%，非“211”本科毕业生后期迁移占该学校类型毕业生总体的14%。“211”高校毕业生两次迁移占该学校类型毕业生总体的13%，非“211”本科毕业生两次迁移占该学校类型毕业生总体的5%。

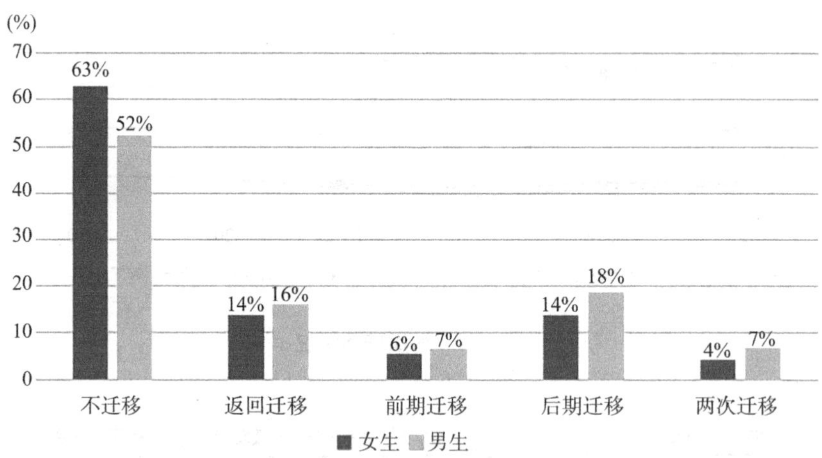

图9-8　分性别迁移情况

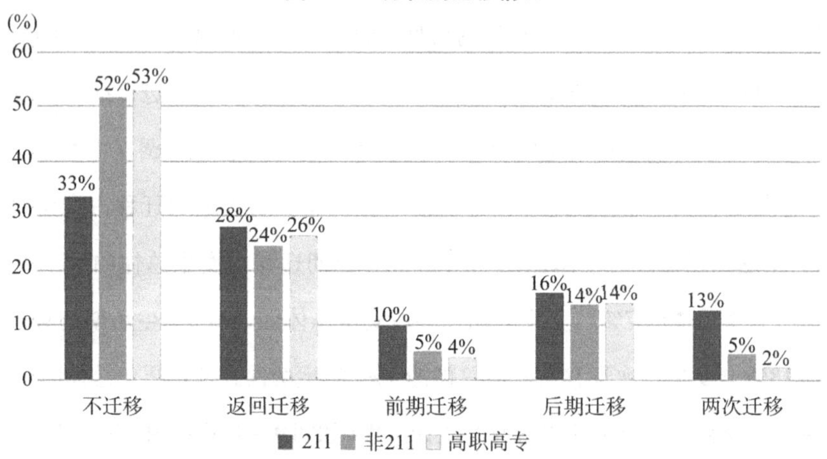

图9-9　分学校类型毕业生迁移情况

在分父母受教育程度毕业生迁移情况的统计结果（如图9-10所示）中，调查中父母受教育程度为初中且不迁移的毕业生占该父母受教育类型毕业生总体的62%。父母受教育程度为高中且不迁移的毕业生占该父母受教育类型毕业生总体的60%。父母受教育程度为初中且返回迁移的毕业生占该父母受教育类型毕业生总体的

12%。父母受教育程度为高中且返回迁移的毕业生占该父母受教育类型毕业生总体的13%。父母受教育程度为初中且前期迁移的毕业生占该父母受教育类型毕业生总体的6%。父母受教育程度为高中且前期迁移的毕业生占该父母受教育类型毕业生总体的7%。父母受教育程度为初中且后期迁移的毕业生占该父母受教育类型毕业生总体的15%。父母受教育程度为高中且后期迁移的毕业生占该父母受教育类型毕业生总体的15%。父母受教育程度为初中且两次迁移的毕业生占该父母受教育类型毕业生总体的5%。父母受教育程度为高中且两次迁移的毕业生占该父母受教育类型毕业生总体的6%。

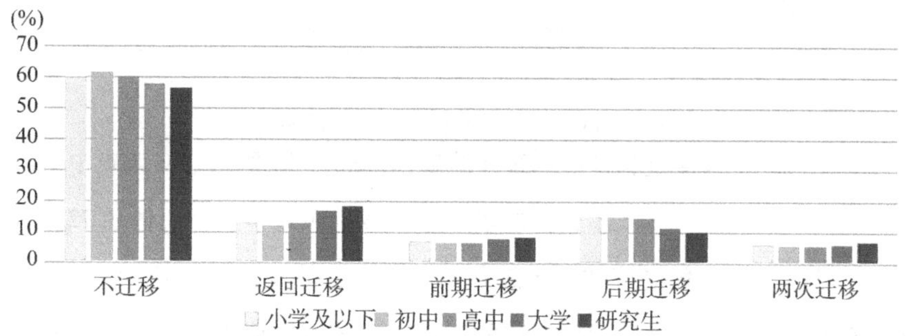

图9－10　分父母受教育程度毕业生迁移情况

在分大学所在地毕业生迁移情况的统计结果(如图9－11所示)中,调查中大学在泛珠江三角洲区域经济体且不迁移的毕业生占该大学所在地毕业生总体的65%。大学在泛长江三角洲区域经济体且不迁移的毕业生占该大学所在地毕业生总体的58%。大学在陕甘宁青区域经济体且返回迁移的毕业生占该大学所在地毕业生总体的32%。大学在东北区域经济体且返回迁移的毕业生占该大学所在地毕业生总体的30%。大学在西部生态经济区且前期迁移的毕业生占该大学所在地毕业生总体的12%。大学在泛渤海湾区域经济体且前期迁移的毕业生占该大学所在地毕业生总体的8%。大学在中原区域经济体且后期迁移的毕业生占该大学所在地毕业生总体的27%。大学在东北区域经济体且后期迁移的毕业生占该大学所在地毕业生总体的23%。大学在陕甘宁青区域经济体且两次期迁移的毕业生占该大学所在地毕业生总体的10%。大学在东北区域经济体且两次迁移的毕业生占该大学所在地毕业生总体的10%。

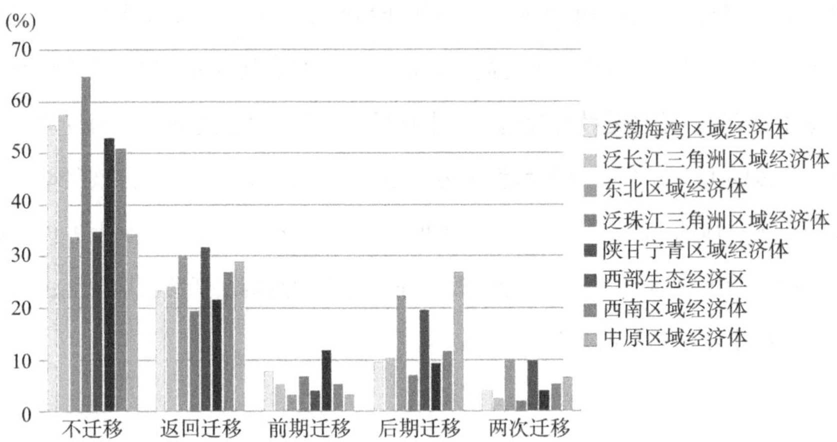

图9－11　分大学所在地毕业生迁移情况

在分生源地毕业生迁移情况的统计结果(如图9－12所示)中,调查中生源地在泛长江三角洲区域经济体且不迁移的毕业生占该生源地毕业生总体的72%。生源地在泛珠江三角洲区域经济体且不迁移的毕业生占该生源地毕业生总体的75%。生源地在西部生态经济区且返回迁移的毕业生占该生源地毕业生总体的24%。生源地在泛渤海湾区域经济体且返回迁移的毕业生占该生源地毕业生总体的12%。生源地在西部生态经济区且前期迁移的毕业生占该生源地毕业生总体的14%。生源地在陕甘宁青区域经济体且前期迁移的毕业生占该生源地毕业生总体的10%。

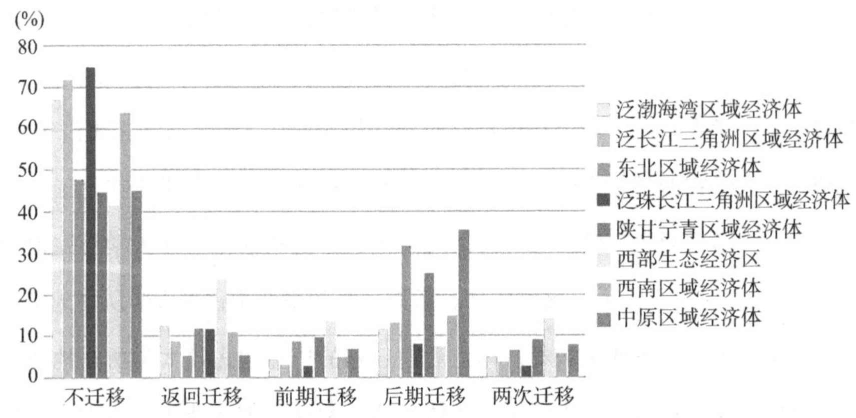

图9－12　分生源地毕业生迁移情况

生源地在中原区域经济体且后期迁移的毕业生占该生源地毕业生总体的35%。生源地在东北区域经济体且后期迁移的毕业生占该生源地毕业生总体的32%。生源地在西部生态经济区且两次迁移的毕业生占该生源地毕业生总体的14%。生源地在陕甘宁青区域经济体且两次迁移的毕业生占该生源地毕业生总体的9%。

第四节　小　结

通过对总体高校毕业生就业迁移基本现状的分析后，我们发现大学毕业生总体迁移比例并不是很高，高达一半的毕业生在生源地上学和工作，尤其是2013届毕业生，相比于其他5届毕业生而言，“不迁移”比率最高。在外地上学又返回生源地工作的毕业生也占到了总体的1/4，同样是2013届毕业生，“返回迁移”也达到小高峰，比率高达30%。这说明绝大多数毕业生还是会选择家乡作为自己的工作地。选择不在家乡工作的比率略低（不在家乡工作包括“前期迁移”“后期迁移”和“两次迁移”），其中2013届毕业生最低为17%（=4%+10%+3%），2010届比率最高为28%（=6%+15%+7%）。

通过对不同类别毕业生就业迁移基本现状的分析后，我们发现大学毕业生男生迁移率比女生略高，男生不在家乡工作的比率（不在家乡工作包括“前期迁移”“后期迁移”和“两次迁移”）比女生高约8%。“211”院校相比于非“211”本科院校和高职高专院校，其毕业生更愿意“迁移”。“211”院校毕业生不在家乡工作的比率（不在家乡工作包括“前期迁移”“后期迁移”和“两次迁移”）比高职高专院校毕业生高约19%，且在“两次迁移”类型中，“211”院校毕业生比率是高职高专院校比率的7倍（=13%/2%）。父母受教育程度越高，其子女迁移比率越高，在“两次迁移”类型中，父母教育程度为研究生的迁移比率最高。东北区域经济体和中原区域经济体的毕业生更愿意迁移，而泛珠江三角洲区域经济体和泛长江三角洲区域经济体的毕业生则不愿意迁移。生源地为西部生态经济区和陕甘宁青区域经济体的毕业生更愿意迁移，而生源地为泛珠江三角洲区域经济体和泛长江三角洲区域经济体的毕业生则不愿意迁移。

总的来说，由于京、津、沪及其他东部发达地区的吸引，中、西部人才流失比较严重。如何留住本地生源毕业生以及本地院校毕业生是中、西部地区需要积极探讨的重要问题。以往疏导大学毕业生就业流向的政策，往往只考虑何种优厚条件才能吸引更多的毕业生到经济欠发达的中、西部地区就业，却忽略了“前期迁移”以及高等教育资源的地区分布对大学毕业生就业迁移的引导作用。高等教育与地区经济之间不仅是相互协调发展的关系，高等教育还会通过吸引人才流入来促进当地的经济发展。反之，高等教育规模过小，也会限制人才的引进，进而制约地区的经济发展，地方政府在对高等教育进行投资时也应充分认识到这一重要性。

此外，在新增高校或者调整高等教育地区结构时，也应将各地区的发展战略与当地高等教育的发展目标紧密结合起来，重点培养适应当地需求、对当地社会和文化具有认同感的各类人才。对于经济发达的地区而言，其自身的快速发展对人才的吸引力较大，所需的各类人才可以通过人才引进的方法来解决。但对于经济较为落后的地区，如果当地高等学校能够针对自身发展培养适应当地的专业人才，将会在一定程度上减少人才流失，促进当地的经济发展。

参考文献

[1] Faggian, A., McCann, P., Sheppard, S. An analysis of ethnic differences in UK graduate migration behaviour[J]. *The Annals of Regional Science*, 2006, 40(2): 461 – 471.

第十章　高校毕业生就业迁移的网络模式*

大学毕业生的就业迁移作为人力资本迁移的重要内容之一,近些年在学术界与政策制定方面引发了广泛关注,但其深层机制仍未被完全揭示。因此,本章采用迁移网络理论,从市一级层面研究中国大学毕业生从家乡到工作地的迁移状况。首先介绍迁移网络理论,它属于拓扑学的重要范畴,本章将详细讨论迁移网络理论复杂且多元的特征。通过研究发现,市一级层面的研究结果与省一级的研究结果大致相同,表明省域界线是大学毕业生迁移的重要分隔线。此外,本章还发现大学毕业生迁移状况取决于城市间的距离以及相关城市是否位于同一省份。

第一节　引　言

每年9月,数以百万计的中国大学毕业生奔波于招聘会,投递简历,联系招聘企业,以获得一份满意的工作。自改革开放以来,经济快速发展的同时,越来越多的中国人尤其是年轻人开始改变安土重迁的传统思维,他们综合考虑个人发展、地区经

* 本章译写自孙怡帆、潘昆峰合作完成的论文《Inter – urban migration patterns of Chinese graduates: fromhometown to workplace》,论文译写过程中进行了精简。

济、环境和其他相关因素，并在此基础上选择最适合自己工作的地点，因此，中国产生了一种全新的人口迁移类型，即大学毕业生从家乡到工作地的就业迁移。因为这种迁移引发熟练技术工和高学历人员的流动，对地区经济发展具有重要影响[1-3]，所以成为迁移研究的焦点，相关研究对于大学毕业生迁移的内因和外因进行了较为详尽的讨论。

内因研究关注性别、年龄和原始居住地等个人特征。Coniglio 和 Prota[4]利用邮件调查了居住在意大利 Basilicata 地区的大学毕业生，结果显示，年龄、性别、教育背景尤其是过去在受教育过程中是否发生过迁移等因素的影响显著。这些结果表明，女性(与 Faggian 等的研究结果[5]相吻合)、更年轻的、获得工学或商学学位的、在受教育或实习时发生过迁移的大学毕业生更容易产生从家乡到工作地的就业迁移。Faggian 等[6]关注不同种族的英国大学毕业生，研究种族在毕业生就业迁移中的影响。Venhorst[7]针对丹麦综合性大学和专科学校的毕业生研究其能力和专业对就业迁移的影响，结果发现，综合性大学的毕业生比专科学校的毕业生发生就业迁移的比例更高；不同学科毕业生的迁移模式也不尽相同，例如，工学和经济学的毕业生就更倾向于去国家的经济中心城市工作。

除了上述对内因的研究，对于外因的研究同样很多，如关注地区的经济发展、基础设施和创新活力等。有相当数量的研究都聚焦于地区经济发展(如就业率)对大学毕业生就业迁移的影响[8-11]，还有许多研究关注生活质量对就业迁移的驱动作用，以 Florida[12]为代表的很多研究者[13-15]关注基础设施和生活质量对就业迁移的影响。此外，Gottlieb 和 Joseph[9]发现博士对地区基础设施更加关注；Marinelli[16;17]以意大利大学毕业生为对象研究就业迁移与地区创新活力的关系，结果显示后者是影响前者的重要因素。一些社会学家认为，一个人的社会关系为其就业迁移提供信息和支持[18-21]，所以就业迁移不仅仅是一个个人行为，更是一种复杂的现象。Marinelli[16;17]的研究证实，社会关系对就业迁移的影响比地区因素要大得多。在针对中国大学毕业生的就业迁移研究方面，人力资本水平、毕业学校所在地和地区因素都有较多的讨论[22;23]。

尽管许多文献对大学毕业生就业迁移的模式都有所讨论，但这一迁移类型的机制尚未被彻底揭示，如果仅停留在研究迁移的现象，而忽视迁移中个人与地方的特征，就无法全面理解这一问题。人口统计学的方法可以计算一些地区的重要指标，如迁入率、迁出率、网络迁移率等。研究还可以在给定若干推力和拉力要素的情况下，通过改进的引力模型预测两个特定城市间的迁移量。以上这些都是重要的信息，但学界尚无全国范围的毕业生就业迁移研究。本章将运用迁移网络理论填补这一空白，首先，将毕业生迁移视作迁移网络，用节点代表地点，用节点之间的连线——边代表毕业生在不同地点之间的迁移，由此形成了毕业生就业迁移网络；然后运用相关理论分析这一网络是否与已知的网络模型类似，及其分布特点、结构性特征等信息。需要特别说明的是，本章提到的迁移网络并非移民网络，后者是指帮助移民迁移的亲戚、朋友、社区成员和组织与移民之间的关系网络[24]，以移民作为节点，而本章涉及的迁移网络以地点为节点，以迁移为边，以边的粗细代表迁移的人数。

从网络视角研究人口迁移已有一些尝试，比较早的是 Maier 和 Vyborny[25] 运用社会网络分析美国国内的人口迁移，发现一些州的社会网络在迁移中有重要作用。更多的研究集中在人口流动方面，人口流动比迁移持续的时间要短得多，也比迁移更常发生，Chowell 等[26] 模拟了波兰一天 160 万人的流动状况，他们用节点代表实际地点，用边代表人的流动，绘制了网络图，分析后发现出度（从节点指出的边的数目）和强度（每个节点流动的数量）均较好地符合幂律分布。De Montis 等[27] 运用加权网络方法研究意大利撒丁岛上的跨城市通勤情况，尽管与之前的研究在峰度分布上略有不同，但结果相似，即通勤量符合幂律，表明在强度和度之间存在较强的非线性关系。Caschili 等[28] 运用加权的模块最大化算法研究不同通勤网络中的群组，研究确定的群组大体与行政区划相一致。Patuelli 等[29] 研究德国通勤空间网络随时间的变化改变，然而其采用的数据主要来源于调查，成本高昂且不完整。近年来，移动端定位技术不断完善，记录位置信息的手机应用也不断发展，这才使得对于个人轨迹的记录更加精确，对人口流动的研究也得以不断深入。例如，有研究者[30-32] 运用出租车的 GPS 数据研究人口在城市内部的流动模式；还有研究者[33-35]利用手机数据确定日常流动路线；也有研究者通过调查 LBSN(Location Based Social Networks)来探究人口流动的空间分布[36; 37]以及地理要素对社会网络的影响[38; 39]。

本章利用的数据包含 2008 年中国大陆大学毕业生的生源地和毕业工作地，共 334 个城市，分析城市迁入和迁出模式的拓扑性质和群组结构，本章将重点关注以下几个问题，即在大学毕业生就业市场，城市扮演着什么样的角色？城市间的迁入和迁出特征是否一致？诸如行政区划的地理要素是否对解释毕业生迁移有重要作用？对这些问题的回答有利于揭示就业迁移的模式，加强对迁移网络和地区发展的理解。

在以上内容之后，本章在第二节详细介绍用到的数据和迁移网络的结构，在第三节研究网络的拓扑性质，包括度、边权和点权的分布，第四节从市级和省级两个层面分析大学毕业生就业迁移的群组结构，第五节通过分析城市间迁入和迁出模式的差异寻找就业迁移的相似点，第六节总结结论并做进一步讨论。

第二节　数据描述

本章运用的数据来源于一项由教育部进行的 2008 年中国大学毕业生初次就业的普查，包括当年中国大学毕业生从录取到就业的全部信息，有个人信息、学校信息、专业和学位、入学时的生源地和就业时的工作地等。有效个案 5594226 个。需要指出的是，数据的地理信息包括大学所在地、生源地和就业地，都是市级层面，在 2008 年，中国大陆共有 337 个城市，其中 4 个直辖市、15 个副省级城市、271 个地级市、3 个盟、30 个自治州、14 个地区。数据中巢湖、铜仁和毕节的数据因为行政地区编码的微调而在 2008 年缺失。

这份数据为研究大学毕业生从生源地到就业地的迁移提供了可能，根据大学毕业生工作的城际迁移情况可以形成迁移网络 G，其中，节点 i 代表城市，边 (i,j) 代表毕业生从生源地 i 流向工作地 j，边的权重 ω_{ij} 代表毕业生迁移的人数。迁移网络 G 的密度相对较高，$\rho = \frac{M}{C_N^2} \approx 0.47$，因此图 10－1 仅展示所有权重超过 500 的节点和边。

图 10－1　迁移网络图

（注：共涉及 334 个城市，每一个点代表一个城市，本图只展示了权重超过 500 的点和边，其占总体的 0.84%，图中连线随着边权的增加而变宽。）

第三节　迁移网络的拓扑性质

一、度分布

因为迁移网络中的边是有方向的，所以可以研究节点的入度和出度。需要特别指出的是，一个节点指向自身的连接称作自身边，它不属于上述两种边中的任何一种，代表毕业生回生源地就业。在迁移网络中，节点的入度在某种程度上代表了相应城市对毕业生的吸引力,出度则反映了该地学生就业地点选择的多样化倾向。出度和入度的分布分别较好地符合正态分布和韦伯分布(如表 10 - 1 所示),相应的参数可见表 10 - 2。这两个度的概率分布的一个共同特点是即使在无限大的网络中,其变异也是有限的,而不是无限变异,这表明节点入度和出度的分布不存在异质性。类似的结论在 De. Montis 等[27]的研究中也可以找到。

表 10 - 1　节点入度和出度的分布

节点度	概率分布	Akaike 权重	P 值	
出度	正态分布	0.973	0.365	
	韦伯分布	0.027	0.126	
	对数正态分布	0	***	
	伽玛分布	0	***	
入度	正态分布	0	*	
	韦伯分布	1	0.341	
	对数正态分布	0	***	
	伽玛分布	0	*	

(注:P 值由 KS 检验所得, * 表示 $p<0.1$, *** 表示 $p<0.001$。)

表 10 - 2　最符合的分布比对结果

节点度	概率分布	$\mu(\lambda)$ 估计值	$\mu(\lambda)$ 95% 置信区间
出度	—	155.6	(149.3,161.9)
入度	—	173.4	(162.2,185.3)
	$\sigma(k)$ 估计值	$\sigma(k)$ 95% 置信区间	GOF
出度	58.4	(54.2,63.2)	0.05
入度	1.69	(1.55,1.85)	0.051

[注:GOF (Good of fitness) 由 KS 统计量所得。]

二、节点强度分析

(一)节点强度分布

除了节点的度,另一个衡量节点重要性的指标是节点强度。节点强度是指连接该节点的所有边的权重总和。在加权网络中,节点强度是度的一般性形式,代表了一个城市流入和流出的毕业生数量。参考节点的度被分为入度和出度，其强度同样可以分为流入强度 S_i^{in} 和流出强度 S_i^{out} ，其定义式如式(10－1)：

$$S_i^{In} = \sum_{\omega \in \mathbf{N}_i} \omega_{ji} \text{ , } S_i^{out} = \sum_{j \in \mathbf{N}_i} \omega_{ij} \qquad \text{式(10－1)}$$

N_i 代表除节点 i 自身之外所有与其有边相连的节点集，ω_{ji} 和 ω_{ij} 分别代表从 j 到 i 和从 i 到 j 的边的权重。对于城市 i 而言，S_i^{in} 代表流入该城市的毕业生数量，S_i^{out} 则代表流出该城市的数量。

在流入方面，排在前20位的城市中有18个省会城市和一个直辖市（北京）。与之形成对比的是鲜有毕业生选择赴西藏或青海工作（如那曲、玉树等，详见表10－3），生源地属上述两省的学生相对较少，这也造成了这两省毕业生流出量较低的情况。毕业后发生迁移的学生主要来自中、东部的地级市（如河南的安阳、周口，安徽的安庆，江苏的徐州等，详见表10－4。

表10－3　毕业生流入强度城市排名

	排名	城市	省份	地区
流入强度	1	成都	四川	西南
	3	郑州	河南	中部
	4	武汉	湖北	中部
	6	广州	广东	南部
	18	北京	北京	北部
	326	果洛	青海	西北
	331	玉树	青海	西北
	332	黄南	青海	西北
	333	那曲	西藏	西南
	334	阿里	西藏	西南

表10－4　毕业生流出强度城市排名

	排名	城市	省份	地区
流出强度	1	南阳	河南	中部
	2	安庆	安徽	中部
	3	徐州	江苏	东部
	4	保定	河北	北部
	5	周口	河南	中部
	330	黄南	西藏	西南
	331	那曲	西藏	西南
	332	阿里	西藏	西南
	333	果洛	青海	西北
	334	玉树	青海	西北

为了定量研究流入数量与流出数量的异质性，本章考察了流入强度和流出强度的概率分布（如图 10 - 2 所示），为了减轻数据末端极值的影响，数据以 0.1 的整 10 倍为标准取对数，这两类节点强度的值呈 3 个阶段，最后的尾部取值都较好地符合幂率函数 $P(S) \propto S^{\gamma}$，其中，流出强度的 $\gamma = 5.57$，流入强度的 $\gamma = 1.69$，反映了节点强度较强的异质性，这与节点的度的较弱的异质性形成鲜明对比，很少的节点拥有很强的节点强度也反映了城市间毕业生迁移量的极不平衡。对比节点的度和节点强度的定义，可以推测边的权重应该是造成节点强度异质性的原因，这一点可以从边的权重的概率分布看出。边的权重 ω 的概率是指任意一条边的权重为 ω 的可能性，其分布符合 $\gamma = 1.975$ 的幂率分布［如图 10 - 3（a）所示］，这表明某些权重较大的边对总权重有巨大影响，换言之，少数几个城市间的迁移支配了整体的迁移格局，正是这些权重较大的边使得迁移网络中出现了很多节点强度意义上的“中心”。

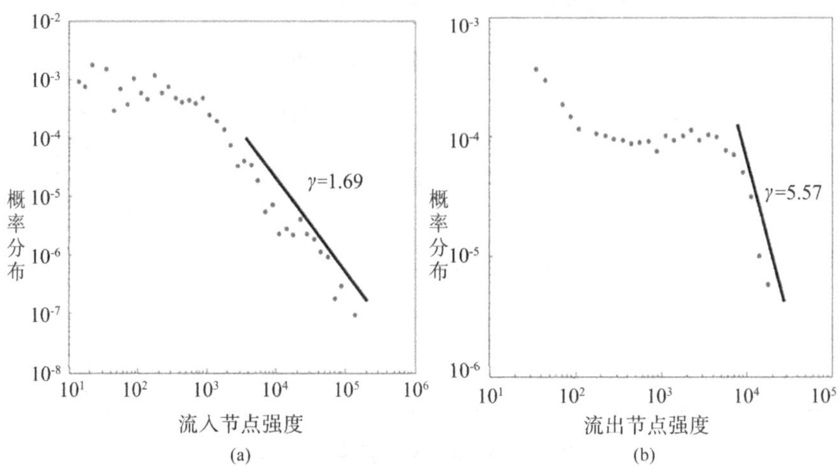

图 10 - 2　(a) 图中的流入强度概率分布使用“对数—对数”模型，其分布较好地符合指数为 1.69 的幂律分布（实线为拟合曲线）；(b) 图中的流出强度概率分布也使用“对数—对数”模型，其分布较好地符合指数为 5.57 的幂律分布（实线为拟合曲线）。给数据取对数是为了减轻数据末端极值的影响。

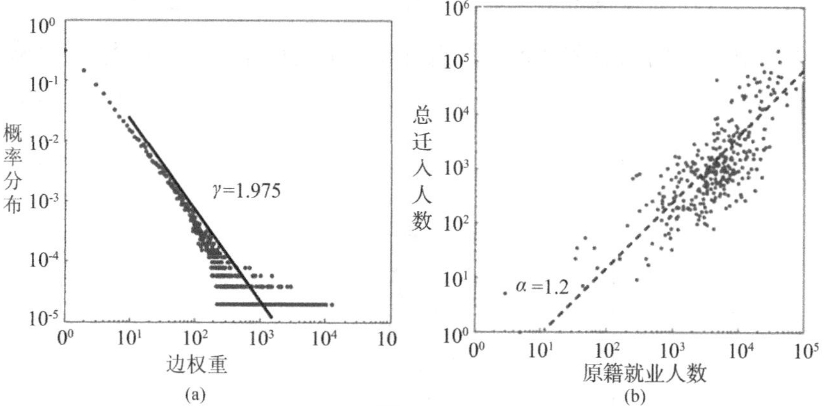

图 10－3　(a)图中的边权概率分布使用“对数—对数”模型，其分布较好地符合指数为 1.975 的幂律分布(实线为拟合曲线)。(b)图是自变量为原籍就业学生的数量，因变量为节点流入强度，采用“对数—对数”模型的图像。

(二)大学毕业生原籍就业的相关性研究

上文的研究聚焦于大学毕业后发生工作迁移的学生，但忽视了在家乡原籍就业的毕业生(包括在外地上学后返回家乡就业和在家乡上学并就业两类[16])，为研究这一部分毕业生的就业状况，首先要定义城市 i 的流出率 p_i^{out} 满足式(10－2)：

$$p_i^{out} = \frac{S_i^{out}}{S_i^{out} + R_i} \qquad \text{式(10－2)}$$

其中，R_i 代表城市 i 中原籍就业的学生数量，S_i^{out} 是节点流出强度，即离开城市 i 到外地就业的学生数量，p^{out} 代表毕业生离开原籍就业的意愿，p^{out} 值高则意味着该地学生离开原籍去外地就业的意愿强。事实上，尚无明显证据表明 S^{out} 和 p^{out} 之间有关系，二者的皮尔逊相关系数仅为 0.07，一个城市如果有较多的外出就业学生并不意味着其流出率高，因为该城市可能还有更大量的原籍就业学生，使得最终的流出率处于较低水平。例如，4 个直辖市之一的重庆市，其外出就业学生有 15 万人，位居全国 334 个市的第 13 位，然而其流出率仅为 0.21。同样，外出就业学生数量少也不一定意味着流出率低，因为当地可能有更少的原籍就业学生，如西藏的那曲和林芝的外出就业学生数量均不足 500 人，但其流出率均超过 0.9。p^{out} 的概率分布直方图如图 10－4 所示，其分布大致符合韦伯分布，峰值对应的流出率约 0.4。

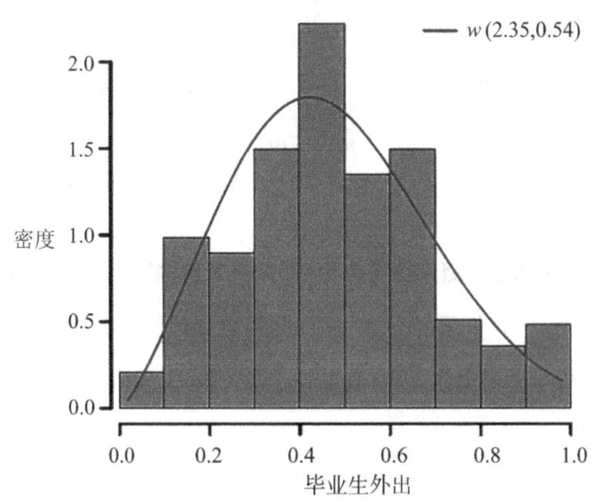

图 10－4　毕业生流出率的直方图

（注：曲线拟合了其最适合的概率分布，是尺度参数为 2.35，形状参数为 0.54 的韦伯分布。）

同样，可以定义城市 i 的流入率 p^{in} 满足式（10－3）：

$$p_i^{in} = \frac{S_i^{in}}{S_i^{in} + R_i} \qquad 式（10－3）$$

其中，R_i 代表城市 i 中原籍就业的学生数量，S_i^{in} 是节点流入强度，即来到城市 i 就业的外地学生数量，这一指数代表前来就业的外地学生占本地劳动力市场的比重，图 10－5 展示了 p^{in} 在全国的分布。与 p^{out} 类似，p^{in} 与 S^{in} 之间也无明显相关性，其相关系数约 0.06。研究中，有部分城市，外地前来就业的学生数量与流入率相一致。例如，河南的郑州，外地学生前来就业的数量为 87451 人，流入率为 80%；然而，也有一些城市的外地前来就业的学生数量很高，但流入率却很低，如北京、天津和上海这 3 个直辖市，其 p^{in} 的值均低于 0.2，表明本地学生在就业市场中占主导。p^{in} 的分布可以较好地拟合为一个右偏的伽马分布，峰值对应的流入率约0.1。在334个城市中，有超过85%的城市的 p^{in} 值低于0.5，表明总体上本地学生占据本地劳动力市场的主力。

中国的户口制度可能是影响迁移、毕业生返回或留在原籍工作的一个重要原因[40;41]，户口制度决定了一个人可以在哪里居住，是否可以获得当地的公共资源等问题。在中国的一线城市，如北京、上海、广州等，都设置了较高的落户标准以控制当地人口，这导致了即使一个外地人在当地找到了工作，也可能因为没有当地的户口而难以享受诸多的公共资源，最终导致本地人成为本地劳动力市场主力的现象。

为了进一步研究原籍就业人数与流入人数的关系，本章在图10－3(b)中呈现了原籍就业人数与节点流入强度的散点图，发现二者符合指数为1.2的幂律分布。这表明二者具有很强的相关关系，这一发现符合常理，因为一个城市流入量很大表明其对毕业生的吸引力很强，这种吸引力不仅吸引外地学生，也同样吸引本地学生。

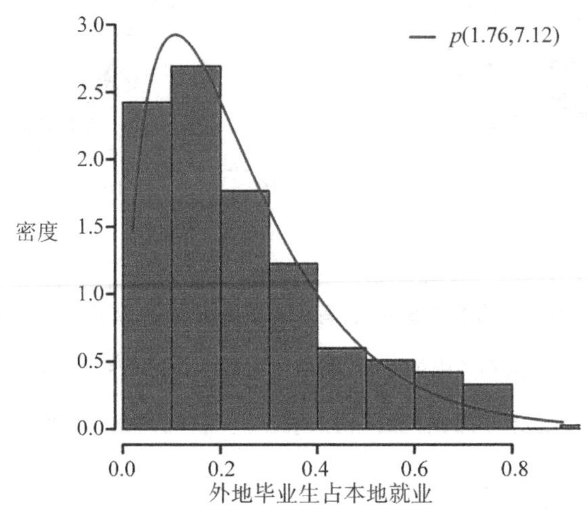

图10－5　前来就业的外地学生的比例直方图

（注：曲线拟合了其最适合的概率分布，是 $\alpha=1.76$，$\beta=7.12$ 的伽马分布。）

第四节　迁移网络的社群结构

挖掘群组有助于描述网络，进而帮助揭示网络的深层结构，然而，本章研究的迁移网络密度很大，平均度 $<k> \approx 157$，而仅有 334 个节点。在这种情况下，使用群组挖掘的方法难以发现所有的潜在群组，为解决高密度问题，本章使用 Serranoa 等[42]提出的抽取网络骨架的方法，仅保留那些统计学意义上显著的边，当显著性水平 $\alpha = 0.003$ 时，约 95.4% 的边被舍弃，此时，精简后的网络有 334 个节点和 2412 条边，参见图 10－6(a)。精简后，边权分布的重尾特征得以保留［参见图 10－6(b)］，除去权重较小的一部分，边权分布仍符合幂律分布，与精简前的原始网络的边权分布性质相同。

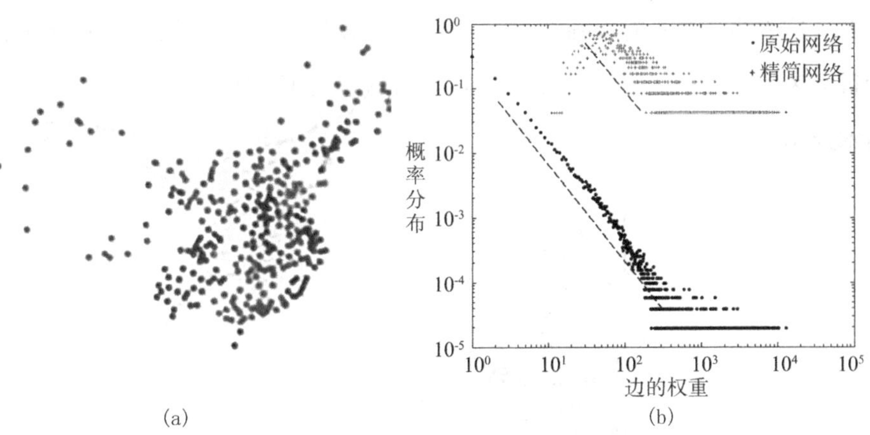

图 10－6　(a)图是市级层面的精简网络，有 334 个节点和 2412 条边，颜色代表节点所在的省，为了得到清晰的图片，图中没有显示边的箭头；(b)图采用“对数—对数”模型展示了原始网络（用点表示）和精简网络（用叉表示）的边权分布，以虚线为引导。

针对用边代表点到点的移动的精简网络，RosvallandBergstrom[43]提出了知识地图的方法，本章采用这一方法分析精简后的迁移网络，挖掘其中的群组，共发现 25 个群组，绝大多数群组与中国的省级区划相吻合。事实上，发现的群组能较好地对应31个省级行政单位中的22个,这显示了省级区划在毕业生跨省迁移中扮演的重要角色,大多数发生工作迁移的毕业生都倾向于在省内迁移,在迁移网络中形成了某一城市与省内其他城市的连接远多于与省外城市连接的现象。类似的成果也可以在其他类型的空间网络研究中找到,例如 Caschili 等[28]对城市通勤网络的研究;Liu 等[37]基于登记资料对城际移动的研究;Ratti[44]和 Thiemann[45]对交易网络的研究等。这一结果表明省级行政区划在某种程度上阻碍了跨省的工作迁移,这可能与大学的录取方式有一定关系,大学对其所在省的省内学生有招生优惠,对外省考生则标准较高,导致学生毕业后更愿意在省内迁移而不愿跨省迁移。

群组结果与省级单位略有不符的情况主要发生在4个直辖市,其中有3个与周边省在迁移网络的群组中融为一体,北京、天津与河北相融,重庆与四川相融,显示了城市空间相邻在就业迁移上的重大影响。然而,紧邻江苏的上海却与北京、天津因为彼此的迁移量较大而归为一个群组;不相邻的浙江与贵州也因为由浙赴黔的毕业生较多而归于一个群组;相邻的四川和西藏也同属一个群组。

为进一步揭示就业迁移的省际联系,本章研究了省级迁移网络的群组结构。首先将334个市的迁移数据整合为31个省,然后形成了31个节点的迁移网络。但是该网络每两个节点间均有边相连,密度过大,因此,使用同样的精简方法将显著性水平确定为0.08,最终得到了有31个节点和134条边组成的精简网络,其平均出度和入度约3.9,精简过程忽略自身边。广东的流入量最大,表明其对外省的大学毕业生的吸引力很强。进一步采用知识地图的方法,31个省可以被分为6组,其中5组地域相邻①,仅1组地域相隔(上海与河北、北京、天津分为一组),这种空间连续的特征被称为“距离衰减影响”[46]。跨省迁移的大学毕业生

① 第一组包括新疆、青海、甘肃、宁夏、陕西、山西;第二组包括内蒙古、黑龙江、吉林、辽宁;第三组包括西藏、四川、云南、重庆;第四组包括海南、广东、广西、福建、浙江、江西、湖南、贵州、湖北、安徽、浙江、江苏;第五组包括河南、山东;第六组包括北京、河北、上海。

更倾向于迁移到临近的省份,使得空间相邻的省份间在迁移网络中联系增强,更容易被归为一组。

第五节　城市间毕业生迁入与迁出的相似性

借助皮尔逊相关系数的模型可以定量研究城市间毕业生迁入与迁出的相似性。给定城市 i 和 j,二者间的迁入相似性记作 ρ_{ij}^{in},其定义式(10－4):

$$\rho_{ij}^{in}=\frac{\sum_{k\neq i,j}(p_{ki}-\frac{1}{N-2}\sum_{k\neq i,j}p_{ki})(p_{kj}-\frac{1}{N-2}\sum_{k\neq i,j}p_{kj})}{\sqrt{\sum_{k\neq i,j}(p_{ki}-\frac{1}{N-2}\sum_{k\neq i,j}p_{ki})^2(p_{kj}-\frac{1}{N-2}\sum_{k\neq i,j}p_{kj})^2}} \qquad 式(10-4)$$

其中,$p_{ki}=\frac{\omega_{ki}}{S_i^{in}-\omega_{ji}}$,$p_{kj}=\frac{\omega_{kj}}{S_j^{in}-\omega_{ij}}$,$N$ 是研究的所有城市数,p_{ki}(或 p_{kj})实际上是从城市 k 迁入城市 i(或 j)的毕业生,不包括从城市 j(或 i)迁入的部分,也就是说城市 i 和 j 之间的毕业生迁移,即 ω_{ij} 和 ω_{ji} 不包含在两个城市的迁入相似性计算中,只有从城市 i 和 j 之外的其他城市迁入这两城的毕业生才被计算在内。调换 p_{ki} 和 p_{kj} 的下标,可以得到城市 i 和 j 的迁出相似性 ρ_{ij}^{out},如式(10－5):

$$\rho_{ij}^{out}=\frac{\sum_{k\neq i,j}(p_{ik}-\frac{1}{N-2}\sum_{k\neq i,j}p_{ik})(p_{jk}-\frac{1}{N-2}\sum_{k\neq i,j}p_{jk})}{\sqrt{\sum_{k\neq i,j}(p_{ik}-\frac{1}{N-2}\sum_{k\neq i,j}p_{ik})^2(p_{jk}-\frac{1}{N-2}\sum_{k\neq i,j}p_{jk})^2}} \qquad 式(10-5)$$

其中,$p_{ik}=\frac{\omega_{ik}}{S_i^{out}-\omega_{ij}}$,$p_{jk}=\frac{\omega_{jk}}{S_j^{out}-\omega_{ji}}$,类比 ρ_{ij}^{in},ω_{ij} 和 ω_{ji},城市 i 和 j 之间的毕业生迁移不计入 ρ_{ij}^{out} 的计算中。

有了以上两个公式就可以分析城市是否同省和城市距离对迁移相似性的影响了。首先,按照作比较的两个城市是否同省,将城市的迁移相似性分为省内相似性和跨省相似性,无论迁入还是迁出,省内相似性总体上高于跨省相似性,这表明同省的城市比跨省的城市在毕业生迁移方面更相似。然而,这种相似并不一定是由行政区划导致的,因为城市距离与城市是否同省是有关联的,同省城市的距离一般小于跨省城市的距离。

为了进一步确定行政区划和城市距离的影响,本章在控制一个因素的情况下考察相似性与另一个因素的关系。结果显示,在给定驾驶距离的情况下,无论距离远近,跨省相似性总是高于省内相似性,而且在运用方差分析控制距离的情况下,二者之间的差异在每个距离区间内都是显著的($p < 0.05$)。省内和跨省相似性都随距离增加而减小,表明两个城市无论其是否同省,距离越近,毕业生迁移状况就越相似。距离与迁入的省内和跨省相似性的皮尔逊相关系数分别为 -0.28 和 -0.37,与迁出的省内和跨省相似性的皮尔逊相关系数分别为 -0.29 和 -0.39,表明距离对跨省相似性比对省内相似性的影响要更大一些。此外,迁出的省内相似性要高于迁入的,表明同省城市的迁出比迁入拥有更多相似的特点。

第六节　结论与讨论

本章运用有向加权网络研究中国大学毕业生从家乡到工作地的迁移行为,以揭示全国范围内的毕业生迁移状况。

首先,本章分析了迁移网络的拓扑性质,发现节点强度的分布符合幂率分布,印证了毕业生的流入和流出存在热点城市的现象,这也表明不同城市在吸引人才方面有巨大差距。在人口和生产要素集聚的大背景下,中国的不同城市面临着不同的迁移状况,少数一线城市吸引了很多大学毕业生,而许多欠发达城市则面临着严重的人才流失,这些发现可以为探讨不同地区间的贫富差距提供另一种思路。

其次,本章运用抽取网络骨架和知识地图的方法,分析了迁移网络潜在的群组结构。市级层面迁移网络的群组挖掘结果与省级区划大体吻合,表明大学毕业生就业迁移愿留本省的倾向,然后针对这一倾向给出了多种解释。第一,各省均有体现地方特色的就业政策,且本地劳动力市场也以省内而不是省外劳动力为主;第二,绝大部分高校都由所在省管理,因此向本省学生分配更多的招生名额,影响学生的就学迁移,而 Faggian 的研究[47]表明大学新生的就学迁移与其毕业时的就业迁移存在很强的相关性。之后本章研究了省级层面的迁移网络并发现了 6 个群组,其中的 5 个都由相邻的省组成,紧邻的地区有更强的联系也因此更容易被归为一组,印证了“距离衰减影响”。

最后,本章借助皮尔逊相关系数的模型研究了城市间的大学毕业生就业迁移的相似性,发现是否同省和距离远近对其有重要影响。一般而言,同省城市比跨省城市拥有更高的迁移相似性,再次证明了同省的影响,这种特征很可能源于前文提到的外在因素,如政府政策、文化认同等。此外,无论是否同省,迁移相似性随城市间距离的增加而略有下降。

本章首次分析了大学毕业生就业迁移网络的结构性特征,将这种城市间的互动视作人才的迁移,得到的结论有利于更好地理解迁移的特征及其影响因素,同样有助于地方政府思考如何吸引人才和分配教育资源,为观察中国地区经济的发展变迁提供了一种全新的视角。

参考文献

[1] Blundell, R., Dearden, L., Goodman, A., Reed, H. Higher education, employment and earnings in Britain[Z]. 1997.

[2] Chapman, B. Conceptual Issues and the Australian Experience with Income Contingent Charges for Higher Education[J]. *The Economic Journal*, 1997, 107(442):738-751.

[3] OECD. *Education at a Glance*[R]. Paris, 2004.

[4] Coniglio, N. -D., Prota, F. Human capital accumulation and migration in a peripheral EU region; the case of Basilicata[J]. *Papers in Regional Science*, 2007, 87(1):77-96.

[5] Faggian, A., Mccann, P., Sheppard, S. Some evidence that women are more mobile than men: gender differences in UK graduate migration behavior[J]. *Journal of Regional Science*, 2007, 47(3): 517 - 539.

[6] Faggian, A., Mccann, P., Sheppard, S. An analysis of ethnic differences in UK graduate migration behaviour[J]. *The Annals of Regional Science*, 2006, 40(2): 461 - 471.

[7] Venhorst, V. - A., Van Dijk, J., Van Wissen, L. J. K. Do the best graduates leave the peripheral areas of the Netherlands? [J]. *Tijdschrift voor Economische en Sociale Geografie*, 2010, 101(5): 521 - 537.

[8] Ritsilä, J., Ovaskainen, M. Migration and regional centralization of human capital [J]. *Applied Economics*, 2001, 33(3): 317 - 325.

[9] Gottlieb, P. - D., Joseph, G. College to work migration of technology graduates and holders of doctorates within the United States[J]. *Journal of Regional Science*, 2006, 46(4): 627 - 659.

[10] Rutten, R., Gelissen, J. Technology, Talent, Diversity and the Wealth of European Regions[J]. *European Planning Studies*, 2008, 16(7): 985 - 1006.

[11] Venhorst, V. - A., Van Dijk, J., Van Wissen, L. An Analysis of Trends in Spatial Mobility of Dutch Graduates[J]. *Spatial Economic Analysis*, 2011, 6(1): 57 - 82.

[12] Florida, R. The Economic Geography of Talent. Annals of the Association of Regional Geographers [J]. *Annals of the Association of Regional Geographers*, 2002, 92(4): 734 - 755.

[13] Cebula, R. J. Internal migration determinants: Recent evidence[J]. *International Advances in Economic Research*, 2005, 11(3): 267 - 274.

[14] Di Pietro, G. On Migration and Unemployment: Evidence from Italian Graduates[J]. *Economic Issues*, 2005, 10(2): 11 - 28.

[15] Van Dalen, H. – P., Henkens, K. Longing for the Good Life: Understanding Emigration from a High – Income Country[J]. *Population and Development Review*, 2007, 33(1): 37 – 65.

[16] Marinelli, E. *Graduates on the move: knowledge flows and Italian regional disparities. Migration patterns of* 2001 *graduates* [G]. The London School of Economics and Political Science, 2010.

[17] Marinelli, E. Graduate migration in Italy: Lifestyle or necessity? [C]. *European Regional Science Association: ERSA conference papers*, 2011.

[18] Goss, J., Lindquist, B. Conceptualizing international labor migration: a structuration perspective[J]. *International Migration Review*, 1995(10): 317 – 351.

[19] Guilmoto, C. Z., Sandron, F. The internal dynamics of migration networks in developing countries[J]. *Population: An English Selection*, 2001: 135 – 164.

[20] Haug, S. Migration Networks and Migration Decision – Making, Journal of Ethnic and Migration Studies[J]. *Journal of Ethnic and Migration Studies*, 2008, 34(4): 585 – 605.

[21] Vertovec, S. Transnational networks and skilled labour migration[J]. *Ladernburg: The Conference 7X Ladenburger Diskurs Migration Daimler und KarlBenz-Stifturg*, 2002.

[22] Liping, M., Kunfeng, P. Stay or Migrate? An Empirical Study of the Relationship between Place of Work, Place of Study and Birthplace[J]. *Chinese Education and Society*, 2014, 47(6): 80 – 95.

[23] Sun, Y., Pan, K. Prediction of the intercity migration of Chinese graduates[J]. *Journal of Statistical Mechanics: Theory and Experiment*, 2014, (12): 12022.

[24] Poros, M. V. Migrant Social Networks: Vehicles for Migration, Integration, and Development[R]. Migration Policy Institute, 2011 – 3 – 30.

[25] Maier, G., Vyborny, M. Internal migration between US states – a social network

analysis[J],2005,1(12):1671 - 1672.

[26] Chowell,G.,Hyman,J. - M.,Eubank,S.,Castillo - Chavez,C. Scaling laws for the movement of people between locations in a large city[J]. *Phys. Rev. E*, 2003(68):066102.

[27] De. Montis,A.,Barthelemy,M.,Chessa,A.,Vespignani,A. Structure of inter - citiestraffic: a weighted network analysis[J]. *Environ. Plan.*, 2007(34): 905 - 924.

[28] Caschili,S.,De Montis,A.,Chessa,A.,Deplano,G. Weighted networks and community detection: planning productive districts in sardinia[M]. Rabino, Gand Caglioni. Planning complenig and new ICT,Pergia,2009:27 - 36.

[29] Patuelli,R.,Reggiani,A.,Gorman,S. P.,Nijkamp,P.,Bade,F. - J. Network analysis of commuting flows: A comparative static approach to German data [J]. *Networks and Spatial Economics*,2007,7(4):315 - 331.

[30] Liang,X.,Zhao,J.,Dong,L.,Xu,K. Unraveling the origin of exponential law in intra - urban human mobility[J]. *Scientific Reports*,2013(3).

[31] Liang,X.,Zheng,X.,Lv,W.,Zhu,T.,Xu,K. The scaling of human mobility by taxis is exponential[J]. *Physica A: Statistical Mechanics and its Applications*,2012,391(5):2135 - 2144.

[32] Liu,Y.,Kang,C.,Gao,S.,Xiao,Y.,Tian,Y. Understanding intra - urban trip patterns from taxi trajectory data[J]. *Journal of Geographical Systems*,2012,14 (4):463 - 483.

[33] Eagle,N.,Pentland,A. S. Eigenbehaviors: Identifying structure in routine[J]. *Behavioral Ecology and Sociobiology*,2009,63(7):1057 - 1066.

[34] Gonzalez,M. C.,Hidalgo,C. A.,Barabasi,A. - L. Understanding individual human mobility patterns[J]. *Nature*,2008,453(7196):779 - 782.

[35] Sevtsuk,A.,Ratti,C. Does urban mobility have a daily routine? Learning from

the aggregate data of mobile networks[J]. *Journal of Urban Technology*,2010,17(1):41 -60.

[36] Cranshaw,J.,Schwartz,R.,Hong,J. I.,Sadeh,N. M.. *The Livehoods Project: Utilizing Social Media to Understand the Dynamics of a City* [C]. Paper presented at the ICWSM,2012.

[37] Liu,Y.,Sui,Z.,Kang,C.,Gao,Y.. Uncovering patterns of inter - urban trip and spatial interaction from social media check - in data[J]. *PLoS ONE*,2014,9(1):e86026.

[38] Cho,E.,Myers,S. A.,Leskovec,J.. *Friendship and mobility: user movement in location - based social networks*[C]. Paper presented at the Proceedings of the 17th ACM SIGKDD international conference on Knowledge discovery and data mining,2011.

[39] Crandall,D. J.,Backstrom,L.,Cosley,D.,Suri,S.,Huttenlocher,D.,Kleinberg,J.. Inferring social ties from geographic coincidences[J]. *Proceedings of the National Academy of Sciences*,2010,107(52):22436 -22441.

[40] Chan,K. W.. The household registration system and migrant labor in China: notes on a debate[J]. *Population and Development Review*,2010,36(2):357 -364.

[41] Liang,Z.. The age of migration in China[J]. *Population and Development Review*,2001,27(3):499 -524.

[42] Serrano,M. á.,Bogu? á,M.,Vespignani,A.. Extracting the multiscale backbone of complex weighted networks[J]. *Proceedings of the National Academy of Sciences*,2009,106(16):6483 -6488.

[43] Rosvall,M.,Bergstrom,C. - T.. Maps of information flow reveal community structure in complex networks [J]. *Proc. Natl Acad. Sci. USA*,2008,105:1118 -1123.

[44] Ratti, C., Sobolevsky, S., Calabrese, F., Andris, C., Reades, J., Martino, M., … Strogatz, S. H.. Redrawing the map of Great Britain from a network of human interactions[J]. *PLoS ONE*, 2010, 5(12): e14248.

[45] Thiemann, C., Theis, F., Grady, D., Brune, R., Brockmann, D.. The structure of borders in a small world[J]. *PLoS ONE*, 2010, 5(11): e15422.

[46] Miller, H. J.. Tobler's first law and spatial analysis[J]. *Annals of the Association of American Geographers*, 2004, 94(2): 284 - 289.

[47] Faggian, A., Mccann, P., Sheppard, S.. Human Capital, Higher Education and Graduate Migration: An Analysis of Scottish and Welsh Students[J]. *Urban Studies*, 2007(44): 2511.

第十一章　高校毕业生城市间迁移预测*

本章主要研究毕业生从家乡到工作目的地的城际迁移。我们知道引力模型是一个预测社会流动和迁移的常用工具。在原始引力模型的基础上，本研究引入了一个新的模型。该模型主要包括 3 个因素：经济、行政和学习位置。新模型预测的毕业生迁移情况与实际情况基本一致。预测结果还包括了不同学位毕业生的迁移情况以及这些毕业生之间的差异。

第一节　背　景

作为转移人力资本和知识的重要方法，毕业生的就业迁移不仅引起了区域经济学[1-5]和社会学[4,6-8]等学术领域的广泛关注，还影响到了政府部门的决策[9]。

大多数研究仍采用较为微观的方法，侧重个体迁移，试图确定影响潜在移民决定是去还是留在当地的关键因素[10]。在这些研究中，迁移问题通常被表示为 Logit 模型、条件 Logit 模型、多元 Probit 模型或其他 Logit 相关模型（Nested Logit

---

* 本文翻译自 Sun, Y., Pan, K. (2014). Prediction of the intercity migration of Chinese graduates. *Journal of Statistical Mechanics: Theory and Experiment*, 2014(12), 12022。作者：孙怡帆、潘昆峰。

模型和 Mixed Logit 模型)。因变量由一些离散选项共同组成,并且毕业生选择某个选项(如留在当地或迁移到目的地)的概率由各种可能因素的表达方式确定。具体形式取决于模型中使用的联系函数,统计上显著的因素被认为是“真正的”影响因素。在所有可能的因素中,个人因素(如年龄[2]、性别[11]、教育背景[2]、种族[12]和研究领域[13])是影响毕业生决定是否迁移的主要因素。许多研究将经济条件[5,14]、生活质量[6,15-18]和创新[4,14,19,20]作为主要影响要素。迁移可能导致城市人口的再分配。近年来,在解释城市人口分布以及模拟城市增长方面有着大量的文献[21-25]。这些关于人类迁移活动的理论方法,可以帮助研究毕业生的迁移。此外,现有文献也已证明社会网络在毕业生迁移中的关键作用[7,8,20,26]。社会网络为毕业生提供了必要的支持和有价值的信息。

与微观的方法相反,宏观的方法侧重以区域之间的迁移情况来解释迁移总趋势和社会经济因素(如人口规模、就业率和住房价格)之间的关系。研究发现,地理位置的远近反而不是影响迁移的主要因素。如今,已经有了一些迁移模型,如众所周知的引力模型[27]及其在数学和统计中的一般形式[28],还有辐射模型[32]。这些都是基于决策的模型,用来研究国际和区域间的迁移情况。然而,没有研究使用特定的迁移模型来分析毕业生的就业迁移情况。

为了填补这一空白,本章调查了毕业生从家乡迁移到工作地(市一级)的情况,并提出了一个新的预测模型。与引力模型和辐射模型相比,该模型可以更好地预测两地间的迁移情况。结果表明,从地方 i 迁移到地方 j 的毕业生数 T_{ij} 和生源地在 i 市大学在 j 市的毕业生数 UP_{ij} 成正比,和 j 市的人均国内生产总值 PGDP_j 成正比,和生源地 i 市的人均国内生产总值 PGDP_i 负相关,和 j 市行政特征指示变量的幂函数相关。本研究还将新模型应用于不同学位的毕业生,结果表明该模型充分预测了这些毕业生迁移规模之间的差异。

第二节　毕业生迁移网络

我们根据教育部 2011 年中国大学毕业生就业调查数据,研究毕业生从家乡到工作地的迁移情况。毕业生信息包括个人信息、毕业大学/学院的相关信息、专业和学位以及家乡、大学和工作所在地的邮政编码。

根据这些数据，本章建立了336个城市的毕业生迁移网络（除三沙市）。其中点表示城市，边表示从起点城市（即家乡）到终点城市（即工作地）的迁移量，用边权值表示迁移量的大小。注意该网络中不考虑自连边，即家乡与工作地重合的情况。图11－1(a)是毕业生迁移网络（包含336个点，仅显示边权值的前3.6%，平均入度/出度 $k \approx 164$）。

数学上，迁移网络可以使用矩阵 T 表示，其中行和列表示336个城市，$T_{ij}(i \neq j)$ 表示从地方 i 迁移到地方 j 的毕业生数，即连接 i 市和 j 市那条边的权值。这个“家乡－工作地（OD）”矩阵包含了网络所有的拓扑和迁移信息。如图11－1(b)所示，T_{ij} 的概率分布呈现指数为1.96的幂律分布，表明迁移规模具有高度异质性。我们的目标是预测 OD 矩阵 T 的所有非对角项 T_{ij}。

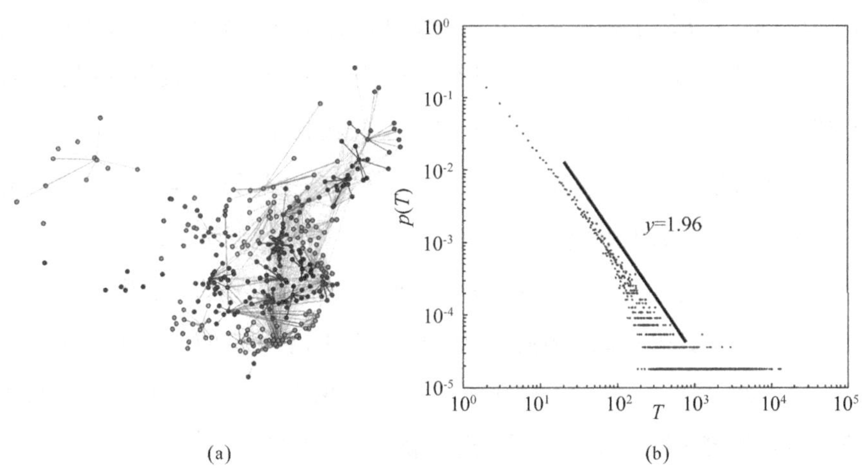

图11－1 (a)毕业生就业城市网络，仅显示了迁移人数大于120人的边。边的粗细随着边权重的增加而增加（港澳台地区没有显示）。(b)边权重概率分布的对数—对数曲线。幂指数为1.96。

第三节　模拟毕业生的城际迁移

一、传统引力模型和辐射模型的缺陷

引力模型自20世纪40年代由Zipf提出以来[27]，至今仍是解释和预测人口迁移[33-36]、货船运输[37]和手机流量[38,39]等问题的流行模型。根据牛顿的重力定律，引力模型假设从位置i到位置j的总量T_{ij}遵循重力定律，如式(11-1)：

$$T_{ij} = K\frac{P_i^{\alpha}P_j^{\beta}}{f(d_{ij})} \qquad \text{式}(11-1)$$

其中K是常数，d_{ij}是两地间的距离，f函数取值的具体形式取决于特定的问题，通常是幂律函数或指数函数，P_i和P_j代表i、j两地的人口数，α和β是二者的指数。

虽然引力模型应用广泛，但也有一些缺陷，如预测中的系统偏差[32]。为了弥补这一缺陷，Simini等人[32]提出了一种非参数模型，称为“辐射模型”。在这个模型中，从位置i到位置j的总量T_{ij}如式(11-2)：

$$\langle T_{ij}\rangle = T_i\frac{P_iP_j}{(P_i+P_{ij})(P_i+P_j+P_{ij})} \qquad \text{式}(11-2)$$

其中T_i是离开位置i的总人数，P_i和P_j代表i、j两地的人口数。P_{ij}表示位于某圆内的总人数，其中i地是该圆圆心，i、j两地间的距离d_{ij}是该圆半径。

图11-2是引力模型和辐射模型预测的毕业生迁移情况，并将每个模型的预测结果与实际结果进行比较。在每个模型中有两种$P_i(P_j)$。第一种$P_i(P_j)$是位置$i(j)$（模型编号为1）的总人口，第二种$P_i(P_j)$是位置$i(j)$（模型编号为2）的总GDP。两个模型的预测结果和实际结果存在明显差异。引力模型拟合优度R平方仅为0.15，分别采用人口数和总GDP数的两种辐射模型的拟合优度甚至为负。引力模型和辐射模型都不适合用来预测毕业生的迁移情况。这两

种模式存在缺陷的一个潜在原因是它们都忽视了中国毕业生选择工作地的潜在偏好和中国的实际情况。因此，需要重新构建一个新模型来研究中国毕业生的迁移情况。

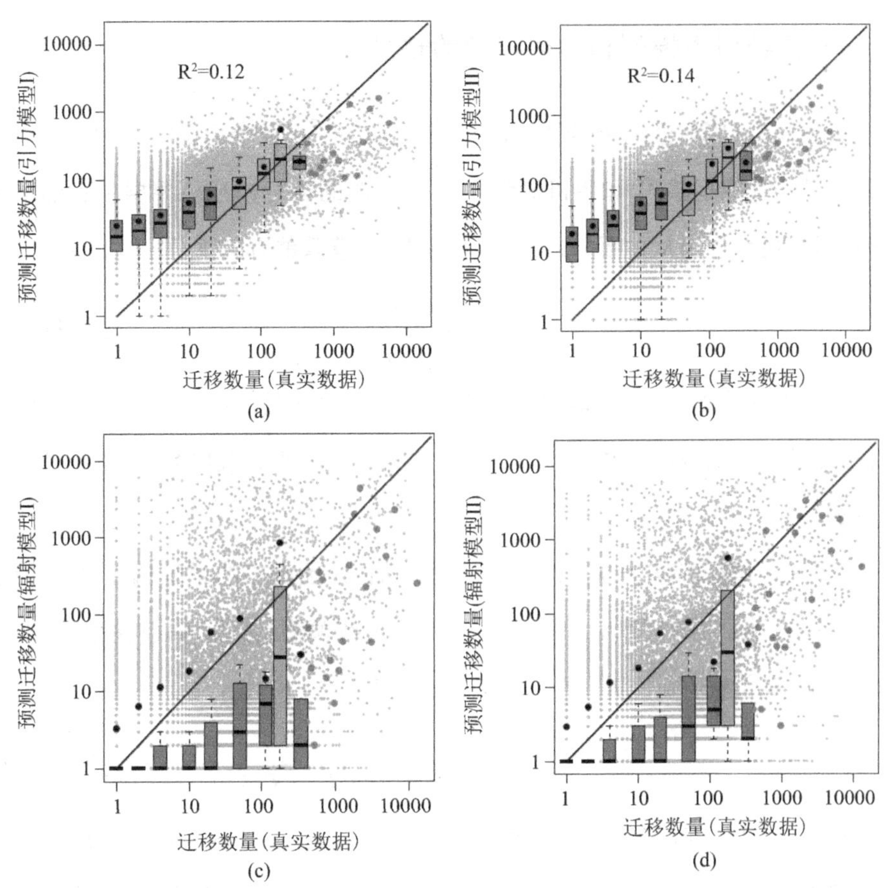

图 11－2　引力模型和辐射模型预测的城市间迁移流

二、新的预测模型

为了准确预测毕业生的迁移情况，我们确定了 3 种中国大学生城际就业迁移的机制。

(一)经济类因素

根据宏观经济理论,经济发达地区往往提供比欠发达地区更多的就业机会,吸引更多毕业生。这就导致相对欠发达地区的人才流失。事实上,向某个城市的迁移量与该市人均 GDP(衡量城市繁荣程度的常见变量)正相关,Pearson 相关系数约为 0.21(对数标度)。该市迁出人数的对数与该市人均 GDP 呈弱的负相关($r \approx -0.08$)。

(二)省会的吸引

一个省经济和文化中心的省会城市是大学毕业生就业地选择的热点城市。毕业生迁入量排在前二十位的都是省会城市,其中包括两个直辖市。虽然省会的经济比较优势是毕业生的主要吸引力,但其他因素(比如该市的教育和医疗水平)也使省会城市更受欢迎。为了验证这一结论,我们比较了 8 个省会城市的迁入量分布以及 8 个非省会城市的迁入量分布,这 8 个非省会城市的经济条件与省会城市相当(这些城市的 GDP 从 476 亿美元到 667 亿美元不等)。如图 11-3(a)所示,省会城市明显更能吸引毕业生,例如,当超过 1000 名毕业生时,去省会城市的概率明显高于去非省会城市的概率,且至少高出一个数量级。去省会城市的人数大于去非省会城市的人数,且通过了威尔科克森符号秩检验(显著性水平 $\alpha = 0.05$)。结果表明,除了经济发展水平外,毕业生在诸多因素中,会优选省会城市作为工作地。

(三)大学所在地

Faggian[11]认为,从家乡到大学的迁移与随后去大学所在地工作密切相关。这可以反映在从家乡到工作地和从家乡到大学所在地的定量关系中。数据显示,这两种定量关系(以 log 为单位)之间的 Pearson 相关系数约为 0.62。结果表明,从城市 i 到城市 j 上大学的人数越多,就会有越多来自城市 i 的毕业生选择城市 j 作为他们的工作城市。这种现象的一个可能原因是,在 4 年或更多年的学习后,一些学生熟悉了大学所在的那所城市,并希望毕业后留在那里。此外,一些学生在申请大学时也会考虑大学所在的那所城市,即学生在选择去哪里进行学业时常常也考虑了毕业后工作地的选择。

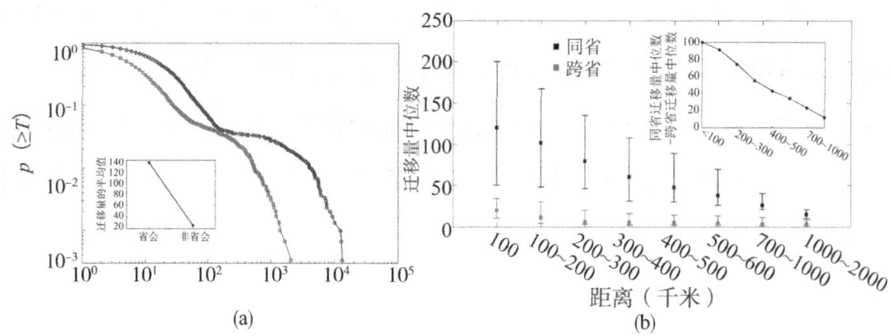

图 11－3　(a)到 8 个省会城市(右侧)和 8 个非省会城市(左侧)的累积迁移人数分布。其中的点表示迁移流的平均值。(b)图中上部分图表示跨省迁移量,下部分图表示省内迁移量。两种迁移量之差与距离的关系表示在图中的小方框中。

综合考虑这 3 个因素,我们用如下公式预测从城市 i 到城市 j 的毕业生迁移量如式(11－3):

$$T_{ij} = \beta_0 UP_{ij}^{\beta_1} PGDP_i^{\beta_2} PGDP_j^{\beta_3} 10^{\sigma \mathbb{I}[j \in C]} \qquad \text{式(11－3)}$$

其中,$\beta i(i=0,1,2,3)$和 σ 是参数,UP_{ij}表示来自城市 i 但在城市 j 某所大学/学院的毕业生数量;$PGDP_i$($PGDP_j$)是城市 $i(j)$的人均 GDP,是城市 j 是否是省会城市(C 被定义为省会城市集合)的指标函数。

我们使用泊松伪最大似然估计法[40],将 2011 年毕业生的迁移数据拟合到方程(3)的模型中,得到 $\beta_1 = 0.861$,$\beta_2 = -0.112$,$\beta_3 = 0.895$,$\sigma = 0.544$(如表 11－1所示)。这个新模型的预测精度远高于引力模型和辐射模型,调整后的 R^2 为0.802。图 11－4(a)是新模型的预测结果,可以看到直线 $y = x$ 穿过了该图中所有箱体,这说明实际迁移量位于预测结果的第一四分位数和第三四分位数之间。该模型的预测能力也可以通过实际迁移量的互补累积分布函数与预测迁移量的互补累积分布函数的比较来证明[见图 11－4(b)]。新模型的预测结果几乎完全符合城际迁移的真实分布,而引力模型的预测结果则给予低迁移量过多的权重,低估了高迁移量在数据中所占的比重。

表 11-1　新模型中的 4 个预测变量

变量	总体	博士	硕士	学士	其他
$UP_{ij}(\beta_1)$	0.861	1.164	1.035	0.89	0.879
$PGDP_i(\beta_2)$	-0.112	0.101	-0.081	-0.125	-0.144
$PGDP_j(\beta_3)$	0.895	0.259	0.45	0.557	1.302
$II[j \in C](\sigma_2)$	0.544	0.904	0.321	0.692	0.894
R^2	0.802	0.729	0.805	0.797	0.716

(注:表格中的估计参数是由 PPML 方法得到。)

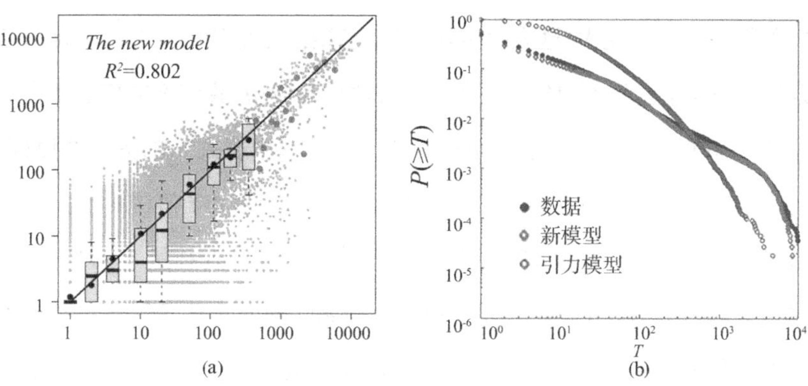

图 11-4　(a)利用公式(3)得到的预测值与实际值的对比。(b)迁移量的实际分布、新模型得到的分布与引力模型分布对比。

表 11-1 讨论了新模型中的 4 个预测变量。正如所预想的,实际迁移量 T_{ij} 和来自城市 i 但在城市 j 某所大学/学院的毕业生数量 UP_{ij} 呈正相关:UP_{ij} 每增加 1%,T_{ij} 增加 0.861%。向某个城市的迁移量与该市人均 GDP 成正比,该市迁出人数与该市人均 GDP 成反比,这便验证了经济条件对城际迁移的影响。根据指标变量系数 σ,如果目的地是省会城市,那么迁入量将会进一步增加。

要检验自变量是否必要,或者模型自变量是否可以进一步减少,我们就要连续删除某个自变量并拟合余下的模型。首先,当拟合缺少用来指示目的地城市是否为省会城市这一指标变量的模型时,R^2 从 0.802 降低到了 0.722,这表明引入这个指标变量可以解释迁移量额外 8% 的变化,拟合优度的提高说明在经济因素外,是否是省会城市也在毕业生迁移中起着重要作用。如果去除表示经济条件的两个变量 $PGDP_i$ 和 $PGDP_j$，R^2 将减少 0.12，余下 60.2% 的迁移量变化由变量大学所在地 UP_{ij} 解释。为了进一步说明这 4 个变量在预测迁移量中的作用，我们计算出每个模型的 AIC 信息准则[41]，并发现随着自变量数量的增加，AIC 单调递减，这表明添加 4 个变量中的任何一个变量都可以使预测结果精确性的增量大于模型复杂性（即模型中自由参数的数量）的增量。因此，我们保留了模型中所有的自变量。

我们还曾在方程(3)中添加过几个其他自变量，以了解它们是否会影响到毕业生迁移的情况。第一个自变量是从家乡 i 到工作地 j 的距离 d_{ij}。当将 d_{ij} 加入方程(3)中时，模型的 AIC 变大，这表明引入 d_{ij} 后，模型预测精度的增加量不足以抵消自变量数量的增加量。为了构建一个充分适合数据的模型，我们希望模型中参数的数量最少，所以在模型中去除了表示距离的 d_{ij}。在模型中删去 d_{ij} 的另一个原因是，表示距离的自变量 d_{ij} 其实包含在了自变量 UP_{ij}（表示来自城市 i 但在城市 j 某所大学/学院的毕业生数量）中，d_{ij} 和 UP_{ij} 呈负相关，这与要预测的迁移量 T_{ij} 一致，就使得变量 d_{ij} 难以从数据中提取出有用信息。第二个曾添加的变量是“同一省份”。如果家乡和工作地在同一省，该变量的值为 1，否则为 0。虽然同一省份两个城市的迁移量比不同省份两个城市的迁移量大得多（如图 11－3(b)所示），但由于加入“同一省份”变量后，方程拟合优度的增量非常小（从 0.802 增加到 0.806）以至于可以被忽略。一个可能的原因是“同一省份”变量已经包含在了行政和经济因素里。如前所述，省会是毕业生工作地的首选城市。此外，具有较高经济发展水平的非首都城市也将吸引来自其他城市的毕业生，因为这些城市能提供更多的就业机会。因此，在控制目的地城市的行政特征和经济发展水平后，“同一省份”这一变量几乎不能提供额外的信息用来预测同一省份的两个城市间的迁移情况。

第四节　不同学位毕业生的迁移情况

为了进一步探索新模型预测毕业生迁移的情况，我们根据学生在毕业时获得的学位将所有毕业生分为以下4组:毕业时具有博士学位、硕士学位、本科学位和非本科学位。如图11－5所示,新模型很好地预测了不同学位毕业生的迁移情况,模型中的4个自变量也很好地反映出驱动不同学位毕业生迁移的共同的底层机制。随着教育水平的提高,学习地点 UP_{ij} 对迁移量 T_{ij} 的影响也越来越大,而目的地城市的经济状况 $PGPD_j$ 影响越来越小。这个发现主要基于学习地点的选择。学习地点和工作地点的选择反映了个人的城市偏好。具有较高学位的毕业生作出过更多学习地点的选择,并且最终选择更会接近工作地点。我们还发现,博士毕业生在某些方面有所不同:$PGDP_i$(家乡的人均GDP)对博士毕业生的迁移产生了积极影响,省会城市对这个群体更具吸引

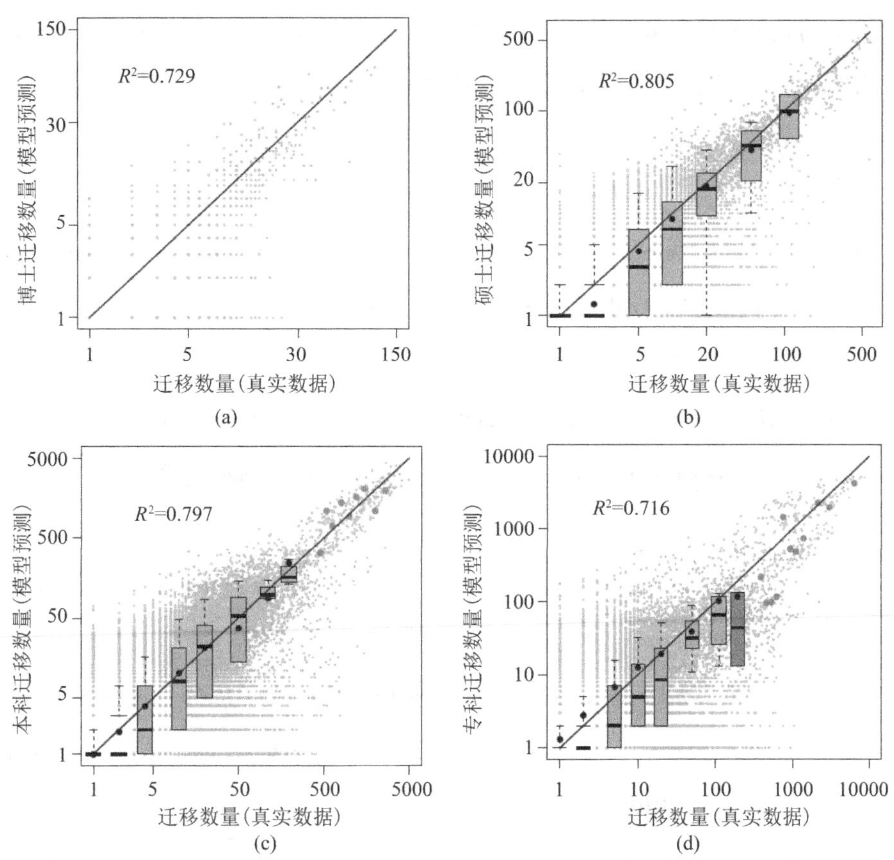

图11－5　城市间迁移流的预测值(分学历组)。(a)为博士组,(b)为硕士组,(c)为本科组,(d)为专科组。

力。一个可能的解释是，由于近年来，特别是在大城市生活费用过高，尽管政府会提供奖学金，但还是有较高收入水平的家庭更有可能支持博士生完成其长期的研究。此外，省会城市提供了更多的专业性工作来吸引博士毕业生。

第五节 小 结

在这项研究中，我们调查了毕业生的城际迁移，并基于经济、行政和学习地点等因素提出了一种新的预测模型。结果表明，新模型不仅可以很好地预测毕业生的迁移情况，而且也能预测出不同学位毕业生的迁移情况。然而，新模型并非完美无缺，还可以通过城市生活费用和与户籍登记相关的政策因素来改进。

参考文献

[1] Faggian, A., McCann, P., Sheppard, S.. Human Capital, Higher Education and Graduate Migration: An Analysis of Scottish and Welsh Students[J]. *Urban Studies*, 2007 (44): 2511 – 2511.

[2] Coniglio, N. D., Prota, F.. Human capital accumulation and migration in a peripheral EU region: the case of Basilicata[J]. *Papers in Regional Science*, 2007, 87(1): 77 – 96.

[3] Ritsila, J., Ovaskainen, M.. Migration and Regional Centralization of Human Capital [J]. *Applied Economics*, 2001, 33(3): 317 – 325.

[4] Marinelli, E.. *Graduates on the move: knowledge flows and Italian regional disparities. Migration patterns of* 2001 *graduates*[D]. The London School of Economics and Political Science, 2010.

[5] Venhorst, V. A., van Dijk, J., van Wissen, L.. An Analysis of Trends in Spatial Mobility of Dutch Graduates[J]. *Spatial Economic Analysis*, 2011, 6(1): 57 – 82.

[6] Van Dalen, H. P., Henkens, K.. Longing for the Good Life: Understanding Emigra-

tion from a High – Income Country[J]. *Population and Development Review*,2007,33(1):37 –65.

[7] Haug,S.. Migration Networks and Migration Decision – Making[J]. *Journal of Ethnic and Migration Studies*,2008,34(4):585 –605.

[8] Vertovec,S. Transnational networks and skilled labour migration[J]. *Ladernburg:The Conference 7X Ladenburger Diskurs Migration Daimler und KarlBenz-Stifturg*,2002.

[9] Oecd. *Education at a Glance*[R]. 2004.

[10] Stillwell,J.. Inter – regional migration modelling – a review and assessment[R]. European Regional Science AssociationLERSA Confevence papers,2005.

[11] Faggian,A.,McCann,P.,Sheppard,S.. Some evidence that women are more mobile than men: gender differences in UK graduate migration behavior[J]. *Journal of Regional Science*,2007,47(3):517 –539.

[12] Faggian,A.,McCann,P.,Sheppard,S.. An analysis of ethnic differences in UK graduate migration behaviour[J]. *Annals of Regional Science*,2006,40(2):461 –471.

[13] Venhorst,V. A.,van Dijk,J.,van Wissen,L. J. K.. Do the best graduates leave the peripheral areas of the Netherlands? [J]. *Tijdschrift voor Economische en Sociale Geografie*,2010,101(5):521 –537.

[14] Rutten,R.,Gelissen,J.. Technology,Talent,Diversity and the Wealth of European Regions[J]. *European Planning Studies*,2008,16(7):985 –1006.

[15] Gottlieb,P. D.,Joseph,G.. College to work migration of technology graduates and holders of doctorates within the United States[J]. *Journal of Regional Science*,2006,46(4):627 –659.

[16] Florida,R.. The Economic Geography of Talent. Annals of the Association of Regional Geographers[J]. *Annals of the Association of Regional Geographers*,2002,92(4):734 –755.

[17] Cebula, R. J.. Internal Migration Determinants: Recent Evidence[J]. *International Advances in Economic Research*, 2005, 11(2): 267 - 274.

[18] Di Pietro, G.. On Migration and Unemployment: Evidence from Italian Graduates [J]. *Economic Issues*, 2005, 10(2): 11 - 28.

[19] Faggian, A., & McCann, P.. Human capital, graduate migration and innovation in British regions[J]. *Cambridge Journal of Economics*, 2009(33): 317 - 333.

[20] Marinelli, E.. Graduate migration in Italy - Lifestyle or necessity? [Z].

[21] Makse, H. A., Andrade, J. S., Batty, M., Havlin, S., Stanley, H. E.. Modeling urban growth patterns with correlated percolation [J]. *Physical Review E*, 1998, 58(6): 7054.

[22] Rybski, D., Buldyrev, S. V., Havlin, S., Liljeros, F., Makse, H. A.. Scaling laws of human interaction activity [J]. *Proceedings of the National Academy of Sciences*, 2009, 106(31): 12640 - 12645.

[23] Gabaix, X.. Zipf's law for cities: an explanation[J]. *The Quarterly Journal of Economics*, 1999, 114(3): 739 - 767.

[24] Rozenfeld, H. D., Rybski, D., Andrade, J. S., Batty, M., Stanley, H. E., Makse, H. A.. Laws of population growth[J]. *Proceedings of the National Academy of Sciences*, 2008, 105(48): 18702 - 18707.

[25] Rozenfeld, H. D., Rybski, D., Gabaix, X., Makse, H. A.. The area and population of cities: New insights from a different perspective on cities[Z]. National Bureau of Economic Research, 2009.

[26] Guimoto, C. Z., Sandron, F.. The Internal Dynamics of Migration Networks in Developing Countries[J]. *Population: An English Selection*, 2001, 13(2): 135 - 164.

[27] Zipf, G. K.. The P_1P_2/D hypothesis: on the intercity movement of persons[J]. *Am. Sociol. Rev.*, 1946(11): 677 - 686.

[28] Stilwell, J.. Spatial interaction models and the propensity to migrate over distance

[J]. *Migration models: macro and micro approaches*, *Belhaven Press*, *London*, 1991.

[29] Congdon, P.. An application of general linear modelling to migration in London and South East England[M]. *Migration models: Macro and micro approaches*. London: Bbeihaven press, 1991: 113 – 137.

[30] Fotheringham, A. S., Brunsdon, C., Charlton, M.. *Geographically Weighted Regression: The Analysis of Spatially Varying Relationships*[Z]. Wiley, 2002.

[31] Cohen, E. J., Roig, M., Reuman, D. C., GoGwilt, C.. International migration beyond gravity: A statistical model for use in population projections[J]. *Proc. Natl. Acad. Sci. USA*, 2008(105): 15269 – 15269.

[32] Simini, F., González, M. C., Maritan, A., Barabási, A. L.. A universal model for mobility and migration patterns[J]. *Nature*, 2012(484): 96 – 96.

[33] Balcan, D., Colizza, V., Goncalves, B., Hu, H., Ramasco, J. R., Vespignani, A.. Multiscale mobility networks and the large spreading of infectious diseases[J]. *Proc. Natl. Acad. Sci. USA*, 2009(106): 21484 – 21484.

[34] Jung, W. S., Wang, F., Stanley, H. E.. Gravity model in the Korean highway[J]. *Europhys. Lett.*, 2008(81): 48005 – 48005.

[35] Viboud, C., Bjornstad, O. N., Smith, D. L., Simonsen, L., Miller, M. A., Grenfell, B. T.. Synchrony, waves, and spatial hierarchies in the spread of influenza[J]. *Science*, 2006(312): 447 – 451.

[36] Liu, Y., Sui, Z., Kang, C., Gao, Y.. Uncovering Patterns of Inter – Urban Trip and Spatial Interaction from Social Media Check – In Data[J]. *PLoS ONE*, 2014, 9(1): e86026 – e86026.

[37] Kaluza, P., Koelzsch, A., Gastner, M. T., Blasius, B.. The complex network of global cargo ship movements[J]. *J. R. Soc. Interface*, 2010(7): 1093 – 1103.

[38] Krings, G., Calabrese, F., Ratti, C., Blondel, V. D.. A gravity model for inter – city telephone communication networks[J]. *J. Stat. Mech*, 2009: L07003 – L07003.

[39] Expert, P. , Evans, T. S. , Blondel, V. D. , Lambiotte, R.. Uncovering space-independent communities in spatial networks [J]. *Proc. Natl. Acad. Sci. USA*, 2011 (108):7663 - 7668.

[40] Santos Silva, J. M. C. , Tenreyro, S.. The Log of Gravity[J]. *The Review of Economics and Statistics*, 2006, 88(4):641 - 658.

[41] Akaike, H.. A new look at the statistical model identification[J]. *IEEE Transactions on Automatic Control*, 1974, 19(6):716 - 723.

第十二章　高校毕业生就业地选择与生源地、院校地关系的实证研究*

本章利用2009年全国高校毕业生就业调查数据,通过建立条件逻辑斯特模型,考察了高校毕业生在面临全国31个省(自治区、直辖市)时所做出的就业地选择与生源地和院校地之间的关系,并通过计量手段对因自选择偏好所带来的偏差进行了调整。研究发现,在控制地区及个人基本特征的情况下,毕业生更倾向于选择在生源地就业,且毕业生在哪里就学也会增加他们毕业时留在当地就业的可能性。"211"重点高校毕业生、研究生更倾向于离开生源地就业,且更倾向于留在院校所在地就业。因此,在制定引导大学生就业流动方向的政策时,应充分考虑所面向的对象的特点以及可能产生的影响。此外,也应充分重视地区高等教育发展水平对大学生流动的引导作用,逐步缩小经济欠发达地区与经济发达地区之间在高等教育规模和层次上的差异。

---

* 本章内容的同名论文发表在《清华大学教育研究》2013年第5期,作者:马莉萍、潘昆峰。本书对论文做了相应改动。

第一节 引 言

接受过高等教育的高校毕业生是一种特殊的人力资源形式，其在地区间的流动行为被日益关注，不仅因为它是人力资源的初次配置，会产生人力资本的初期回报，还因其能够在劳动力市场上创造巨大的外部收益，如为地方贡献更多的税收，创造更多的就业机会和劳动力需求，促进公共和私人投资的增长等[1;2]。同时，从区域经济学的角度而言，尽管所有地区都会从国家总体人力资本的增长中受益，但是高等教育的地区回报率在很大程度上依赖于接受高等教育的学生毕业后的就业流向[3]。高校毕业生在当地就业人数越多，该地高等教育的回报就越多，对当地经济发展的贡献也就越大。因此，研究高校毕业生从生源地到就学地再到就业地的流动选择，不仅可以了解地区间人力资本的流入与流出情况，还可以了解大学生流动行为的背后机制，并据此分析如何通过引导大学生的流动行为来缓解毕业生的就业难问题。

许多关于我国高校毕业生就业的研究均提出"孔雀东南飞"的结论，即高校毕业生过度集中在东南沿海经济发达地区就业。但分析了高等院校的本地就学率和本地就业率后则发现，高达 80% 的大学生选择在生源地就学，而毕业时选择留在院校地就业的比率也在 80% 左右[4]。尽管这一比率存在一定的地区差异，比如东部经济发达省份的本地就学和就业比率均高于中、西部经济欠发达省份，但是这一研究发现仍然提醒我们：仅仅着眼于毕业生选择在哪里就业，可能会掩盖毕业生的前期流动行为及其背后的深层次原因。毕业生在选择就业地时，可能与其生源地在哪里有关，也可能与其前期选择在哪里就读大学有关。

因此，本章利用 2009 年我国高校毕业生就业调查数据，通过建立计量经济学模型，分析毕业生的就业地选择与其生源地和院校地的关系，以期通过研究毕业生的就学和就业流动行为，为合理疏导毕业生的流动方向、提高我国人力资源的利用效率以及促进高等教育与地区经济的协调发展提供理论与事实依据。

第二节 文献综述

大学生选择在哪里就读大学继而毕业时选择在哪里就业,是一个复杂的流动选择过程。国外针对流动行为的研究表明,不仅地区特征的经济和教育特征与大学生的流动选择显著相关,即使考虑了个体人力资本的差异以及地区就业机会的可得性,个体的前期流动与后期流动之间仍然存在显著的正相关关系[5-7]。Faggian 等人分析了苏格兰和威尔士大学毕业生由家乡到大学所在地再到就业地的三阶段流动[8],证实了 DaVanzo 关于"后期流动与前期流动相关"的假设。Kodrzycki 也发现,那些离开家乡所在地读大学的毕业生与在本地就学的毕业生相比,毕业 5 年后在外地就业的可能性要多 54%;出生后到高中期间发生过跨州流动的毕业生与未流动过的毕业生相比,毕业 5 年后不在高中所在地就业的可能性多 17%,毕业 5 年后不在大学所在地就业的可能性多 8%;而高中到大学之间流动过的学生与未流动过的学生相比,毕业 5 年后在大学所在地之外就业的可能性多 31%[9]。Groen 对这一问题研究则发现,尽管在某州上学对毕业后 5 到 10 年内在该州就业的影响虽然显著,但从其大小来看影响力却不大[10]。

我国学者对高校毕业生就业地选择的研究多集中于探讨就业地的分布情况,只有极少数研究追溯毕业生由生源地到院校地再到就业地的系列流动行为[4;11]。北京大学教育学院课题组利用 2004—2010 年教育部统计的全国高校毕业生就业数据分析了毕业生的就业流动状况并发现,不论以生源地还是院校地作为起点来分析毕业生的就业流动,本地就业率均保持在较高的水平[12]。这是目前分析毕业生流动行为的权威数据统计结果,但是毕业生究竟如何作出就业选择,以及在控制了地区和个人特征的情况下,就业地与生源地、院校地之间是否还存在一定的关系,目前仍不得而知。

第三节　研究方法

一、基本模型

根据研究问题的特点，本章建立条件逻辑回归模型（Conditional Logit Model）进行分析。该模型是由诺贝尔经济学家 McFadden 在 1973 年提出的，用于分析个体面临多个选择时的决策过程，其基本原理是个体在多个备选之间进行选择时遵循效用最大化的原则。与二元和多元逻辑回归模型相比，该方法更加强调各个备选的特征变量对其被选择概率的影响，并且可以得出个体选择每个备选的概率，从而更为清晰地还原毕业生的流动决策过程。本研究的基本模型如式（12－1）：

$$Y_{ij} = \beta_1 H_{ij} + \beta_2 C_{ij} + \beta_3 S_j + \varepsilon_{ij} \qquad \text{式(12-1)}$$

（1）式中，i 表示学生个体，j 表示省（自治区、直辖市）（$j=1、2\cdots31$）。因变量 Y_{ij} 是表示毕业生的就业地：$Y_{ij}=1$ 表示学生 i 毕业后在 j 地就业，$Y_{ij}=0$ 表示学生 i 毕业后不在 j 地就业。自变量中，S_j 表示 j 地的特征变量，如经济发展水平、就业机会、高等教育规模等；H_{ij}表示学生个体 i 高考前的生源地：$H_{ij}=1$ 表示学生个体 i 的生源地为 j 地，$H_{ij}=0$ 表示学生个体 i 的生源地不在 j 地；C_{ij}表示学生 i 的毕业院校地：$C_{ij}=1$ 表示学生 i 在 j 地的高校毕业，$C_{ij}=0$ 表示学生 i 不在 j 地的高校毕业。

二、自选择偏差问题的调整

在公式（1）中，由于 H_{ij}是外生变量，因此估计出来的系数 β_1 是无偏的。而对于变量 C_{ij}来说，如果 C_{ij}与 ε_{ij}不相关，那么估计出来的系数 β_2 就是无偏的。然而，可能有很多因素既与就学地的选择 C_{ij}有关，又与就业地的选择 Y_{ij}（也就是 ε_{ij}）相关：个体在考虑选择在哪里接受高等教育时，会考虑离家远近、经济条件、气候等因素，而在毕业后选择工作地时，这些因素同样会影响他们的选择。甚至学生在考虑在何地接受高等教育时，可能已经考虑了毕业后留在当地工作的情况。如果这种个体偏好被

“遗漏”在随机扰动项中，就会使得那些在某地就读大学的学生对留在当地工作的偏好大于那些不选择在此地就读大学的学生偏好。而系数 β_2 的估计值不仅反映了大学所在地的影响，还包含了一个自选择效应，即可能存在一个向上偏误的估计量。

为纠正这一误差，本研究以学生“高考志愿集中所在的省份”①作为学生地区偏好的替代变量。考虑到我国高考招生政策的特点，学生在填报高考志愿时，会综合考虑自己的高考成绩（或估计的高考成绩）、各地区院校的排名及类型、可能划定的分数线、自身的兴趣、家庭的社会经济背景等因素，并最终会在个体地区偏好的指引下来填报一个或多个地区的多所高校。尽管最终只能被一所学校录取，但所填报的志愿仍然能够在一定程度上反映学生个体在就学之前的地区性偏好。将这一偏好加入模型，能够在一定程度上调整自选择问题。

在加入高考志愿选择变量后，回归模型变为式（12－2）：

$$Y_{ij} = \alpha_1 H_{ij} + \alpha_2 C_{ij} + \alpha_3 A_{ij} + \alpha_4 S_j * X_i + \omega_{ii} \qquad \text{式}(12-2)$$

式（12－2）中的 A_{ij} 为高考报考志愿情况：$A_{ij}=1$，表示学生 i 报考了 j 地的大学（至少一所）；$A_{ij}=0$，表示学生 i 未报考 j 地的任意一所大学。于是，系数 α_2 成为反映院校地对就业地影响的大小，α_1 为反映学生生源地对就业地影响的大小。此外，模型中还需加入一些反映个体特征的变量 X_i 来控制选择过程中的个体差异，如性别、学历等个人特征变量。需要说明的是，由于个体变量并不随备选也就是就业省份的变化而变化，因此，在加入这些变量时需要将这些变量与代表省份的变量进行交互之后再将其放入模型中。

第四节　研究数据

本研究采用北京大学教育学院于 2009 年 6 月进行的“全国高校毕业生就业调

① 本研究所依据的调查是基于毕业生离校前的调查，尽管可以直接询问被试的地区偏好，但考虑到这一偏好很可能已经随时间发生了变化，不再能反映当初就学时的偏好，为此。问卷中询问了“你高考填报志愿时，所填报的学校多集中于哪些省份”，并且给出了 3 个空格供被试填写。

查"数据,此调查覆盖了全国东、中、西部地区14个省份的29所高校,东部地区包括北京、天津、河北、山东、江苏、浙江和海南;中部地区包括吉林、黑龙江、山西和河南;西部地区包括广西、贵州和新疆,调查共回收21753份有效问卷。本章选取了此数据库中已经确定就业单位的学生共10070名,其中,专科和高职生占31.6%,本科生占54.3%,硕士生占13.3%,博士生占0.8%;"211"重点高校毕业生占28.6%,一般本科院校毕业生占39.7%,专科和高职院校毕业生占31.7%;男女毕业生分别占58.6%和41.4%。

样本学生的基本流动情况如表12-1所示。可以看出,有超过一半的学生选择留在生源地就学且毕业后继续留下就业,约有1/4的学生离开生源地就学,且毕业后离开院校地就业①。也就是说,选择"不动"和"多次流动"的学生占绝大多数,就学流动和就业流动之间可能存在一定的相关性,但仍需要我们通过计量模型进行检验。

表12-1 大学毕业生生源地、院校地就业比例(单位:%)

流动类型	在院校地省份就业的比例	离开院校地省份就业的比例	合计
在生源地省份就学的比例	51.4	8.0	59.4
离开生源地省份就学的比例	14.8	25.8	40.6
合计	60.2	33.8	100.0

第五节 主要研究发现

表12-2呈现了条件逻辑回归分析的结果。系数α为方程的直接回归系数,系数Exp(α)为发生比率,反映自变量变化一个单位所引发的发生比的变化。当Exp(α)大于1时,表示生源地为该省(或院校地为该省,或高考填报了该省的高校)的学生毕业后留在该省就业的可能性大于离开该省就业的可能性;Exp(α)小于1

① 其中,有11.5%返回生源地就业,14.3%选择继续流动到非生源地和非院校地的其他地区就业。

时，表示留下的可能性小于离开该省就业的可能性。

模型(1)为基础模型，主要考察在控制地区特征变量后，哪里出生和哪里就学是否会对选择在哪里就业产生影响。模型的整体显著性水平为0.000，R^2 为0.589，说明该模型能够较好地解释大学生就业地的选择。从回归系数来看，选择留在生源地就业的概率是离开生源地就业的15.9倍，选择留在院校地就业的概率是离开生源地就业的15.5倍，且二者的影响都是显著的。

模型(2)在模型(1)的基础上加入了个体变量与地区变量的交互变量，以此来控制个体差异对就业地选择的影响。该模型的整体性显著水平为0.000，R^2 稍有增加。从回归系数来看，生源地和院校地对就业地的影响仍然是正显著的，回归系数和机会比率均略有增加。

模型(3)在模型(2)中加入了调整选择性偏差的变量 A_{ij}，即学生高考填报了哪些省份的高校。模型的整体性显著水平仍为0.000，R^2 增加到0.613。从回归系数来看，生源地和院校地对就业地选择的影响均有所下降，这说明模型(1)和(2)的确存在自选择偏差的问题，且加入 A_{ij} 也起到了在一定程度上纠正自选择偏差的作用。其中，生源地对就业地的影响概率比降低到8.95，说明高校毕业生选择留在生源地就业的可能性是离开生源地就业可能性的8.95倍；而就学地对就业地的影响概率降低到7.62，说明高校毕业生选择留在院校地就业的比率是离开院校地地就业可能性的7.62倍。

表12－2　生源地、院校地与就业地关系的条件逻辑回归结果(全样本)

变量		模型(1)		模型(2)		模型(3)	
		回归系数 α	机会比率 $\text{Exp}(\alpha)$	回归系数 α	机会比率 $\text{Exp}(\alpha)$	回归系数 β	机会比率 $\text{Exp}(\beta)$
H_{ij}	生源地	2.77***	15.90	2.79***	16.35	2.20***	8.95
C_{ij}	院校地	2.74***	15.54	2.75***	15.64	2.03***	7.62
A_{ij}	高考填报院校地	—	—	—	—	1.36***	3.90
GDP	省人均GDP	+***	—	+*		+	
EDU	省高等教育规模	+***	—	-		-**	

（续表）

变量		模型(1)		模型(2)		模型(3)	
		回归系数 α	机会比率 $Exp(\alpha)$	回归系数 α	机会比率 $Exp(\alpha)$	回归系数 β	机会比率 $Exp(\beta)$
gender * GDP	性别	—		+		+	
race * GDP	民族	—		+		-	
degree1 * GDP	研究生比专科生	—		+***		+***	
degree2 * GDP	本科生比专科生	—		+***		+	
gender * EDU	性别	—		-		-	
race * EDU	民族	—		-***		-***	
degree1 * EDU	研究生比专科生	—		+***		+***	
degree2 * EDU	本科生比专科生	—		+***		+***	
模型卡方值		21806.40		21681.96		20913.58	
模型显著性		0.000		0.000		0.000	
Pseudo R^2		0.589		0.600		0.613	

（注：(1) * 表示 $p<0.05$，** 表示 $p<0.01$，*** 表示 $p<0.001$；(2)“—”表示回归方程不包括该变量。）

为了分析不同类型高校毕业生其生源地、院校地和就业地三者关系的差异，研究还针对不同高校类型和不同学历层次的分样本建立了计量模型，回归结果如表12－3所示。

分不同院校类型来看，一般本科高校和高职高专院校的学生在生源地就业的可能性是离开生源地的8.30倍左右，略高于“211”高校学生的8倍。而一般本科高校和高职高专院校的学生留在院校地就业的可能性是离开院校地就业可能性的7倍，“211”高校的这一数值则为7.92。这说明“211”高校毕业生更倾向于离开生源地就业，但更倾向于留在院校地就业。

分不同学历层次来看，本科生和专科生留在生源地就业的可能性是离开生源地就业可能性的8.80倍左右，远远高于研究生的4.73倍。而研究生留在院校地就业的可能性是离开院校地就业可能性的9.35倍，远远高于本科生的7.45和专科生5.92。这说明研究生较本科生和专科生相对更倾向于离开生源地就业，而更倾向于留在院校地就业。

表 12-3 生源地、院校地与就业地关系的条件逻辑回归结果(分样本)

变量		回归系数 β	机会比率 $Exp(\beta)$	回归系数 β	机会比率 $Exp(\beta)$	回归系数 β	机会比率 $Exp(\beta)$
		211 重点高校		一般本科高校		高职高专院校	
H_{ij}	生源地	2.08***	8.02	2.13***	8.38	2.12***	8.30
C_{ij}	院校地	2.07***	7.92	1.93***	6.91	1.91***	6.77
A_{ij}	高考填报院校所在地	1.06***	2.87	1.46***	4.31	2.53***	12.57
模型卡方值		5739.92	7863.42	7571.33			
模型显著性		0.00	0.00	0.00			
Pseudo R^2	—	0.45	0.63	0.85			
变量		研究生	本科生	专科生			
H_{ij}	生源地	1.55***	4.73	2.17***	8.73	2.18***	8.88
C_{ij}	院校地	2.24***	9.35	2.01***	7.45	1.78***	5.92
A_{ij}	高考填报院校所在地	1.25***	3.50	1.37***	3.93	2.34***	10.35
模型卡方值		3199.09	20725.73	7368.55			
模型显著性		0.00	0.00	0.00			
Pseudo R^2		0.51	0.61	0.83			

第六节 结论及政策建议

美国近年来针对大学生院校地和就业地选择的研究发现,学习成绩优秀的学生中有很大比例选择离开家乡到其他地区就读大学,且随着美国大学市场地理界线的不断融合,这种流动的趋势愈加明显[13],而这些学生中有很多在大学毕业后也没有再回到家乡就业[14]。于是,为了吸引更多的学生留在本地就学继而就业,近年来美国政府实施了一系列针对本地学生的奖学金计划,希望通过降低学费来吸引更多的本地学生留在本地就学,继而毕业后留在本地就业。一些研究证实了奖学金计划对于留住本州学生在本州就学的成效[15],但是由于美国劳动力市场较高的流动性,该计划对于留住毕业生在本州就业的影响并不乐观[10; 16]。

而本章对我国高校毕业生的研究则发现，在控制了地区的经济发展水平和高等教育规模的情况下，毕业生更倾向于选择在生源地就业；且毕业生在哪里就学会增加他们毕业时留在当地就业的可能性。不同类型的学生的情况也略有不同："211"重点高校毕业生、研究生较其他类型学生更倾向于离开生源地就业，但更倾向于留在院校地就业。

对比两国的研究结论可以发现，我国高校毕业生更加倾向于留，而不是流。这种差异与两国劳动力市场的特征有重要联系。与美国的大学毕业生劳动力市场相比，我国的劳动力市场的流动性较差，对于高校毕业生来说，由于户籍制度的存在，初次就业的大学毕业生若不能通过第一份工作获得就业地的户籍，那么今后获得当地户籍的可能性则更小，这就意味着在收入、再次择业、子女入学等各个方面存在收益的劣势。从这个角度来说，选择在生源地就业是最为稳妥的选择。即便假设毕业生在各个省份的收益相同，由于他们对生源地和院校地的劳动力市场比较熟悉，并建立了一定的社会关系网络，那么他们在生源地和院校地找到工作的概率就相对较大。加之由于仍能生活在原来的环境中，因此不会发生流动所带来的心理成本，也不会产生额外的交通和通信等成本。于是，在收益相同的情况下，毕业生选择在生源地或者院校地就业也就可以理解了。

此外，由于不同高校类型、学历、专业的毕业生所面临的劳动力市场环境有很大差异，也造成就业地选择的不同。重点高校、高学历或紧缺专业的毕业生，因具有更高的人力资本而面临较小的流动障碍，因此离开生源地到全国范围的劳动力市场择业的可能性更大。而之所以更加倾向于留在院校地就业，一方面，可能是由于对院校地的固有偏好，一些学生在进行就学选择时就考虑过将来毕业时留在此地就业。另一方面，我国高等教育资源的分布特征决定了我国高校尤其是重点高校多集中位于经济较为发达的直辖市或省会城市，而这些地方也恰恰能为毕业生提供较好的工作机会。相关研究发现，即使以城市为单位，仍有45.5%的毕业生选择毕业后留在院校所在城市就业[17]。而对于一般高校尤其是高职高专院校的毕业生来说，人力资本程度相对较低，更容易在地方劳动力市场找寻工作，因此流动的可能性就相对较小。

为解决高校毕业生过度集中在经济发达地区就业的问题，我国政府出台了一系列政策鼓励毕业生积极投身经济欠发达地区。然而，这些政策的出台仅着眼于毕业生的就业地区分布情况，忽略了学生就业地选择与生源地和院校地之间的关系。本章在控制了地区经济和教育特征的情况下，仍然发现毕业生更加倾向于留在生源地就业，且在哪里就学也会增加其留在当地就业的可能性。也就是说，毕业生选择在哪里就业，可能不仅仅考虑各地的经济发展水平，还会考虑自身流动产生的成本以及未来的可能收益，而最终选择在哪里就业，一定是基于个体情况而做出的理性的流动选择。不同群体的流动成本和收益并不相同，相同政策下的决策亦不会相同。因此，在制定相关引导毕业生就业流向的政策时，应充分考虑所面向的对象的特点以及可能产生的影响。

除此之外，在疏导毕业生就业流动方面，还有一个不可忽视的因素就是地区高等教育发展水平对大学生流动的引导作用。高等教育与地区经济之间不仅是相互协调发展的关系，高等教育还会通过吸引人才流入来促进当地的经济发展。反之，高等教育规模过小，也会限制人才的引进，进而制约地区的经济发展。政府在对高等教育进行投资时应逐步缩小经济欠发达地区与经济发达地区之间在高等教育规模和层次上的差距，通过引导和鼓励学生在本地就学来增加他们留在本地就业的可能性。在新建高等教育机构以及进行高等教育资源布局调整时，也应充分认识到这一重要性。

参考文献

[1] Glaeser, E. L., Scheinkman, J., Shleifer, A.. Economic growth in a cross - section of cities[J]. *Journal of monetary economics*, 1995, 36(1): 117 - 143.

[2] Moretti, E.. Estimating the social return to higher education: evidence from longitudinal and repeated cross - sectional data[J]. *Journal of econometrics*, 2004, 121(1): 175 - 212.

[3] Faggian, A., McCann, P.. Human capital flows and regional knowledge assets: a simultaneous equation approach[J]. *Oxford Economic Papers*, 2006, 58(3): 475 – 500.

[4] 马莉萍, 岳昌君, 闵维方. 高等院校布局与大学生区域流动[J]. 教育发展研究, 2009(23): 31 – 36.

[5] DaVanzo, J.. Differences between return and nonreturn migration: An econometric analysis[J]. *The International Migration Review*, 1976, 10(1): 13 – 27.

[6] DaVanzo, J.. Repeat migration in the United States: who moves back and who moves on? [J]. *The Review of Economics and Statistics*, 1983: 552 – 559.

[7] Morrison, P. A., DaVanzo, J.. The prism of migration: Dissimilarities between return and onward movers[J]. *Social Science Quarterly*, 1986, 67(3): 504.

[8] Faggian, A., McCann, P., Sheppard, S.. Some evidence that women are more mobile than men: Gender differences in UK graduate migration behavior[J]. *Journal of Regional Science*, 2007, 47(3): 517 – 539.

[9] Kodrzycki, Y. K.. Migration of recent college graduates: evidence from the national longitudinal survey of youth[C]. *New England Economic Review*, 2001: 13 – 34.

[10] Groen, J. A.. The effect of college location on migration of college – educated labor [J]. *Journal of econometrics*, 121(1): 125 – 142.

[11] 岳昌君. 大学生跨省流动的特点及影响因素分析[J]. 复旦教育论坛, 2011(2): 57 – 62.

[12] 岳昌君等. 全国高校毕业生就业状况(2004—2008)[M]. 北京: 北京大学出版社, 2009.

[13] Hoxby, C. M.. How the changing market structure of US higher education explains [R]. *NBER working paper*, 1997.

[14] Schmidt, P.. More states try to stanch "brain drains," but some experts question the strategy[J]. *Chronicle of Higher Education*, 1998(20): A36.

[15] Dynarski, S.. Hope for whom? Financial aid for the middle class and its impact on

college attendance[R]. NBER working paper,2000.

[16] Bound,J. ,Groen,J. ,Kezdi,G. ,Turner,S.. Trade in university training: cross - state variation in the production and stock of college - educated labor[J]. *Journal of econometrics*,2004,121(1):143 - 173.

[17] 杨钋,门垚,马莉萍. 高校毕业生就业流动现状的分析[J]. 国家教育行政学院学报,2011(4):75 - 80.

第十三章　离京留京与大学毕业生的工资溢价

大学毕业生对工作地的选择是研究关注的热点问题。对于每一位毕业生而言，就业地的选择可以大致可分为三类:返回生源地工作，在大学所在地工作，或去另外一个城市工作。总体而言，毕业生的迁移可分为五种:两次迁移(Repeat Migrant)、返回迁移(Return Migrant)、前期迁移(Sticker)、后期迁移(Late Mover)和不迁移(Stayer)。[1]其中，两次迁移是指学生的生源地、大学所在地和工作地均不相同;返回迁移是指学生不在生源地上学，但工作时却返回了生源地;前期迁移是指学生生源地和大学所在地不同，但工作地和大学所在地相同;后期迁移是指学生生源地和大学所在地相同，但工作地和大学所在地不同;最后一种不迁移是指学生的生源地、大学所在地和工作地均相同。

第一节　背　景

大学生就业迁移问题是学术界探讨的热门话题。

在迁移因素与工资溢价相关关系的研究中，国外研究的观点可谓泾渭分明，一部分学者认为迁移因素对工资溢价的影响甚微并且大多数的时候是不显著的[2-4]。但另一部分学者则认为迁移因素会对工资溢价产生影响，且为负向影响[5]。虽然这些文献的研究结论不同，但它们所采用的研究样本大都来自当地的劳动力市场，针对毕业生这一具体群体却鲜有研究。其中，Barrett 教授收集了后期迁移（移民后再回国）和不迁移（一直在国内）两种迁移类型毕业生 6 年后的工资数据，研究爱尔兰经济高速发展时期迁移因素对工资溢价的影响[6]。结果发现，由于出国的人拥有更好的知识和技能，竞争力较强。迁移男性工资要比不迁移的男性工资高 10%，而迁移因素对于女性的工资溢价并没有显著的影响。国内研究由于受我国加快城镇化政策的影响，研究对象主要集中在城乡之间的迁移人口，专门关注大学生这一群体迁移的文献较少。具体来说，国内的赵海涛教授将 Faggian 的 5 种迁移类型简化为两类，研究了迁移人口和城镇居民之间的工资差异[7]。研究结果表明，与传统观点不同的是，本地人和外地人工资的差异并非主要来自地域歧视，反而是由于人力资本特征的地域差异所导致的，并且因地域歧视而导致的工资差异随着时间的推移而逐渐减弱。而姚俊教授则关注到一个具体的社会群体——农民工[8]。该研究通过城市间迁移和企业间迁移两个角度，分析了农民工迁移对其工资的影响。结果发现，农民工迁移性对其工资有正向影响。另外，姚教授得出和赵教授相同的结论：在迁移就业过程中，人力资本因素起着决定性作用。

综合国内外和以往文献，我们发现研究者大多从宏观层面分析迁移因素和工资溢价间的相关关系，关注大学生这一群体迁移的文献较少。但就“大学生就业难”这一大的社会背景而言，分析毕业生迁移对其工资的影响无论对国家和社会还是学校和家庭，都是非常有社会意义的。再者，以往文献多在探讨迁移因素对起薪的影响，缺少迁移因素对工资增长持续性影响的研究，也未将工资受迁移因素影响的群体按不同工资水平进行划分，以致缺乏较为细致的分析。一方面基于以往文献的种种缺陷；另一方面也为我国毕业生就业政策改革献计献策。本研究使用中国人民大学中国调查与数据中心“中国教育追踪调查（CEPS）”数据，利用 2006 级和 2008 级本科学生的样本数据进行研究，以“在京工作”为核心变量，在控制就业类型、家庭因素、个人因素和大学因素的基础上，讨论迁移因素对毕业生就业起薪的影响以及影响的持续性。本章的余下部分安排如下：第二节介绍样本数据特征及基本的描述性统计，第三节分析离京、留京的影响因素,第四节报告各个回归的结果,第五节给出结论并加以讨论。

第二节 数据及描述

本章主要运用中国人民大学中国调查与数据中心主持的中国教育追踪调查(CEPS)中的“首都大学生成长追踪调查”数据来进行实证分析。①

本研究通过本科毕业后第一年填写的工资数据来作为就业薪酬的衡量,这时进入劳动力市场的学生已经工作近一年,对工资数据的填写比较真实。表 13－1 为部分变量的描述性统计。从简单统计来看,2006 级和 2008 级学生中,有 1336 人选择在北京工作,有 546 人选择离开北京。

表 13－1 部分变量的描述性统计

变量	样本量	平均值	标准差	最小值	最大值
工资对数	1496	8.250	0.632	0	11.00
离京留京(在京工作＝1)	1882	0.710	0.454	0	1
户口类型(城镇＝1)	3342	0.967	0.178	0	1
家庭收入的对数	3358	10.89	1.276	－0.693	43.75
父亲受教育水平(大学及以上＝1)	3361	0.472	0.499	0	1
母亲受教育水平(大学及以上＝1)	3361	0.381	0.486	0	1
性别(男＝1)	3361	0.530	0.499	0	1
文理科(文科＝1)	3145	0.232	0.422	0	1
标准化高考成绩	3200	0.00762	1.004	－7.961	3.289
政治面貌(党员＝1)	3361	0.422	0.494	0	1
大学类型(“211 工程”＝1)	3361	0.636	0.481	0	1
专业类型(文史经管＝1)	3361	0.442	0.497	0	1
大学成绩	3361	0.416	0.222	0.0154	1.342
是否实习过(是＝1)	3361	0.770	0.421	0	1
是否为班干部(是＝1)	3350	0.503	0.500	0	1

① 本章所采纳数据及描述在第九章第二节已有叙述,此处不再赘述。

第三节 留京离京影响因素分析

在毕业生就业迁移方面的研究中，以往文献通常考虑了如下3个方面因素：家庭因素（户籍、家庭收入、父母受教育程度等）、个人因素（性别、高考成绩、文理科等）、大学因素（高校类别、专业类别等）[9-12]。本章在之前研究基础上，采用二元Logistic的回归方法，研究北京毕业生就业选择的影响因素，计量模型如式（13-1）：

$$\text{Logit}(\beta) = \alpha + \sum \beta_i \cdot L_i + \sum \gamma_i \cdot M_i + \sum \delta_i \cdot N_i + \varepsilon \qquad \text{式}(13-1)$$

其中 $\text{Logit}(\beta)$ 为因变量，表示毕业生的选择，如在京工作，则 $\text{Logit}(\beta)=1$。主要的因变量有3类：第一类 L_i 代表影响毕业生选择中的家庭因素，如户籍为城镇取1，父母受教育程度为大学（含大专）及以上取1；第二类 M_i 代表影响毕业生选择中的个人因素，如性别为男则值取1，文理科中文科取1，政治面貌中党员取1；第三类 N_i 代表影响毕业生选择中的大学因素，大学为“211工程”高校取1，有过实习经历的取1，大学期间当过班干部的取1。

除了以上变量外，为了便于统计和发现数据规律，还需对“高考成绩”“大学成绩”“家庭收入”和“专业类别”4个变量分别进行处理。由于各个省份可以不使用教育部编写的全国试卷，单独组织本省教师进行考试试卷的编写，即自主进行高考试卷的单独命题，这就导致高考成绩总分可能不同，再加上高考改革程度不一，高考科目也可能不完全相同，所以在统计前必须要对“高考成绩”变量进行标准化处理。由于各个大学成绩计算方法不一，有的大学采用百分制，而有的大学则采用平均成绩点数（即GPA）。即便是采用了同一种成绩计算方法，具体的计算公式也有不同，比如都是百分制，有的高校采用平均成绩计算，还会包含选修课成绩，而有的学校则采用专业成绩，选修课不参与成绩计算。这是百分制的不同，对于采用GPA的高校来说，也有满GPA为4分和满GPA为5分的情况。基于有如此繁多的成绩计算方法，统计前必须对“大学成绩”进行统一，本章采用百分比的方法来代替表示“大学成绩”这一变量。由于高收入家庭之间的差距过大，而中低收入家庭差距没有那么大，所以利用对数的特性，在统计前对“家庭收入”这一变量进行对数处理。我国的高校现行12个学科门类，有哲学、经济学、法学等。为了方便统计，本章将理工、农、医归为一类，取0，文、史、经、管归为一类，取1。

表13－2为二元Logistic的回归结果，其中因变量为在京工作，自变量为家庭、个人和大学三大类因素，分别对2006级、2008级和他们的总体分别进行了回归。根据回归结果，我们发现大学为“211工程”的毕业生不愿意选择在北京工作。在总体和2006级的学生中，家庭收入较高、女生、高考成绩较低、有实习经历的毕业生更倾向于在北京工作。而户口类型、父母受教育水平、文理科、政治面貌、专业类型、大学成绩和班干部经历，这些变量在回归结果中并不显著。并没有检测出出生于高知识分子家庭的学生更倾向于选择北京作为工作地。

表13－2 留京离京影响因素分析

变量类别	变量名称	(1) 2006级和2008级	(2) 2006级	(3) 2008级
家庭因素	户口类型(城镇＝1)	－0.3011 (0.3368)	－0.0517 (0.4106)	－0.6602 (0.6195)
	家庭收入的对数	0.1314* (0.0594)	0.2107** (0.0735)	－0.0557 (0.1091)
	父亲受教育水平 (大学及以上＝1)	0.0129 (0.1585)	－0.0023 (0.1864)	0.1278 (0.3116)
	母亲受教育水平 (大学及以上＝1)	0.1506 (0.1721)	0.1710 (0.2077)	0.0900 (0.3274)
个人因素	性别(男＝1)	－0.3705** (0.1302)	－0.3524* (0.1577)	－0.4561 (0.2398)
	文理科(文科＝1)	－0.1276 (0.1714)	－0.0575 (0.2057)	－0.3119 (0.3262)
	标准化高考成绩	－0.2285** (0.0763)	－0.2354* (0.0939)	－0.2486 (0.1394)
	政治面貌(党员＝1)	0.0510 (0.1269)	0.2261 (0.1517)	－0.3616 (0.2379)

（续表）

变量类别	变量名称	(1) 2006级和2008级	(2) 2006级	(3) 2008级
大学因素	大学类型 （“211工程”=1）	−1.1280*** (0.1459)	0.9430*** (0.1751)	1.5821*** (0.2706)
	专业类型 （文史经管=1）	0.1597 (0.1510)	−0.0205 (0.1818)	0.5577 (0.2883)
	大学成绩	−0.0050 (0.2942)	−0.2549 (0.3484)	0.8953 (0.5819)
	是否实习过（是=1）	0.3886** (0.1473)	0.5458** (0.1733)	−0.0003 (0.2953)
	是否为班干部（是=1）	0.1433 (0.1198)	0.0545 (0.1460)	0.1672 (0.2307)
常数项		0.1340 (0.7138)	−1.0231 (0.8758)	2.5714 (1.3347)
样本量		1686	1134	552

（注：括号内为标准误，*表示 $p < 0.05$，**表示 $p < 0.01$，***表示 $p < 0.001$。）

第四节　留京离京工资溢价分析

在毕业生工资溢价方面的研究中，以往文献通常考虑了家庭背景、性别、大学类型、专业类别、大学成绩、语言能力等[13-16]，但考虑迁移因素对工资溢价影响的文献较少。[6]本章在前人研究的基础上，采取多元线性回归的方法，计量模型如式（13-2）：

$$\ln W = \alpha + \theta \cdot \mathrm{Logit}(\beta) + \sum \varphi_i \cdot X_i + \sum \beta_i \cdot L_i + \sum \gamma_i \cdot M_i + \sum \delta_i \cdot N_i + \varepsilon$$

式（13-2）

其中因变量 $\ln W$ 是毕业生工资起薪的对数，核心解释变量为 $\mathrm{Logit}(\beta)$（如毕业生选择在京工作，则 $\mathrm{Logit}(\beta)=1$），主要的因变量有4类：第一类 X_i 代表毕业生的就业类型（企业性质、行业类型等），第二类 L_i 代表影响毕业生选择中的家庭因素（户籍、家庭收入、父母受教育程度等），第三类 M_i 代表影响毕业生选择中的个人因素（性别、高考成绩、文理科等），第四类 N_i 代表影响毕业生选择中的大学因素（高校类别、专业类别等）。通过控制这四大类变量，可以更加有效地分析留京离京、对工资溢价的影响。

考虑到毕业生多元化的选择（比如出国继续深造、参加推荐免试或考试继续攻读硕/博学位等），部分应届毕业生并未立即选择就业。然而这部分学生样本就业数据的缺失可能导致样本选择的偏差。为了解决这种偏误，非常有必要采用 Heckman 两步修正法，估计出逆米尔斯比率，并判断其显著性。[17]

一、对起薪的影响

表 13－3 是留京离京对工资起薪的回归结果。其中，模型（1）加入了就业类型的控制变量。北京是祖国的首都，也是全国的政治中心、文化中心、国际交往中心和科技创新中心。与传统观念不同的是，该模型回归结果表明，在京工作反而会使起薪降低。与不在北京工作相比，在京工作会使工资溢价降低约 8%；在模型（1）的基础上，再加入家庭因素的控制变量，核心变量依然显著。与模型（1）的结果相比，在京工作会使工资溢价降低更多，约为 9%。模型（3）在模型（1）和模型（2）的基础上，加入了所有控制变量（包括就业类型、家庭因素、个人因素和大学因素）。回归结果表明，虽然核心变量有一定影响，但影响不是很明显。模型（4）采用 Heckman 两步修正法，逆米尔斯比率不显著，表明不存在样本选择的偏差，模型不需要进行校正。回归结果还表明，家庭收入越高、高考分数越高、大学成绩越好、有实习经历的男性毕业生起薪也会相应越高。而户口类型、父母受教育水平、文理科、政治面貌、大学类型、专业类型、班干部经历，这些变量在模型（3）的回归结果中并不显著。

表 13－3　留京离京对起薪的影响

变量类别	变量名称	(1) OLS	(2) OLS	(3) OLS	(4) Heckman
核心变量	在京工作	－0.0823*	－0.0877*	－0.0088	－0.0089
		(0.0370)	(0.0368)	(0.0404)	(0.0398)
就业类型	企业性质	是	是	是	是
	行业类型	是	是	是	是

（续表）

变量类别	变量名称	(1) OLS	(2) OLS	(3) OLS	(4) Heckman
家庭因素	户口类型	—	-0.0272 (0.0879)	-0.0327 (0.0868)	-0.0322 (0.0857)
	家庭收入的对数	—	0.0531 * * (0.0163)	0.0507 * * (0.0170)	0.0511 * * (0.0174)
	父亲受教育水平	—	0.0357 (0.0429)	0.0109 (0.0432)	0.0110 (0.0425)
	母亲受教育水平	—	0.0787 (0.0451)	0.0619 (0.0463)	0.0620 (0.0456)
个人因素	性别	—	—	0.1324 * * * (0.0367)	0.1325 * * * (0.0362)
	文理科	—	—	-0.0738 (0.0463)	-0.0719 (0.0503)
	标准化高考成绩	—	—	0.1375 * * * (0.0205)	0.1376 * * * (0.0202)
	政治面貌	—	—	0.0056 (0.0364)	0.0057 (0.0359)
大学因素	大学类型	—	—	0.0003 (0.0419)	0.0001 (0.0413)
	专业类型	—	—	0.0579 (0.0428)	0.0569 (0.0437)
	大学成绩	—	—	-0.2320 * * (0.0833)	-0.2316 * * (0.0821)
	是否实习过	0.1499 * * * (0.0440)	0.1500 * * * (0.0433)	—	—
	是否为班干部	-0.0159 (0.0330)	-0.0160 (0.0325)	—	—
常数项		8.0781 * * * (0.0656)	7.5024 * * * (0.1989)	7.4869 * * * (0.2159)	7.4824 * * * (0.2187)
逆米尔斯比率		—	—	—	-0.0769 (0.8755)

（续表）

变量类别	变量名称	(1) OLS	(2) OLS	(3) OLS	(4) Heckman
样本量		1496	1492	1338	2983
拟合优度		0.0894	0.1079	0.1666	—

（注：括号内为标准误，* 表示 $p < 0.05$，** 表示 $p < 0.01$，*** 表示 $p < 0.001$。）

二、对工资的持续性影响

上一部分着重关注了核心变量（在京工作）对起薪的影响，结果表明核心变量对工资溢价有一定的负相关关系，但影响不是很明显。这一部分将更加深入地分析核心变量对工资是否有持续性的影响。表 13－4 是留京离京对工资持续影响的回归结果。其中，模型(1)的因变量是 2006 级起薪的对数，模型(2)的因变量是 2008 级起薪的对数，模型(3)的因变量是 2006 级第三年工资的对数，模型(4)的因变量是 2006 级工资增长的对数。在这里，2006 级的工资增长指的是 2006 级第三年工资和第一年工资差值的对数。模型(1)至模型(4)的核心变量均为“在京工作”，控制变量也相同（包括就业类型、家庭因素、个人因素和大学因素）。从回归结果我们可以看出，虽然核心变量对工资溢价有一定的负相关关系，但是对工资增长具有显著的正相关性。这说明在京工作短时间内不会对工资有正向作用，但对以后工资的增长具有显著的正向效应，对工资溢价有持续性影响。将回归结果与前一部分结论相对比，我们还能发现，原本家庭收入越高、大学成绩越好、有实习经历的男性毕业生起薪也会相应越高。但这些因素并不会影响他们工资的增长。反而高考成绩不但会对起薪有正向作用，也对工资增长具有显著的正相关性。

表 13－4　留京离京对工资的持续影响

变量类别	变量名称	(1) 2006 级 第一年工资	(2) 2008 级 第一年工资	(3) 2006 级 第三年工资	(4) 2006 级 工资增长
核心变量	在京工作	0.0216 (0.0507)	－0.0134 (0.0654)	0.0325 (0.0535)	0.2434* (0.1205)
就业类型	企业性质	是	是	是	是
	行业类型	是	是	是	是
家庭因素	户口类型	－0.0157 (0.1162)	0.0079 (0.1291)	0.1782 (0.1301)	0.1362 (0.2441)
	家庭收入的对数	0.0513* (0.0214)	0.0732** (0.0277)	0.0418 (0.0240)	0.0257 (0.0492)
	父亲受教育水平	－0.0063 (0.0522)	0.0028 (0.0734)	0.0412 (0.0607)	0.1865 (0.1149)
	母亲受教育水平	0.0557 (0.0580)	0.0360 (0.0767)	0.0513 (0.0659)	0.1706 (0.1277)
个人因素	性别	0.1056* (0.0464)	0.1195* (0.0591)	0.1586** (0.0510)	0.1703 (0.0977)
	文理科	－0.0441 (0.0585)	－0.1536* (0.0753)	0.0301 (0.0683)	0.1196 (0.1345)
	标准化高考成绩	0.1796*** (0.0254)	0.1129*** (0.0341)	0.1152*** (0.0305)	0.1867** (0.0568)
	政治面貌	0.0111 (0.0453)	－0.0376 (0.0603)	－0.0246 (0.0497)	0.0350 (0.0998)
大学因素	大学类型	0.0177 (0.0516)	－0.0005 (0.0692)	0.1119 (0.0581)	0.2001 (0.1164)
	专业类型	－0.0100 (0.0536)	0.1778* (0.0699)	0.0312 (0.0635)	0.0317 (0.1198)
	大学成绩	－0.2225* (0.1025)	－0.2788* (0.1392)	－0.1790 (0.1162)	－0.3328 (0.2160)
	是否实习过	0.1287* (0.0540)	0.1277 (0.0740)	0.2315*** (0.0591)	0.0851 (0.1129)
	是否为班干部	0.0235 (0.0422)	0.0533 (0.0555)	－0.0356 (0.0473)	－0.0809 (0.0913)

（续表）

变量类别	变量名称	(1) 2006 级 第一年工资	(2) 2008 级 第一年工资	(3) 2006 级 第三年工资	(4) 2006 级 工资增长
常数项		7.3212*** (0.2784)	7.4802*** (0.3408)	7.2246*** (0.3087)	6.1533*** (0.6230)
样本量		791	547	778	392
拟合优度		0.2061	0.1888	0.2529	0.2672

（注：括号内为标准误，* 表示 $p < 0.05$，** 表示 $p < 0.01$，*** 表示 $p < 0.001$。）

三、对不同人群起薪的影响

上一部分着重关注了核心变量（在京工作）对工资的持续性影响，结果表明核心变量对工资增长具有显著的正相关性。在京工作虽然短时间内不会对工资有正向作用，但对以后工资的增长具有显著的正向效应，对工资溢价有持续性影响。这一部分将采用分位数回归的方法，更加深入地分析核心变量对不同人群起薪的影响。表 13－5 是留京离京对不同人群起薪影响的回归结果。其中，模型（1）至模型（5）的因变量分别为分布在 10%、25%、50%、75% 和 90% 的样本，核心变量均为“在京工作”，控制变量也相同（包括就业类型、家庭因素、个人因素和大学因素）。从回归结果我们可以看出，在京工作对低收入群体的起薪（10%）有正向影响，且效果显著；而对中等收入群体起薪（25% 和 50%）的正向影响减弱，对高收入群体起薪（75% 和 90%）有负向影响，且效果都不是很显著。将回归结果与前两部分结论相对比，我们还能发现，家庭收入对中、高等收入群体起薪有显著的正向影响，且整体而言，起薪越高，家庭收入对起薪的边际影响越大。高考成绩对不同人群的起薪均有显著的影响，且整体而言，起薪越高，高考成绩对起薪的边际影响相对减弱。

表 13－5　留京离京对不同人群起薪的影响(分位数回归)

变量类别	变量名称	(1) 10%	(2) 25%	(3) 50%	(4) 75%	(5) 90%
核心变量	在京工作	0.1263* (0.0532)	0.0385 (0.0393)	0.0174 (0.0345)	－0.0455 (0.0419)	－0.0670 (0.0624)
就业类型	企业性质	是	是	是	是	是
	行业类型	是	是	是	是	是
家庭因素	户口类型	0.1372 (0.1143)	－0.0309 (0.0844)	－0.0636 (0.0741)	0.0253 (0.0901)	0.0639 (0.1340)
	家庭收入的对数	0.0288 (0.0224)	0.0090 (0.0165)	0.0481*** (0.0145)	0.0723*** (0.0177)	0.0764** (0.0263)
	父亲受教育水平	0.0221 (0.0568)	0.0022 (0.0420)	0.0135 (0.0369)	－0.0615 (0.0448)	－0.1332* (0.0666)
	母亲受教育水平	0.0610 (0.0610)	0.0637 (0.0450)	0.0001 (0.0395)	0.0839 (0.0481)	0.2156** (0.0715)
个人因素	性别	0.0171 (0.0484)	0.0898* (0.0357)	0.1565*** (0.0314)	0.1781*** (0.0381)	0.1707** (0.0567)
	文理科	－0.0041 (0.0609)	0.0014 (0.0450)	－0.0322 (0.0395)	0.0148 (0.0480)	－0.0062 (0.0714)
	标准化高考成绩	0.1134*** (0.0270)	0.1254*** (0.0199)	0.0951*** (0.0175)	0.0971*** (0.0212)	0.0948** (0.0316)
	政治面貌	0.0124 (0.0479)	－0.0146 (0.0354)	－0.0011 (0.0311)	－0.0041 (0.0378)	0.0012 (0.0562)
大学因素	大学类型	－0.0217 (0.0552)	－0.0069 (0.0407)	0.0348 (0.0358)	0.0043 (0.0435)	0.0913 (0.0647)
	专业类型	0.0050 (0.0564)	0.0075 (0.0416)	0.0608 (0.0366)	0.0558 (0.0445)	0.0395 (0.0661)
	大学成绩	－0.0643 (0.1097)	－0.0701 (0.0810)	0.1868** (0.0711)	－0.1885* (0.0864)	－0.2056 (0.1286)
	是否实习过	0.1135 (0.0579)	0.1009* (0.0428)	0.1308*** (0.0375)	0.0936* (0.0456)	0.1868** (0.0679)
	是否为班干部	0.0217 (0.0434)	－0.0275 (0.0321)	－0.0359 (0.0282)	－0.0254 (0.0342)	0.0003 (0.0509)

（续表）

变量类别	变量名称	(1) 10%	(2) 25%	(3) 50%	(4) 75%	(5) 90%
常数项		7.0210*** (0.2843)	7.6237*** (0.2099)	7.5483*** (0.1843)	7.4791*** (0.2241)	7.5140*** (0.3333)
样本量		1338	1338	1338	1338	1338

（注：括号内为标准误，* 表示 $p < 0.05$，** 表示 $p < 0.01$，*** 表示 $p < 0.001$。）

第五节 小 结

基于2006级和2008级北京高校学生追踪调查数据，本章研究了迁移因素对毕业生工资溢价的影响。研究结论表明，在控制就业类型、家庭因素、个人因素和大学因素的基础上，虽然核心变量（在京工作）对工资溢价有一定的负相关关系，但是对工资增长具有显著的正相关性。这说明在京工作短时间内不会对工资有正向作用，但对以后工资的增长具有显著的正向效应，对工资溢价有持续性影响；并且核心变量（在京工作）对低收入群体的起薪（10%）有正向影响，且效果显著；而对中等收入群体起薪（25%和50%）的正向影响减弱，对高收入群体起薪（75%和90%）有一定的负向影响。

与前人的研究对比，我们着重关注了大学生这一群体的迁移。在“大学生就业难”这一大的社会背景下，分析了毕业生迁移对其工资起薪的影响，深入探讨了迁移因素对其工资增长的持续性影响，并且还将工资受迁移因素影响的群体按照不同的工资水平进行划分，分别进行了细致的分析，弥补了以往文献的种种不足。

本章的研究结论对毕业生就业、创业政策改革具有重要参考意义。各高校在帮助毕业生选择工作地点时，往往进行了错误的引导，致使毕业生着重考虑了工资中的就业起薪，而缺乏对工资持续性增长的考虑。再加之在“北京户口”这一压力下，很多毕业生往往放弃了在京工作的宝贵机会。本研究结论表明，在京工作短时间内不会对工资有正向作用，但对以后工资的增长具有显著的正向效应，对工资溢价有持续性影响。因此，高校在帮助毕业生选择工作地点时，应引导毕业生不仅关注工资中的就业起薪，而且要做出三至五年或更加长远的职业规划，关注迁移因素对工资溢价的持续性影响，这将有助于学生在进入劳动力市场前做出更加理性的选择。

我们虽然从实证上论证了高校毕业生迁移因素的工资溢价效果，但是囿于数据，仅以北京地区的高校毕业生为例，将 Faggian 的 5 种迁移类型简化为“离京留京”两种类型来进行讨论，未考虑生源地在离京留京中的影响，这部分有待在未来的研究中予以补充，迁移因素工资溢价效果的理论机制仍有待深入地探讨。

参考文献

[1] Faggian, A., McCann, P., Sheppard, S.. An analysis of ethnic differences in UK graduate migration behaviour [J]. *The Annals of Regional Science*, 2006, 40 (2): 461 - 471.

[2] Card, D.. Immigrant inflows, native outflows, and the local labor market impacts of higher immigration[J]. *Journal of Labor economics*, 2001, 19(1): 22 - 64.

[3] Friedberg, R. M.. The impact of mass migration on the Israeli labor market[J]. *The Quarterly Journal of Economics*, 2001, 116(4): 1373 - 1408.

[4] Lewis, E. G.. Immigration, skill mix, and the choice of technique[R]. *FRB philadelphia working paper*, 2005.

[5] Borjas, G. J., Katz, L. F.. The Evolution of the Mexican - Born Workforce in the United States[M]. In Mexican immigration to the Vnited state. Chicago: University of Chicago Press, 2007: 13 - 56.

[6] Barrett, A., O Connell, P. J.. Is there a wage premium for returning Irish migrants? [J]. *Economic and Social Review*, 2001, 32(1): 1 - 22.

[7] 赵海涛. 流动人口与城镇居民的工资差异——基于职业隔离的角度分析[J]. 世界经济文汇, 2015(2): 91 - 108.

[8] 姚俊. 流动就业类型与农民工工资收入——来自长三角制造业的经验数据[J].

中国农村经济,2010(11):53－62.

[9] Faggian,A.,Corcoran,J.,Partridge,M.. Interregional migration analysis[J]. *Nature Reviews Rheumatology*,2015,6(2):82－88.

[10] Greenwood,M. J.. Research on Internal Migration in the United States: A Survey [J]. *Journal of Economic Literature*,1975,13(2):397－433.

[11] Roberts,T.,Mcgreevy,P.,Valenzuela,M.. Human Capital,Graduate Migration and Innovation in British Regions[J]. *Cambridge Journal of Economics*,2009,33(2): 317－334.

[12] Sun,Y. F.,Pan,K.. Prediction of the intercity migration of Chinese graduates[J]. *Journal of Statistical Mechanics Theory and Experiment*,2014(12):129－137.

[13] Grogger,J.,Eide,E.. Changes in College Skills and the Rise in the College Wage Premium[J]. *The Journal of Human Resources*,1995,30(2):280－310.

[14] Walker,I.,Zhu,Y.. The college wage premium and the expansion of higher education in the UK[J]. *The Scandinavian Journal of Economics*,2008,110(4):695－709.

[15] Walker,I.,Zhu,Y.. University Selectivity and the Graduate Wage Premium: Evidence from the UK[N]. Iza Discussion Papers,2017.

[16] 潘昆峰,崔盛. 语言能力与大学毕业生的工资溢价[J]. 北京大学教育评论,2016(2):99－112、190.

[17] Heckman,J. J.,Stixrud,J.,Urzua,S.. The effects of cognitive and noncognitive abilities on labor market outcomes and social behavior[J]. *Journal of Labor economics*,2006,24(3):411－482.

后 记

这本书源于近年来我们对高等教育中人口迁移问题的思考和研究。

中国人最讲究安土重迁。然而,随着高等教育大众化的推进和市场经济的发展,跨地区迁移已成为中国人特别是年轻人司空见惯的事实。作为“80后”的学者,我们3位作者都经历了从家乡到大学的就学迁移,而后没有再回到家乡而是选择了在北京就业,成了北京的“新移民”。和千千万万的受高等教育而导致就学、就业迁移的人一样,我们3人也是中国青年人迁移大潮中的普通一员。李健先生在《异乡人》中唱到:不知不觉把他乡当作了故乡,故乡却已成他乡,偶尔你才敢回望。的确,跨地区的迁移给迁移者个人带来的影响是巨大而深远的,这一点我们都不难感受得到。同时,作为学者的我们也认识到,正是中国特有的高等教育的招生名额分配政策,以及巨大的经济社会发展的差距,影响了高等教育中的人口迁移。作为人口迁移的经历者,同时作为教育研究和人口研究的学者,我们有兴趣、也感到有价值去开展高等教育与人口迁移的研究。

这本书的内容,主要源于作者研究团队近年来的研究成果。成书之前,作者仔细讨论并形成了书稿的框架。在本书里面,我们试图用理性人的视角、从院校理性选择和学生个体理性出发,讨论就学迁移和就业迁移的特征及影响因素,其中又将重点放在了对学生个体发展的影响上。由于留学是就学迁移的一部分,同时也可能导致就业迁移,我们将其单列了出来。同时,我们对招生政策、迁移现状作了基于文献和数据的描述。书中的各章节相对独立而又有机联系，构成了对高等教育中人口迁移问题的多角度、多侧面的描绘。

对于书稿的出版，我们诚惶诚恐。书稿的内容只是作者们近来一个时期的初步研究成果的总结，研究覆盖面涉及人口学、财政学、教育学、统计学等多个学科，在深度和广度上必然存在着诸多缺陷，诸如，我们的研究中，对学生迁移如何影响了地区经济发展等问题的探讨明显不够充分。然而，我们对于启动出书的这一尝试，仍然备感欣喜。从作者所涉猎的范围而言，这本书是国内少见的利用大量实证数据探讨高等教育与人口迁移主题的著作。我们希望借由本书的出版，能让更多的人关心、关注到高等教育与人口迁移这一赋有时代意义、具有巨大挖掘空间的研究主题。互联网思维讲求"试错""迭代"，我们通过这本书的出版，也不吝抛出这个砖头，作为未来此类研究的铺路砖和垫脚石。

在书稿完成之际，我们必须向相关人员致以诚挚的谢意。

一个好汉三个帮，众人拾柴火焰高。我们感谢中国人民大学统计学院的孙怡帆老师，北京大学教育学院的马莉萍老师、蒋承老师。他们与本书的作者潘昆峰进行过深入的合作，也为本书的内容贡献了诸多力量。我们要感谢中国人民大学教育学院优秀的硕士生刘佳辰、杜帆、吴秋翔、何章立。他们参与了本书的资料收集、数据统计、英文翻译及部分章节的文字撰写工作，参与了书稿的策划与多次讨论。其中，刘佳辰同学还承担了大量统稿方面的工作。他们的贡献使本书的内容得以充实，形式更加严谨，特此表示感谢。

实证研究离不开数据的支撑，我们要格外感谢研究数据的提供方。我们首先要感谢教育部发展规划司提供的支持。本书两位作者潘昆峰、崔盛所在的教育部——中国人民大学教育发展与公共政策研究中心受到教育部发展规划司的资助与业务指导。本书的成稿，有赖于教育部提供的有关招生及就业数据。利用行政数据进行教育研究是国际先进做法，我们也沿着这条路迈出了可喜的一步。与此同时，我们要感谢中国人民大学中国调查与数据中心。该中心运行的"首都大学生成长追踪调查"项目为本书提供了强有力的微观数据支撑。另外，我们也感谢麦可思公司提供的高校就业状况调查的数据。开放相关研究数据供学者进行研究,体现了麦可思作为一家知名教育类企业的社会责任。

本书出版经费和部分研究经费来源于国家社会科学基金教育学青年课题“招生计划宏观调控对我国青年人口迁移的影响及作用机制研究(课题批准号CFA120122)”,此,我们向课题委托方表示诚挚的谢意。

最后,感谢知识产权出版社李婧编辑为本书出版所做的努力。

孔子有言:素其位而行,不愿乎其外。基于价值与兴趣,不抱有功利目的的研究,才是真正的学者应该从事的研究。我们真诚地从兴趣和价值出发,也希望未来我们能够依然坚持和坚守这一原则,让研究不仅成为我们自身真正快乐的源泉,更成为改善社会的途径。

潘昆峰 崔 盛 刘 昊

2017 年 3 月于中国人民大学国学馆